Tim Szatkowski
Die Bundesrepublik Deutschland und die Türkei
1978 bis 1983

**Zeitgeschichte
im Gespräch
Band 23**

Herausgegeben vom
Institut für Zeitgeschichte

Redaktion:
Bernhard Gotto und Thomas Schlemmer

Die Bundesrepublik Deutschland und die Türkei 1978 bis 1983

von
Tim Szatkowski

ISBN 978-3-11-044453-7
e-ISBN (PDF) 978-3-11-044656-2
e-ISBN (EPUB) 978-3-11-043715-7
ISSN 2190-2054

Library of Congress Cataloging-in-Publication Data
A CIP catalog record for this book has been applied for at the Library of Congress.

Bibliografische Information der Deutschen Nationalbibliothek
Die Deutsche Nationalbibliothek verzeichnet diese Publikation in der Deutschen
Nationalbibliografie; detaillierte bibliografische Daten sind im Internet über
http://dnb.dnb.de abrufbar.

© 2016 Walter de Gruyter GmbH, Berlin/Boston
Titelbild: Schweigemarsch für toten türkischen Asylbewerber in West-Berlin;
30. 08. 1983; picture alliance / Dieter Klar
Einbandgestaltung: hauser lacour
Druck und Bindung: Hubert & Co. GmbH & Co. KG, Göttingen
♾ Gedruckt auf säurefreiem Papier
Printed in Germany

Inhalt

I. Thema, Literatur, Quellen 7

II. Die innere Entwicklung der Türkei und die deutsch-
türkischen Beziehungen bis September 1980 14
  1. Rahmenbedingungen 14
  2. Die Krise der Türkei und ihre Ursachen 16
  3. Deutsch-türkische Kontroversen in der Asyl- und
     Ausländerpolitik 27
  4. Ein „islamischer Staat" in der Bundesrepublik? 37
  5. Die weltpolitische Lage und Hilfsmaßnahmen
     für die Türkei 1979/80 44

III. Die „Erziehungsdiktatur" des Militärs und die deutsch-
türkischen Beziehungen von September 1980 bis
Ende 1983 57
  1. Die Machtübernahme durch das Militär und
     die ersten Reaktionen 57
  2. Auf dem Weg der Redemokratisierung? Die Türkei bis
     zum Wahlsieg Turgut Özals im November 1983 66
  3. Die Bundesregierung und die europäische Türkei-
     politik 76
  4. Parlamentarische Vorbehalte gegen Türkeihilfen
     1981 bis 1983 86

IV. Ausländer- und Asylpolitik 1981 bis 1983 101
  1. Westdeutsche Kontroversen um die Ausländerpolitik . . . 101
  2. Die Lage der Minderheiten in der Türkei und Asyl-
     verfahren in der Bundesrepublik 110
  3. Der Selbstmord des Asylbewerbers Cemal Altun
     im August 1983 125

V. Bilanz 138

Abkürzungen 148

Zitierte und weiterführende Literatur 150

I. Thema, Literatur, Quellen

Am 12. September 1980 übernahm das türkische Militär wie schon 1960 und 1971 die Macht in Ankara. Der erste Außenminister eines westlichen Staates, der die Türkei danach besuchte, war im November 1981 Hans-Dietrich Genscher (FDP). Der ehemalige Botschafter der Bundesrepublik Deutschland in Ankara, Gustav Adolf Sonnenhol, kritisierte diese Reise in der „Frankfurter Allgemeinen Zeitung" scharf. Seine Kritik brachte Sonnenhol aber nicht vor, weil Genscher womöglich einen Beitrag zur Stabilisierung der Militärherrschaft geleistet hatte. Die Reise sei ein „Belehrungsbesuch" gewesen. Viele westdeutsche Politiker würden meist schon alles besser wissen, obwohl sie nur Klischeevorstellungen über die Türkei besäßen. Menschenrechtspolitik könne eine „Form von moralischem Imperialismus" sein; neben der „Arroganz der Macht" gebe es eine solche der Moral. General Evren könne, so Sonnenhol, wegen der Reislamisierungstendenzen „das letzte demokratische Aufgebot" sein[1]. Der Chef des türkischen Generalstabs, Kenan Evren, als letztes demokratisches Aufgebot? Das war fragwürdig, wenn man bedenkt, mit welcher Härte das Militär innenpolitisch vorging und welche Menschenrechtsverletzungen ihm vorgeworfen wurden. Nicht zu Unrecht gilt die Zeit der Militärherrschaft bis Dezember 1983 als „Tiefpunkt der Entwicklung der Demokratie in der Türkei seit 1945"[2].

Konnten humanitäre Erwägungen beiseitegeschoben werden, wie Sonnenhol suggerierte? Der Schutz der Menschenrechte entwickelte sich in den 1980er Jahren „in normativer Hinsicht zum Äquivalent zu der auf die Erhaltung des Friedens gerichteten Selbstbindung und Selbstbeschränkung der Bundesrepublik als Kernelemente ihrer außenpolitischen Staatsräson"[3]. War die Fortführung regierungsamtlicher Kontakte mit der Türkei nach dem Motto *business as usual* möglich, wenn die Beachtung von Menschenrechten zu den Leitlinien der Außenpolitik Westdeutschlands zählte? Die innenpolitischen Auseinandersetzungen über diese Fragen erreichten immer dann einen

---

[1] Frankfurter Allgemeine Zeitung vom 11.12.1981: „Es wäre gut, die Türkei als Freund zu behalten"; Sonnenhol war von 1971 bis 1977 Botschafter in Ankara.
[2] Adanir, Geschichte, S. 106.
[3] Peter, Menschenrechte, S. 95.

Höhepunkt, wenn Wirtschafts-, Finanz- und Verteidigungshilfen für die Türkei verhandelt wurden. So argumentierte der Abgeordnete der Grünen, Joschka Fischer, am 14. September 1983 im Innenausschuss des Bundestags, dass mit der Türkei nicht mehr „die von der NATO geforderte Wertegemeinschaft" bestehe[4].

Die Bundesrepublik mit Bundeskanzler Helmut Schmidt (SPD) und seit Oktober 1982 mit Helmut Kohl (CDU) an der Spitze befand sich in den mehr als drei Jahren der türkischen Militärherrschaft in einer schwierigen Lage. Die Türkei war ein wichtiger NATO-Partner, der die Südostflanke des Bündnisses gegen den Warschauer Pakt sichern sollte. Das allein erforderte eine gewisse Rücksichtnahme im Umgang mit der türkischen Führung. Die Regierung in Ankara ermöglichte den USA und der NATO den Aufbau von militärischen Einrichtungen für Aufklärungs-, Frühwarn- und Fernmeldezwecke sowie für Logistik und Versorgung[5]. Auf diese Weise wurde ein erheblicher Teil der Informationen über militärische Aktivitäten der UdSSR gewonnen. Die Kontrolle über den Bosporus und die Dardanellen hatte hohen strategischen Wert. Mit über 500.000 Mann verfügte die Türkei zumindest zahlenmäßig über eine große Streitmacht. Nach dem Ausscheiden Griechenlands aus der militärischen Integration der NATO im August 1974 infolge der Zypern-Krise nahm ihre sicherheitspolitische Bedeutung noch zu.

Außerdem waren die Bundesrepublik und die Türkei auf besondere Weise miteinander verbunden, denn in Westdeutschland lebten am 30. September 1980 fast eineinhalb Millionen türkische Staatsangehörige; dazu kam eine hohe Zahl von Asylbewerbern aus der Türkei. Nicht zuletzt sah das Assoziationsabkommen zwischen der Europäischen Wirtschaftsgemeinschaft (EWG) und der Türkei von 1963 beziehungsweise das Zusatzprotokoll von 1970 die schrittweise Herstellung der Freizügigkeit für türkische Arbeitnehmer innerhalb der EWG bis Ende 1986 vor. Die Probleme, die daraus erwuchsen und ohne die Türkei nicht geregelt werden konnten, stellten für die sozial-liberale wie für die christlich-liberale Regierung eine enorme Herausforderung dar, die als schwere Belastung empfunden wurde. Öffentliche Aussagen der Regierungschefs deuten klar darauf hin, nicht öffentliche belegen das erst

---

[4] PA/AA, B 82, Ref. 510, Bd. 1476, Aufzeichnung des Vortragenden Legationsrats I. Klasse Thomas Fischer-Dieskau (Ref. 420) vom 16.9.1983.
[5] Vgl. Jacob, Entwicklung, S. 10.

recht. Bundeskanzler Schmidt erklärte etwa am 15. Juli 1980 gegenüber dem luxemburgischen Ministerpräsidenten Pierre Werner:

„Wenn die Deutschen mit solchen Entwicklungen schneller konfrontiert werden, als sie sie verarbeiten können, besteht die Gefahr, daß sich eine gewisse Xenophobie entwickelt. Zur Zeit jedenfalls ist der Zustrom ausländischer Einflüsse zu groß und die Abwehrmöglichkeiten – auf Grund unserer Erfahrungen in der Nazizeit – zu gering. Das zeigt sich z. B. im Asylrecht."[6]

Schmidts Nachfolger Helmut Kohl äußerte sich in einem Gespräch mit dem spanischen Ministerpräsidenten Felipe González Márquez am 18. Mai 1984 ähnlich:

„Er wolle offen sagen, daß sich die Probleme der Bundesrepublik vor allem auf die türkischen Gastarbeiter konzentrierten. [...] Allein in Frankfurt gebe es heute 17 Moscheen. Berlin sei heute die drittgrößte Türkenstadt nach Istanbul und Ankara. Er frage beispielsweise seine türkischen Gesprächspartner, vor welchen Problemen sie denn stünden, wenn in einer anatolischen Stadt 17 katholische Kirchen eingerichtet würden."[7]

Die Asylpolitik der Bundesregierung und das Asylrecht gerieten vor allem durch den tragischen Fall des türkischen Asylbewerbers Cemal Kemal Altun in den Fokus von Öffentlichkeit und Medien. Nach mehr als einem Jahr Auslieferungshaft sprang Altun am 30. August 1983 während einer laufenden Verhandlung aus dem 6. Stock des Berliner Verwaltungsgerichts und verstarb. Ein Mahnmal in der Hardenbergstraße erinnert bis heute an seinen Selbstmord. Die Situation bei den Asylbewerbern war auch deshalb schwierig, weil viele etwa als Kurden oder Christen einer ethnischen beziehungsweise religiösen Minorität angehörten. Sie argumentierten, sie seien als politisch Verfolgte im Sinne von Artikel 16 des Grundgesetzes anzusehen. In der Politik – wie im Übrigen auch in der Rechtsprechung – gingen die Meinungen darüber weit auseinander. Die Lage schien mit der Machtübernahme durch das Militär im September 1980 noch komplizierter zu werden. Das harte Durchgreifen, von der Militärführung als Kampf gegen Terroristen und Separatisten deklariert, nahmen Asylbewerber erst recht zum Anlass, politische Verfolgung zu behaupten.

---

[6] Akten zur Auswärtigen Politik der Bundesrepublik Deutschland 1980, Bd. II: 1. Juli bis 31. Dezember 1980, bearb. von Tim Geiger, Amit Das Gupta und Tim Szatkowski, München 2011, Dok. 212: S. 1134–1142, hier S. 1140.
[7] Akten zur Auswärtigen Politik der Bundesrepublik Deutschland 1984, Bd. I: 1. Januar bis 30. Juni 1984, bearb. von Daniela Taschler und Tim Szatkowski, München 2015, Dok. 143: S. 692–697, hier S. 696.

Auch die staatlich geförderte Aufnahme ausländischer, insbesondere türkischer Arbeitskräfte entfachte hitzige Debatten, als die wirtschaftliche Entwicklung in Westdeutschland in den 1970er Jahren den Pfad des stetigen Wachstums verließ. War die Bundesrepublik bereits ein Einwanderungsland oder wollte sie es werden? Konnte sie es überhaupt werden? Was bedeutete die (weitgehende) Freizügigkeit für türkische Arbeitnehmer in den EG-Mitgliedstaaten, die ab Ende 1986 gelten sollte? Drohte in naher Zukunft eine massive Zuwanderung türkischer Staatsangehöriger mit unkalkulierbaren Folgen für den gesellschaftlichen Zusammenhalt und erheblichen Belastungen für die sozialen Sicherungssysteme?

Es war ein Zufall, dass in die Zeit der Militärherrschaft auch der 100. Geburtstag von Mustafa Kemal Atatürk fiel. In aller Regel wurde aus diesem Anlass 1981 ein positives Bild gezeichnet. Atatürk habe mit der Abschaffung des Kalifats 1924 den Grundstein für die Trennung von Staat und Religion in der Türkei gelegt; das sei die wichtigste all seiner Reformen gewesen[8]. Zudem habe der „Liquidator des Osmanischen Reiches" bis zu seinem Tod im November 1938 auf einen expansionistischen Kurs in der Außenpolitik verzichtet[9]. Die Kritik blieb eher zaghaft und erinnerte daran, dass Atatürk ein orientalisches Volk, das dem Islam immer verbunden geblieben sei, zur Suche nach einer neuen Identität mit allen dazugehörigen Krisenerscheinungen gezwungen habe[10].

Überraschenderweise stimmte auch die bundesdeutsche Botschaft in Ankara kritische Töne an. Der „Post-mortem-Personenkult" zeige deutlich, dass Atatürk die „einzige konsensfähige Grundlage des modernen Staatswesens Türkei" sei[11]. Die Diplomaten meinten auch, die Urteile im Umfeld seines 100. Geburtstags müssten „den unvoreingenommenen Leser zu dem Schluß führen, daß Atatürk ein humaner Demokrat war, dessen hohem Standard seine Epigonen nicht gerecht werden". Eine nähere Beschäftigung mit seiner Biographie und seinem Wirken führe aber zu anderen Ergebnissen. Atatürk habe die Nationalversammlung gefügig gemacht, um Abstimmungen zu gewinnen, Sympathisanten des

---

[8] Vgl. Die Zeit vom 22.5.1981: „Ohne Atatürk gäbe es keine Türkei. Zum 100. Geburtstag des großen türkischen Reformers".
[9] Frankfurter Allgemeine Zeitung vom 28.3.1981: „Atatürks revolutionärer Schritt aus der islamischen Welt".
[10] Vgl. Schlegel, Kemalismus, S. 55 f.
[11] PA/AA, B 26, Ref. 203, Bd. 123297, Schriftbericht 2442 des Gesandten Henning Leopold von Hassell (Ankara) vom 10.11.1981.

„ancien régime" zum Tode verurteilen lassen und die Kurdenaufstände blutig niedergeschlagen. Es liege ein Widerspruch darin,

„daß wir im gleichen Atemzug einem türkischen Politiker unseres Jahrhunderts Bewunderung und Respekt entgegenbringen, der weder für die Demokratie noch für die Menschlichkeit viel übrig hatte, und Kritik an einer türkischen Führung üben, die sich ehrlich, wenn auch oft ungeschickt, um die Herstellung einer funktionsfähigen Demokratie bemüht."[12]

Die Diplomaten instrumentalisierten also das Gedenken an Atatürk, um zu belegen, dass das gegenwärtige Militärregime demokratische Absichten verfolge und Unterstützung verdiene. Auch vor dem Hintergrund dieses Bilds, das die Botschaft zeichnete, liegen der Untersuchung folgende Leitfragen zugrunde:
- Wie reagierten Diplomatie, Politik und Medien auf die Machtübernahme durch das Militär in der Türkei im September 1980?
- Wie verhielten sich die Regierungen Schmidt/Genscher und Kohl/Genscher zur weiteren Entwicklung der Türkei bis Ende 1983, als die Macht auf eine zivile Regierung unter Ministerpräsident Turgut Özal überging? Drängten sie auf eine Redemokratisierung? Wenn ja, war ihren Bemühungen Erfolg beschieden? Bestanden überhaupt Einflussmöglichkeiten?
- Welche politischen und wirtschaftlichen Interessen verfolgten die Kanzler Schmidt und Kohl sowie Außenminister Genscher mit ihrer Türkeipolitik? Waren diese mit humanitären Erwägungen kompatibel oder ergab sich hier ein unlösbares Spannungsverhältnis?
- Wie begegneten die sozial-liberale beziehungsweise die christlich-liberale Regierung dem Anwachsen der türkischen oder türkischstämmigen Bevölkerung? Welche Maßnahmen ergriffen sie, um den erwarteten starken Zuzug türkischer Staatsangehöriger zu regeln? Boten sich dafür Kompromisse bei anderen politischen Fragen an, etwa bei den wirtschafts-, finanz- und verteidigungspolitischen Hilfen für die Türkei?
- Wie gingen die Bundesregierung und die Diplomaten vor Ort mit der schwierigen Lage von Minderheiten in der Türkei um, vor allem dann, wenn Angehörige einer Minderheit Asyl in der Bundesrepublik suchten? Veränderte sich die bundesdeutsche Asylpolitik infolge der Machtübernahme durch das türkische Militär?

---

[12] PA/AA, B 14, Ref. 201, Bd. 125572, Schriftbericht 1775 des Gesandten von Hassell vom 21.8.1981.

– Wie verlief die innenpolitische Diskussion in der Bundesrepublik? Konnten die Oppositionsparteien Einfluss auf Entscheidungen der Regierung nehmen? Wie sah es auf europäischer Ebene aus? Übten die europäischen parlamentarischen Gremien Druck aus? Fanden die EG-Mitgliedstaaten eine gemeinsame Linie?

Es ist allerdings nicht sinnvoll, die Untersuchung auf die Jahre 1980 bis 1983 zu beschränken. Die meisten Konflikte zwischen der Bundesrepublik und der Türkei hatten ihren Ursprung nicht in der Militärherrschaft. Das gilt selbst für ein Thema wie die Beachtung von Menschenrechten. Menschenrechtsverletzungen gab es in der Türkei auch vor 1980; in der deutschen Politik und Öffentlichkeit wurden sie zu dieser Zeit aber kaum wahrgenommen. So erscheint es geboten, zumindest das letzte Drittel der 1970er Jahre in die Analyse einzubeziehen und dann näher auf die Herrschaft des Militärs sowie die bilateralen Beziehungen einzugehen.

Die deutsch-türkischen Beziehungen im 20. Jahrhundert gehören zu den Themen, denen sich die Geschichtswissenschaft teilweise schon intensiv angenommen hat. Am besten erforscht – das Literaturverzeichnis gibt darüber Auskunft – sind sie für die Zeit des Ersten Weltkriegs, der Weimarer Republik und des Nationalsozialismus beziehungsweise des Zweiten Weltkriegs sowie für die Regierungszeit des ersten Bundeskanzlers Konrad Adenauer. Für dieses Buch ist vor allem die Studie des Politikwissenschaftlers Curd-Torsten Weick wertvoll, die die westdeutsche Türkeipolitik vom Beginn der 1950er bis in die 1990er Jahre behandelt und einen Schwerpunkt auf die 1980er Jahre legt. Obwohl Weick für dieses Jahrzehnt wegen der Sperrfristen kein amtliches Archivgut heranziehen konnte, stellt seine Auswertung der Literatur und gedruckten Quellen eine eindrucksvolle Forschungsleistung dar, die durch kluge Analysen zu überzeugen weiß.

Der vorliegende Band versteht sich als Beitrag zur Erforschung der deutsch-türkischen Beziehungen im letzten Drittel der 1970er und ersten Drittel der 1980er Jahre auf der Grundlage von Akten aus dem Politischen Archiv des Auswärtigen Amts in Berlin, die erstmals umfassend ausgewertet wurden[13]. Wichtig waren zunächst die Dokumente aus der

---

[13] Dem Politischen Archiv gilt mein besonderer Dank, vor allem meinem ersten Ansprechpartner, Herrn Vortragenden Legationsrat Johannes-Baptist Freiherr von Boeselager.

Politischen Abteilung 2 des Ministeriums, vor allem aus dem für die Türkei zuständigen Länderreferat 203; dazu kamen Akten zu Fragen der Sicherheits- und Verteidigungspolitik aus den Referaten 201 und 209. Unterlagen zu den Themen Ausländer- und Asylpolitik fanden sich in den Beständen der Abteilung 5 (Rechtsabteilung); hier waren die Referate 510 (Staats- und Verwaltungsrecht) und 511 (Strafrecht) maßgeblich. Den Asylfall Altun dokumentieren mehrere Aktenbände des Referats 511. Die wirtschaftliche Entwicklung der Türkei, die deutsch-türkischen Wirtschaftsbeziehungen sowie die zahllosen – bilateralen oder multilateralen – Hilfsmaßnahmen für das hoch verschuldete Land ließen sich anhand der Akten der Abteilung 4 (Außenwirtschaftspolitik) beziehungsweise der Referate 420 und 422 untersuchen. Der Themenbereich EG/Türkei, darunter das Problem der Freizügigkeit für türkische Arbeitnehmer, hat eine politische und eine wirtschaftliche Seite; folglich waren Akten aus der Abteilung 2 (Referat 200) und der Abteilung 4 (Referate 410 und 411) zu studieren.

II. Die innere Entwicklung der Türkei und die deutsch-türkischen Beziehungen bis September 1980

1. Rahmenbedingungen

Auf den ersten Blick waren die deutsch-türkischen Beziehungen im letzten Drittel der 1970er Jahre hervorragend. Die Türken schienen geneigt, „uns als ihre einzigen wirklichen Freunde in der westlichen Welt zu bezeichnen", wie der Botschafter der Bundesrepublik in Ankara, Ulrich Sahm, darlegte. Man mag diese Einschätzung für übertrieben halten, aber sicher steckte mehr als nur ein Körnchen Wahrheit darin. Sahm wies besonders auf die historische Perspektive hin: Die „Waffenbrüderschaft" im Ersten Weltkrieg habe einer „sentimentalen, aus der Vergangenheit motivierten Bindung" den Weg geebnet[1]. Ekkehard Eickhoff hat diesen Zusammenhang noch deutlicher herausgestellt: „Daß die Türkei in den Krieg mit hineinstolperte und ihn nach furchtbaren Opfern verlor, wurde nicht zum Ruin, sondern zur wirkungsvollsten Vertiefung der deutsch-türkischen Freundschaft."[2] Sicher ist zumindest, dass das Deutsche Reich am Diktatfrieden von Sèvres vom 10. August 1920, der für das Osmanische Reich enorme Gebietsverluste vorsah, nicht beteiligt war: „Im historischen Bewusstsein der Türken hatten die Deutschen eben keinen Anteil an dieser tiefen nationalen Demütigung."[3] Allerdings bleibt auch festzuhalten, dass sich nach dem Ersten Weltkrieg „niemand in der Türkei zu einem exklusiven politischen deutsch-türkischen Verhältnis bekannte. Zudem wurde Deutschland als Verbündeter des abgesetzten Sultans und der innenpolitisch in die Defensive geratenen Jungtürken zusätzlich diskreditiert."[4]

---

[1] Sahm bereitete einen Vortrag vor dem Industrie-Club in Düsseldorf vor. Einen Entwurf übermittelte er dem Leiter der Politischen Abteilung 2, Ministerialdirektor Klaus Blech. PA/AA, B 26, Ref. 203, Bd. 115910, Schreiben Sahms vom 18.4.1978.
[2] Eickhoff, Brücke, S. 91. Der Historiker Eickhoff war von 1966 bis 1971 Kulturreferent an der Botschaft in Ankara, von 1988 bis 1992 fungierte er dort als Botschafter.
[3] PA/AA, B 26, Ref. 203, Bd. 115910, Schreiben Sahms vom 18.4.1978.
[4] Mangold-Will, Begrenzte Freundschaft, S. 503.

Im Dezember 1979 übernahm Dirk Oncken das Amt des Botschafters. Er argumentierte ganz ähnlich wie Sahm. So führte er aus, dass die Türkei wohl das einzige Land sei, „in dem wir zumindest atmosphärisch auch heute noch eine Art Großmachtrolle spielen". Der israelische Botschafter in Ankara habe ihn kürzlich scherzend gefragt, wie er sich „in der Ausübung vizeköniglicher Funktionen" fühle, was Oncken aber als „totale[n] Unsinn" qualifizierte[5].

Dass die Bundesrepublik als besonders wichtiger Bündnispartner angesehen wurde, hatte vor allem mit der Verschlechterung der amerikanisch-türkischen Beziehungen zu tun. Die USA hatten 1947 die Führungsrolle gegenüber der Türkei von Großbritannien übernommen – eine Rolle, die von der Türkei angesichts der Bedrohung durch die UdSSR anerkannt worden war. Die Sowjetunion zielte darauf ab, die Dardanellen unter ihre Kontrolle zu bringen. Konsequent integrierte sich die Türkei nach dem Zweiten Weltkrieg in das westliche Bündnissystem: 1948 gehörte sie zu den Gründungsmitgliedern der OEEC, 1949 trat sie dem Europarat bei und 1952 der NATO. Ferner war sie Gründungsmitglied der UNO. Die USA leisteten massive Militär- und Wirtschaftshilfe und richteten in der Türkei Militärstützpunkte ein[6].

Doch dann trat eine Wende ein. Nach der Kuba-Krise im Oktober 1962 zogen die USA – als Gegenleistung für den Abzug der sowjetischen Mittelstreckenraketen aus Kuba – ihre Mittelstreckenraketen vom Typ „Jupiter" aus der Türkei und Italien ab. Dieses Vorgehen löste in Ankara ernste Sicherheitsbedenken aus. Das bilaterale Verhältnis kühlte sich rasch weiter ab. Im Juni 1964 richtete Präsident Lyndon B. Johnson einen Brief an die türkische Regierung, in dem er erklärte, sie könne nicht auf den automatischen Beistand der USA beziehungsweise der NATO rechnen, wenn sie im Zypern-Konflikt etwas unternehme, was eine Intervention der UdSSR zur Folge habe. Dieses Schreiben wurde in der Türkei nie vergessen und als „tiefste nationale Demütigung" empfunden[7]. Der Spannungszustand verschärfte sich Mitte der 1970er Jahre. Nach der türkischen Invasion Zyperns im Juli 1974 und der Besetzung des nördlichen Teils der Mittelmeerinsel verhängte der amerikanische Kongress im Februar 1975 ein Waffenembargo. Die tür-

---

[5] PA/AA, B 26, Ref. 203, Bd. 115909, Schriftbericht 762 von Botschafter Oncken vom 6.5.1980.
[6] Vgl. Grothusen, Außenpolitik, S. 104–114.
[7] PA/AA, B 26, Ref. 203, Bd. 115912, Fernschreiben 650 von Botschafter Sahm vom 26.6.1979.

kische Regierung antwortete darauf mit der Aufkündigung des Verteidigungsabkommens von 1969 und der Schließung der amerikanischen Stützpunkte. Die bilateralen Beziehungen waren tiefgreifend gestört, mit negativen Folgen für beide Seiten. Die USA waren in ihrer militärischen Handlungsfähigkeit in der Region eingeschränkt, und die Türkei sah sich mit einer nachhaltigen Schwächung ihrer Streitkräfte konfrontiert. Für die NATO bedeutete dieser Zustand eine zusätzliche Gefährdung an der Südostflanke, schließlich hatte die Türkei als einziger Mitgliedstaat des Bündnisses eine lange gemeinsame Landgrenze mit der UdSSR[8].

Während die USA als wichtigster Bündnispartner ausfielen, begann in Ankara die Suche nach neuen Verbündeten. Es war nur konsequent, dass die Bedeutung der Bundesrepublik nun noch höher eingeschätzt wurde. Daran änderte auch die Aufhebung des amerikanischen Embargos im September 1978 nichts. Die amerikanisch-türkischen Beziehungen begannen sich erst mit dem Abkommen über Verteidigungs- und Wirtschaftszusammenarbeit vom März 1980 allmählich zu normalisieren, das den Fortbestand der amerikanischen militärischen Einrichtungen sicherte und der Türkei erhebliche Militärhilfe sowie Unterstützung beim Aufbau einer eigenen Rüstungsindustrie einbrachte.

Allerdings war auch das deutsch-türkische Verhältnis nicht frei von Störungen. Diese resultierten, erstens, aus der politischen, gesellschaftlichen und wirtschaftlichen Krise der Türkei; zweitens aus der hohen Zahl türkischer Staatsangehöriger, die in der Bundesrepublik lebten; drittens aus den Aktivitäten links- und rechtsextremistischer sowie islamistischer Gruppen in der Bundesrepublik; viertens aus den Veränderungen der weltpolitischen Lage zu Ungunsten der westlichen Staatengemeinschaft.

2. Die Krise der Türkei und ihre Ursachen

Anfang September 1980, wenige Tage vor der Machtübernahme durch das türkische Militär, stellte Botschafter Oncken zur inneren Entwicklung der Türkei fest: „Das Land befindet sich dank seiner Politiker in einer ernsthaften Krise." Eine Innenpolitik, welche die „Qualifizierung als konstruktive Politik verdient" hätte, konnte der Diplomat nicht

---

[8] Vgl. Jacob, Entwicklung, S. 7.

mehr erkennen[9]. In der Tat: Das Versagen des politischen Systems und der führenden Politiker zählt zu den Hauptgründen für das Scheitern der Demokratie in der Türkei.

Seit fast 20 Jahren standen sich die Republikanische Volkspartei (*Cumhuriyet Halk Partisi*) und die Gerechtigkeitspartei (*Adalet Partisi*) gegenüber. Die Republikanische Volkspartei, die Partei Atatürks, öffnete sich unter Bülent Ecevit nach links, wobei ihre Entwicklung zu einer sozialdemokratischen Partei von schweren inneren Auseinandersetzungen begleitet war. Ecevit stürzte 1972 den bisherigen Vorsitzenden und Nachfolger Atatürks im Amt des Staatspräsidenten (1938 bis 1950), İsmet İnönü. Der neue Parteivorsitzende, von Beruf Journalist, entstammte dem Bildungsbürgertum Istanbuls und verkörperte den Typus eines politisierenden Intellektuellen. Er griff soziale Themen auf und verstand sich als Anwalt der wachsenden Industrie- und Facharbeiterschaft, der Kleinbauern und auch der türkischen Gastarbeiter in Westeuropa.

Die Gerechtigkeitspartei wurde 1961 als Nachfolgerin der Demokratischen Partei (*Demokrat Parti*) gegründet. Vorsitzender der Demokratischen Partei war von 1950 bis zu ihrem Verbot 1960 der türkische Regierungschef Adnan Menderes, den das Militär im September 1961 hinrichten ließ. Die Gerechtigkeitspartei stand seit 1964 unter dem Vorsitz des in Westanatolien im bäuerlichen Milieu geborenen Süleyman Demirel. Sie bildete zunächst ein Sammelbecken konservativer Kräfte. Demirel, von Beruf Ingenieur mit Fachrichtung Wasserbau, entwickelte sie zu einer Volkspartei mit heterogener Wählerbasis. Außenpolitisch legte er sie auf die Westbindung der Türkei und einen antikommunistischen Kurs fest[10].

In den 1970er Jahren gewannen auch zwei andere Parteien Bedeutung, zum einen die Partei der Nationalistischen Bewegung (*Milliyetçi Hareket Partisi*, MHP), zum anderen die Nationale Heilspartei (*Millî Selamet Partisi*, MSP). Die rechtsradikale MHP unter ihrem Vorsitzenden Alparslan Türkeş, Oberst a.D. und 1960 kurzzeitig Mitglied der Militärjunta, vertrat einen militanten Antikommunismus und tür-

---

[9] PA/AA, B 26, Ref. 203, Bd. 115909, Schriftbericht 1505 von Botschafter Oncken vom 1.9.1980.
[10] Zur Entwicklung der türkischen Parteien: PA/AA, B 26, Ref. 203, Bd. 115906, Aufzeichnung des Vortragenden Legationsrats I. Klasse Hans-Werner Graf Finck von Finckenstein (Ref. 203) vom 22.11.1979. Vgl. auch Fernau, Parteien; Heper/Landau (Hrsg.), Political Parties; Rubin/Heper (Hrsg.), Political Parties.

kisch-völkischen Nationalismus. Sie kultivierte Großmachtträume und propagierte den Gedanken, alle Turkvölker in einem Reich zu vereinigen. Die MHP verfügte über straff organisierte Einsatztrupps, die nur als verfassungswidrig bezeichnet werden konnten; am bekanntesten waren die „Grauen Wölfe", ihre Jugendorganisation. Besonders groß war ihr Einfluss an einzelnen Universitäten und anderen Bildungseinrichtungen, die sie durch Ausschaltung missliebiger Lehrer und Studenten kontrollierte[11].

Die 1972 gegründete MSP, eine der frühen Vorgängerinnen der Partei für Gerechtigkeit und Entwicklung (*Adalet ve Kalkınma Partisi*, AKP), wurde von Necmettin Erbakan angeführt und repräsentierte die zunehmende Reislamisierung in der Türkei. Sie befürwortete einen islamischen Fundamentalismus und die Eingliederung des Landes in eine islamisch-orientalische Völkerfamilie. Die Assoziation der Türkei mit der EG lehnte sie gänzlich ab; der Mitgliedschaft in der NATO stand sie kritisch gegenüber[12]. Erbakan war sowohl unter Ecevit (Januar bis November 1974) als auch unter Demirel (März 1975 bis Juni 1977 sowie Juli 1977 bis Januar 1978) stellvertretender Ministerpräsident.

Auch Türkeş war von 1975 bis 1977 sowie 1977/78 an den Regierungen unter Demirel als stellvertretender Ministerpräsident beteiligt. Bei den Parlamentswahlen am 5. Juni 1977 erreichten MHP (6,4 Prozent) und MSP (8,6 Prozent) zusammen 15 Prozent der abgegebenen Stimmen und 16 beziehungsweise 24 Sitze in der Nationalversammlung. Nachdem Demirel im Juli 1977 erneut mit der Regierungsbildung beauftragt worden war (nach einer ganz kurzen Regierung unter Ecevit), blieb ihm angesichts der Mehrheitsverhältnisse nichts anderes übrig, als mit der MHP und der MSP eine Koalition zu bilden.

Im Auswärtigen Amt wurde der rechtsradikale Türkeş als „das kleinere Übel" gegenüber dem islamisch-fundamentalistisch orientierten Erbakan angesehen, gerade zu der Zeit, als wiederum Ecevit die Regierungsgeschäfte führte (Januar 1978 bis November 1979). Damals galt eine neue Koalitionsregierung Demirel/Türkeş als wahrscheinlich. Aus außenpolitischen Gründen empfahl es sich nicht, „in Richtung Türkeş eindeutig negative Signale zu setzen"[13]. Demirel bildete im November

---

[11] PA/AA, B 26, Ref. 203, Bd. 115906, Schriftbericht 1420 von Botschafter Sahm vom 12.10.1977.
[12] PA/AA, B 26, Ref. 203, Bd. 115906, Aufzeichnung des Vortragenden Legationsrats I. Klasse Bernhard Heibach (Ref. 203) vom 23.2.1979.
[13] Ebenda.

1979 allerdings überraschend eine Minderheitsregierung. Er hoffte auf die Unterstützung durch MHP und MSP.

Die MSP unter Erbakan gab wohl den Anstoß für das Eingreifen des Militärs am 12. September 1980. Einige Tage vorher, am 6. September 1980, fand in Konya, einer Hochburg des Islams, eine Massenkundgebung statt. 40.000 bis 50.000 Demonstranten – unter ihnen Vertreter aus dem Irak und Iran, aus Libyen und Pakistan sowie der PLO – forderten die „Befreiung Jerusalems" und erklärten sich zum „Heiligen Krieg" bereit. Sie griffen eines der maßgeblichen Prinzipien Atatürks an: die Trennung von Religion und Staat. Die Demonstration der MSP bot natürlich nicht den alleinigen Anlass für die Militärintervention, gilt aber als entscheidender Auslöser[14].

Die Türkei war in den 1970er Jahren ein Paradebeispiel für einen Staat, dem es an politischer Kontinuität mangelte – mit allen negativen Folgen. Allein in diesem Jahrzehnt fand zehnmal ein Wechsel im Amt des Ministerpräsidenten statt; von 1975 bis 1980 alternierten in rascher Folge Demirel und Ecevit. Die Möglichkeit, eine große Koalition aus Gerechtigkeitspartei und Republikanischer Volkspartei zu bilden, schied aus, weil sich die Parteivorsitzenden feindselig begegneten. Sie trugen damit zur weiteren Polarisierung des politischen und gesellschaftlichen Lebens bei. Diese Entwicklung kulminierte, während die Minderheitsregierung Demirel im Amt war. Zwar zeigte sich Türkeş recht kooperativ, doch der unberechenbare Erbakan trieb die Regierung vor sich her.

Zudem war die Große Nationalversammlung der Türkei, die aus dem Senat und der Nationalversammlung bestand, durch die Präsidentenwahl blockiert. Sie glich einer „leerlaufenden Abstimmungsmaschine"[15]. Nachdem Fahri Korutürk Anfang April 1980 turnusgemäß aus dem Amt des Staatspräsidenten geschieden war, gelang es in über 100 Durchgängen nicht, ein neues Staatsoberhaupt zu wählen. Dahinter verbarg sich auch ein verfassungsrechtliches Problem: Nach den Teilwahlen zum Senat im Oktober 1979 befanden sich Nationalversammlung und Senat in einer Patt-Situation. Die Präsidentenwahl wurde zu einem „Symbol für die Instabilität des Systems"[16]. Schließlich folgte

---

[14] Frankfurter Allgemeine Zeitung vom 19.9.1980: „In der ‚Heiligen Stadt' Konya gehört die Souveränität Allah".
[15] Buhbe, Türkei, S. 107.
[16] Rumpf, Verfassungssystem, S. 72 und S. 88.

am 5. September 1980 die erzwungene Demission des Außenministers. Hayrettin Erkmen hatte ohne Absprache mit dem Kabinett einen Antrag der Türkei auf Mitgliedschaft in der EG angekündigt. Dies nahm die MSP zum Anlass, ein Misstrauensvotum gegen ihn einzubringen. Demirel ließ Erkmen fallen, denn der Ministerpräsident war mit seiner Minderheitsregierung auf die MSP angewiesen[17].

Es kam hinzu, dass sich in der Türkei bürgerkriegsähnliche Szenen abspielten. Einen Höhepunkt erreichten die blutigen Auseinandersetzungen im Dezember 1978 in der Stadt Kahramanmaraş, als Rechtsradikale gezielt Angehörige der alevitischen Glaubensgemeinschaft verfolgten. Das mehrtägige Massaker forderte über 100 Todesopfer und endete mit der Verhängung des Ausnahmezustands in zunächst 13, dann 20 Provinzen; auch Sondergerichte wurden eingerichtet. Die Ursachen für die bürgerkriegsähnlichen Zustände waren vielfältig. Es überschnitten sich „weltanschauliche, ethnische, rassische und religiöse Gegensätze", die nur noch schwer auseinanderzuhalten waren[18]. Botschafter Oncken vertrat immer die Ansicht, dass die „Neigung zu Gewalttat[en] ein fester Bestandteil des hiesigen Nationalcharakters" sei[19]. Oder mit anderen Worten:

„Die Türken sind Moslems von Hause aus, auch Asiaten. Sie sind kein westliches Volk. Der gut geschnittene Anzug des türk[ischen] Unterhändlers, die oft feine westliche Bildung und die fundamentale westliche Orientierung maßgeblicher Politiker [...] sollten hierüber nicht wegtäuschen. Mentalität und Prioritäten der Masse des Volkes sind anders, sie werden anders bleiben."[20]

Damit lassen sich freilich weder das Ausmaß noch die Virulenz der Konflikte Ende der 1970er/Anfang der 1980er Jahre erklären. Die Radikalisierung hatte unter anderem mit dem Erstarken politischer Kräfte wie MHP und MSP sowie der Unfähigkeit der etablierten Parteien zur Konsensbildung zu tun. Oncken wies daher auch auf die Tatsache hin, dass sich Demirel ohne Unterstützung der MHP beziehungsweise durch

---

[17] Vgl. Gürbey, Außenpolitik, S. 151 f. Zur gescheiterten Präsidentenwahl und zur Demission Erkmens vgl. auch PA/AA, B 26, Ref. 203, Bd. 115907, Schriftbericht 1699 von Botschafter Oncken vom 29.9.1980.
[18] PA/AA, B 82, Ref. 510, Bd. 1285, Schriftbericht 1044 von Botschafter Oncken vom 24.6.1980.
[19] PA/AA, B 26, Ref. 203, Bd. 115912, Schriftbericht 1245 von Botschafter Oncken vom 18.7.1980.
[20] PA/AA, B 60, Ref. 420, Bd. 124281, Fernschreiben 213 von Botschafter Oncken vom 16.2.1980.

ihren Vorsitzenden Türkeş nicht halten könne. Dies hatte ein „taktisch bedingtes, dickfelliges Schweigen zu Übergriffen von rechts" zur Folge[21]. Auf der anderen Seite versagte Erbakan dem Ministerpräsidenten die versprochene Unterstützung bei der Bekämpfung der Anarchie, weil er in den gewalttätigen islamisch-fundamentalistischen Gruppen, die nun immer stärker wurden, ein geeignetes Instrument zur Durchsetzung seiner Interessen sah[22].

Gewalt galt auf allen Seiten als legitimes Mittel zur Durchsetzung politischer Ziele. So unterstützte die linke Konföderation der Revolutionären Arbeitergewerkschaften der Türkei DİSK (*Türkiye Devrimci İşçi Sendikalan Konfederasyonu*) im Januar/Februar 1980 einen Arbeiteraufstand in einer Textilfabrik in Izmir, um ihren Widerstand gegen die Wirtschaftspolitik Demirels zum Ausdruck zu bringen. Der Aufstand weitete sich zu einem Generalstreik aus und brachte das öffentliche Leben in der Stadt zum Erliegen. Erst nach einem massiven Militäreinsatz – es wurden wohl bis zu 10.000 Soldaten aufgeboten – normalisierte sich die Lage[23]. Am 22. Juli 1980 ermordeten Anhänger der MHP den Gründer und ehemaligen Vorsitzenden der Gewerkschaft DİSK, Kemal Türkler, in Istanbul. An diesem Tag fand auch die Trauerfeier für Nihat Erim statt. Erim, erster Ministerpräsident nach der Machtübernahme durch das Militär im März 1971, war am 19. Juli 1980 in Istanbul von Mitgliedern der Revolutionären Linken (*Devrimci Sol*) umgebracht worden. Am 21. Juli 1980 reichte der türkische Innenminister Mustafa Gülcügil seinen Rücktritt ein. Seine Demission glich einer „Kapitulation"[24].

Die Bilanz war erschreckend. Allein zwischen Dezember 1978 und Februar 1980 verzeichnete die westdeutsche Botschaft in Ankara 1444 Opfer der inneren Unruhen:

„Von den 47 bekannten [...] illegalen Organisationen morden 11 für eine islamische Türkei, 24 treten für den Kommunismus, 10 für die Befreiung Kurdistans ein, und zwei sind rechtsradikal. Im Gegensatz zur radikalen Linken sind die militanten Rechtsextremisten nicht zersplittert, organisierter und damit schlagkräftiger."[25]

[21] PA/AA, B 26, Ref. 203, Bd. 115912, Schriftbericht 1245 von Botschafter Oncken vom 18.7.1980.
[22] PA/AA, B 26, Ref. 203, Bd. 115906, Aufzeichnung von Ministerialdirigent Heinz Dröge (Unterabteilung 20) vom 3.1.1980.
[23] Vgl. Frankfurter Allgemeine Zeitung vom 20.2.1980: „Die innenpolitische Lage der Türkei verschärft sich".
[24] Der Spiegel vom 28.7.1980: „Maskierte Wölfe".
[25] PA/AA, B 26, Ref. 203, Bd. 115908, Schriftbericht 318 von Botschafter Oncken vom 25.2.1980.

Massendemonstrationen, politische Streiks, Betriebsbesetzungen, die „revolutionäre Verwaltung" von „befreiten Gebieten" in Großstädten, Krawalle, Brandanschläge und Attentate bestimmten das Bild[26]. Kadir Can, damals Reporter bei der Tageszeitung „Günaydın", hat diese anarchischen Zustände in beeindruckenden Fotoaufnahmen festgehalten[27].

Zu den politischen Verwerfungen und den heftigen gesellschaftlichen Spannungen kam eine schwere wirtschaftliche Krise. Alle Regierungen zeigten sich unfähig, Abhilfe zu schaffen. Als die Regierung unter Ministerpräsident Ecevit im Oktober 1979 „nach längerem Krankenlager" dahinschied, zog die Botschaft in Ankara ein ernüchterndes Fazit. Es sei nur ein Minimum an wirtschaftspolitischen Gegenmaßnahmen getroffen worden:

„Darüber hinausgehende Schritte, die geeignet gewesen wären, fremdes Kapital ins Land zu ziehen und die Aktivität der eigenen Privatunternehmer zu beleben, sind gescheitert oder im Räderwerk der Bürokratie und der einander befehdenden Flügel der RVP hängengeblieben."[28]

In dieser Krisensituation erschien das Militär als Hoffnungsträger: Das „letzte Wort" liege nicht bei den Politikern oder in Wirtschaftskreisen, sondern bei den „letzten Endes allein voll handlungsfähigen Streitkräften", so Botschafter Oncken[29]. Anfang 1980 war die Wirtschaftslage dramatisch:

„Kapazitätsauslastung der Industrie unter 50 Prozent; Arbeitslosenquote von mehr als 20 Prozent; Inflationsrate von mehr als 130 Prozent; Rückgang des Realeinkommens; Nullwachstum; hohes Leistungsbilanzdefizit; Rekordauslandsverschuldung von 18 Mrd. Dollar."[30]

Als Ursachen waren vor allem auszumachen: eine schwerfällige Bürokratie; häufige Personalwechsel aus politischen Gründen bei den Staatsbetrieben und den mit ausländischer Hilfe finanzierten Großprojekten; eine hohe Abhängigkeit von Energieimporten; die Ölkrise

---

[26] PA/AA, B 26, Ref. 203, Bd. 115907, Aufzeichnung von Ref. 203 vom 6.5.1980.
[27] Vgl. Can, 12 Eylül 1980, insbesondere S. 95–101 (Arbeiteraufstand in Izmir), S. 212–215 (Beisetzung Kemal Türklers) und S. 220–223 (Beisetzung Nihat Erims).
[28] PA/AA, B 26, Ref. 203, Bd. 115906, Fernschreiben 1039 des Gesandten Jürgen von Alten (Ankara) vom 17.10.1979.
[29] PA/AA, B 60, Ref. 420, Bd. 124280, Fernschreiben 89 von Botschafter Oncken vom 25.1.1980.
[30] PA/AA, B 60, Ref. 420, Bd. 124288, Aufzeichnung von Ref. 420 vom 9.7.1981: „Entwicklung der türkischen Wirtschaft seit Beginn des neuen Wirtschaftskurses vom Januar 1980"; das folgende Zitat findet sich ebenda.

1979/80; ständige Streiks; wechselnde Regierungen, die keine Reformen in die Wege leiteten; ein Parlament, das zu gesetzgeberischer Tätigkeit nicht mehr in der Lage war. Im Januar 1980 stellte der stellvertretende Ministerpräsident Turgut Özal dennoch ein beachtliches Sanierungsprogramm vor. Er setzte unter anderem auf die Bekämpfung der Inflation durch eine restriktive Geld- und Kreditpolitik, Exportförderung, den Abbau von Subventionen bei staatlichen Unternehmen und die Ankurbelung der Investitionstätigkeit. Es handelte sich um ein „Liberalisierungskonzept" mit mehr marktwirtschaftlichen Steuerungselementen. Özals Vorstellungen wiesen in die richtige Richtung, aber wegen der politischen Dauerkrise gelang es kaum, sie durchzusetzen.

Die katastrophale Wirtschaftslage berührte natürlich auch die deutsch-türkischen Wirtschaftsbeziehungen. Die Bundesrepublik war 1980 der wichtigste Handelspartner der Türkei; rund 21 Prozent ihrer Ausfuhren gingen nach Westdeutschland, ungefähr 12 Prozent der Einfuhren wurden von dort bezogen. Die Rolle der Türkei im Außenhandel der Bundesrepublik war dagegen bescheiden (0,3 Prozent Anteil an der Gesamteinfuhr beziehungsweise 0,4 Prozent an der Gesamtausfuhr). Während die Bundesrepublik hauptsächlich Agrarerzeugnisse und Textilien importierte, bezog die Türkei überwiegend Maschinen, Kraftfahrzeuge sowie elektrotechnische und chemische Erzeugnisse. Die Handelsbilanz wies für die Bundesrepublik immer einen positiven Saldo auf, die Leistungsbilanz wegen der Überweisungen der türkischen Gastarbeiter dagegen ein kräftiges Minus. Aufgrund der schlechten wirtschaftlichen Entwicklung gingen die westdeutschen Ausfuhren in die Türkei im letzten Drittel der 1970er Jahre deutlich zurück[31]. Ihr Gesamtwert halbierte sich von 2,685 Milliarden DM 1976 auf 1,345 Milliarden DM 1979[32].

Eine Folge der sich rapide verschlechternden Wirtschaftslage der Türkei war eine veränderte Ausfuhrbürgschaftspolitik der Bundesregierung. Die sogenannte Orientierungsgröße (pro Exporteur, Besteller und Quartal) sank von Mitte 1977 bis Anfang 1978 stufenweise von fünf Millionen DM auf 100.000 DM. Ende 1978 beantragte das Bundesministerium der Finanzen unter der Leitung von Hans Matthöfer (SPD) im Interministeriellen Ausfuhrgarantie-Ausschuss eine völlige Deckungssperre. Nur die der türkischen Regierung zugesagten Bürgschaftsrah-

---

[31] PA/AA, B 60, Ref. 420, Bd. 129988, Aufzeichnung von Ref. 420 vom 2.4.1981.
[32] Vgl. Statistisches Jahrbuch 1980 für die Bundesrepublik Deutschland, Stuttgart/Mainz 1980, S. 251, sowie Gross, Wirtschaftsbeziehungen.

men für kommerzielle Rüstungslieferungen (560 Millionen DM) und das Braunkohlekraftwerk Elbistan (150 Millionen DM) sollten davon unberührt bleiben. Geschäfte könnten nicht „in den Schaden hinein" versichert werden. Im Auswärtigen Amt reagierte man skeptisch, denn eine vollkommne Sperre musste „wie ein demonstrativer Vertrauensentzug" wirken und konnte möglicherweise „unvorhersehbare politische Reaktionen" auslösen[33].

Das Außenministerium konnte sich nicht durchsetzen. Seit Dezember 1978 wurden für Geschäfte mit der Türkei keine Bundesbürgschaften mehr übernommen (die genannten Sonderprojekte blieben davon unberührt). Zwar wurde keine förmliche Sperre verhängt, aber wenn Deckungsanträge zur Entscheidung anstanden, lehnte das Finanzministerium sie ab, weil sie als zu riskant erschienen und haushaltsrechtlich bedenklich waren. Es handelte sich um eine „De-facto-Sperre"[34]. Der Bedeutung, die der Türkei in der Außenpolitik zugemessen wurde, entsprach die Ausfuhrbürgschaftspraxis der Bundesregierung nicht, aber die wirtschaftliche und finanzielle Situation des Landes machte eine solche Beschränkung unumgänglich.

Die innere Entwicklung der Türkei warf unweigerlich die Frage auf, ob das Militär, das sich als „institutionelle Inkarnation des kemalistischen Staates" verstand[35], eingreifen würde oder nicht. Bereits zweimal hatte es die Macht ergriffen, im Mai 1960 und im März 1971. Daneben gab es eine Reihe von gescheiterten Putschversuchen und Interventionsplänen, die nicht realisiert wurden. 1960 ging es um die Zerschlagung der Demokratischen Partei, 1971 um die Überwindung der wirtschaftlichen Krise, die Entschärfung sozialer Konflikte und die Bekämpfung terroristischer Umtriebe. Von einem durchschlagenden Erfolg kann nicht gesprochen werden: Die Militärs bewirkten keine grundlegende Änderung der politischen Kräfteverhältnisse, und in wirtschaftlicher und sozialer Hinsicht trat keine Besserung ein.

„Wie die zur Intervention von 1971 führende Krise auch Folge des Scheiterns des Regimes von 1960–1961 gewesen war, so drückte sich in der Krise vor der Intervention 1980 auch das Versagen des Regimes von 1971–1973 aus."[36]

---

[33] PA/AA, B 52, Ref. 422, Bd. 121393, Aufzeichnung von Ministerialdirektor Hans Werner Lautenschlager (Abteilung 4) vom 1.12.1978.
[34] PA/AA, B 52, Ref. 422, Bd. 140092, Aufzeichnung von Ministerialdirigent Hans Werner Loeck (Unterabteilung 42) vom 22.3.1982.
[35] Jung, Primat der Militärs, S. 71.
[36] Weiher, Rolle des Militärs, S. 312.

Am 27. Dezember 1979 überreichte die Armeeführung Staatspräsident Korutürk ein Memorandum, in dem ausdrücklich auf das Gesetz über die Aufgaben der Streitkräfte vom Januar 1961 Bezug genommen wurde, das ihnen die Verteidigung der Republik und der Verfassung zur Pflicht machte. Die Generäle unter der Führung des Generalstabschefs Evren forderten alle Verfassungsorgane und politischen Parteien auf, schnelle Entscheidungen zur Wiederherstellung von Ruhe und Ordnung zu treffen[37]. Eine Intervention des Militärs wurde im Auswärtigen Amt nicht unbedingt kritisch gesehen, im Gegenteil:

„Wir sollten ein mögliches Eingreifen der Streitkräfte in der Türkei trotz demokratischer Schönheitsfehler nicht von vornherein negativ beurteilen. [...] Die Erkrankung des Landes ist so weit fortgeschritten und die Entwicklung in der Region so dramatisch geworden, dass starke Medizin indiziert erscheint."[38]

Einer Machtübernahme durch die Armee stand die bundesdeutsche Diplomatie auch deshalb nicht besonders kritisch gegenüber, weil sie die außenpolitische Westorientierung der Türkei zu garantieren und ein Bollwerk gegen kommunistische Beeinflussung zu sein schien. Immer wieder stellte Botschafter Oncken die Frage nach der Außensteuerung der blutigen Auseinandersetzungen. Die „türkische Krankheit" werde „mit Sicherheit von außen systematisch am Leben gehalten und angeheizt"[39]. Beweise für eine Einflussnahme durch die UdSSR und andere Staaten des Warschauer Pakts vorzulegen, war allerdings nicht einfach. Oncken wies regelmäßig auf die Exilorganisation der Türkischen Kommunistischen Partei (*Türkiye Komünist Partisi*, TKP) in der DDR hin beziehungsweise deren Sender „Bizim Radyo" (Unser Radio), der sich nur schwer verorten ließ. Mal gab der Botschafter Leipzig als Standort an, mal hieß es, der Sender sei in oder bei Ost-Berlin stationiert. Er vermutete auch, dass dieser auf einer sowjetischen Basis in der DDR stehe[40].

Die DDR und die Türkei hatten erst im Juni 1974 diplomatische Beziehungen aufgenommen. Das bilaterale Verhältnis entwickelte sich in

---

[37] PA/AA, B 82, Ref. 510, Bd. 1285, Fernschreiben 10 von Botschafter Oncken vom 3.1.1980.
[38] PA/AA, B 26, Ref. 203, Bd. 115906, Aufzeichnung von Ministerialdirigent Dröge vom 3.1.1980.
[39] PA/AA, B 26, Ref. 203, Bd. 115912, Schriftbericht 1245 von Botschafter Oncken vom 18.7.1980.
[40] PA/AA, B 38, Ref. 210, Bd. 132598, Schriftbericht 903 von Botschafter Oncken vom 7.5.1982.

den folgenden Jahren kaum. Es handelte sich um Beziehungen „ohne wirkliche Substanz"[41]. Der ostdeutsche Staat entfaltete in der Türkei keine entwicklungs- oder kulturpolitischen Aktivitäten; der Schwerpunkt seiner Bemühungen lag im Handel. Die DDR betrieb in Ankara auch keine offensive Abgrenzung gegenüber der Bundesrepublik. In der türkischen Bevölkerung und in den dortigen Medien wurde Deutschland mit dem westdeutschen Staat gleichgesetzt.

Das Szenario, das Oncken entwarf, hatte mit der Wirklichkeit wenig zu tun. Anfang der 1980er Jahre lebten in der DDR weniger als 100 türkische Staatsangehörige, von denen knapp 40 als TKP-Angehörige galten[42]. Der Radiosender „Bizim Radyo" war seit Ende der 1950er Jahre in Betrieb, hatte seinen Standort in Leipzig und genoss die Unterstützung der politischen Führung in Ost-Berlin, die ihn als Teil des deutsch-deutschen „Propagandakriegs" sah[43]. Linke Kräfte in der Türkei wurden durch die täglichen Sendungen gewiss „zu Aktionen ermuntert", und die ostdeutschen Unterstützer waren daran interessiert, „antitürkische Stimmungen im Westen und antiwestliche Stimmungen in der Türkei durch permanente Erregungszustände anzuheizen", wie Oncken es formulierte[44]. Doch die innertürkischen Konflikte hatten zweifellos endogene Ursachen, und ob die Sendungen eines unbedeutenden Auslandssenders die Gewaltbereitschaft steigerten, kann bezweifelt werden.

Eher berechtigt war der Hinweis auf illegale Waffenlieferungen. Schon Onckens Vorgänger Sahm hatte berichtet, nachweislich finde ein umfassender und wohlorganisierter Waffenschmuggel in die Türkei statt, der – über die offenen Küsten des Schwarzen Meeres – weitgehend von Bulgarien aus betrieben werde. Das kurdische Gebiet sei einerseits Ziel, andererseits Transitland. Die Durchführung des

---

[41] PA/AA, B 38, Ref. 210, Bd. 132452, Schriftbericht 841 von Botschafter Oncken vom 19.5.1980.
[42] Vgl. Herbstritt, Bundesbürger, S. 151–154.
[43] Vgl. den Vortrag von Jörg Becker vom 20.1.2010: „Destabilisierungsversuche der BRD im deutsch-deutschen Kalten Krieg. Bizim Radyo – türkische Radiosendungen aus der DDR von 1959 bis 1989". Eine Zusammenfassung bietet www.uni-hildesheim.de/en/fb1/institute/geschichte/oeffentliche-vortraege-int-konferenzen/europa-gespraeche/wintersemester-200910/destabilisierungsversuche-der-brd-im-deutsch-deutschen-kalten-krieg-bizim-radyo-tuerkische-radioendungen-aus-der-ddr-von-1959-bis-1989.
[44] PA/AA, B 60, Ref. 420, Bd. 124283, Schriftbericht von Botschafter Oncken vom 7.3.1980.

Schmuggels setze eine ausgebaute und „konspirativ arbeitende Infrastruktur" voraus, die bis in die Sicherheitsbehörden hineinreiche[45]. Oncken berichtete später, Waffen würden von allen Seiten geliefert, auch über Syrien sowie über die Grenzen zum Irak und Iran[46].

Die Informationen zum Sender der TKP und zum Waffenschmuggel zeigen, wie stark die Außenpolitik der Bundesrepublik von der Ost-West-Konfrontation determiniert war und westdeutsche Diplomaten diesen Konflikt als Erklärungsmuster heranzogen. Sicherlich hatte die UdSSR Interesse an einer Destabilisierung der Türkei. Eine „kommunistische Steuerung der inneren Unruhen von außen und damit eine sowjetische Negativsteuerung der westlichen Türkeihilfe" zu konstatieren[47], war aber übertrieben. Auch wenn die illegalen Waffenlieferungen ein Problem darstellten, waren sie nicht ursächlich für innertürkische Konflikte. Eher stellt sich die Frage, inwieweit die Botschaft mit ihrer nicht immer differenzierten Berichterstattung politische Entscheidungen in Bonn beeinflusste. So betonte Oncken: „Ich gehe davon aus, daß wir ganz zweifellos zu weiterer Stützung der Türkei gehalten sind, schon um nicht durch zusätzliche türkische Verelendung den Sowjets in die Hände zu spielen."[48]

3. Deutsch-türkische Kontroversen in der Asyl- und Ausländerpolitik

Die schwersten Belastungen zwischen der Bundesrepublik und der Türkei resultierten aus der Asyl- und Ausländerpolitik. Die „türkische Präsenz in Deutschland" sei der Ausgangspunkt der meisten „Reibungen im beiderseitigen Verhältnis", wie Botschafter Oncken meinte. Für den Diplomaten war die „Eindämmung" der Zahl der türkischen Staatsangehörigen in Westdeutschland „langfristig geboten [...] bis zu jenem Punkt, wo Reizelemente in [den] Hintergrund treten"[49]. Dahinter verbarg

---

[45] PA/AA, B 26, Ref. 203, Bd. 115908, Schriftbericht 567 von Botschafter Sahm vom 18.4.1978.
[46] PA/AA, B 26, Ref. 203, Bd. 123300, Schriftbericht 100 von Botschafter Oncken vom 13.1.1981.
[47] PA/AA, B 60, Ref. 420, Bd. 124283, Schriftbericht von Botschafter Oncken vom 7.3.1980.
[48] PA/AA, B 26, Ref. 203, Bd. 115909, Schriftbericht 1505 von Botschafter Oncken vom 1.9.1980.
[49] PA/AA, B 21, Ref. 200, Bd. 141790, Fernschreiben 360 von Botschafter Oncken vom 10.3.1982.

sich folgendes Problem: Ende September 1979 lebten in der Bundesrepublik 4,14 Millionen Ausländer; 1,27 Millionen – also 30,7 Prozent – waren Türken. Zur Ausländerbevölkerung zählten 1,05 Millionen Kinder unter 16 Jahren, unter ihnen 450.000 türkische Kinder (42,9 Prozent).[50]

Mit der bilateralen Vereinbarung vom 30. Oktober 1961 zur „Regelung der Vermittlung türkischer Arbeitnehmer nach der Bundesrepublik Deutschland"[51] und einigen Folgevereinbarungen war die Türkei zum wichtigsten Anwerbestaat geworden. Die boomende Wirtschaft in Westdeutschland hatte damals großen Bedarf an Arbeitskräften, und auch für die Türkei schienen mit einer solchen Regelung Vorteile verbunden zu sein. Man hoffte in Ankara auf die Überwindung der wirtschaftlichen Krise beziehungsweise einen Abbau der Arbeitslosigkeit sowie einen Ausgleich des Handelsbilanzdefizits durch den Devisentransfer der Migranten. Doch die Vereinbarungen waren konjunkturabhängig. Als die wirtschaftliche Entwicklung in der Bundesrepublik ins Stocken geriet, sollte der „Anwerbestopp" vom November 1973 die Zahl der Ausländer und die mit ihnen verbundenen Kosten senken[52]. Der „Anwerbestopp" verminderte zwar die Zahl der ausländischen Erwerbstätigen, aber infolge der Geburtenentwicklung und des Familiennachzugs nahm die ausländische Wohnbevölkerung nicht ab, im Gegenteil: Seit Ende der 1970er Jahre wuchs sie rapide an. Ende September 1980 lebten in der Bundesrepublik bereits 4,45 Millionen Ausländer, darunter 1,46 Millionen Türken (32,8 Prozent). Die türkische Wohnbevölkerung nahm gegenüber dem Vorjahr um rund 15 Prozent zu; die Zahl der türkischen Kinder unter 16 Jahren stieg auf 520.000[53].

Botschafter Oncken sah diese Situation stets besonders kritisch – und griff wiederholt zu gängigen Klischees. Die Türken hätten eine „aus zentralasiatischer Vergangenheit stammende Neigung, nomadenhaft in andere Kulturbereiche einzusickern, zunächst als kleine Gruppen, denen sich dann andere hinzugesellen, dann um geschlossene Siedlung bemüht". Sie lebten in einer anderen Tradition und seien nicht anpassungsfähig. Ein „Überquellen" der türkischen Wohnbevölkerung könnte sich „in innenpolitisch brisanter Verschärfung der

---

[50] PA/AA, B 200, Ref. 410, Bd. 121939, Aufzeichnung des Bundesarbeitsministeriums vom 29.1.1980.
[51] Für den Wortlaut vgl. Bundesarbeitsblatt vom 10.2.1962, S. 69 ff.; vgl. auch Hunn, Nächstes Jahr, S. 29–59.
[52] Vgl. Herbert, Ausländerpolitik, S. 228 f., und Hunn, Nächstes Jahr, S. 328–338.
[53] PA/AA, B 85, Ref. 513, Bd. 1469, Aufzeichnung von Ref. 513 vom 11.12.1980.

Ausländerfeindschaft entladen"; über den „Import innertürkischer Streitigkeiten" wolle er lieber schweigen⁵⁴. Doch das war eine viel zu einfache Sicht der Dinge:

> „Die Ursachen der sich auftürmenden Schwierigkeiten lagen [...] in der politischen Anlage der Ausländerbeschäftigung, die lange Zeit darauf abgestellt gewesen war, parallel zur wirtschaftlichen Entwicklung in der Bundesrepublik Ausländer im unteren Bereich des Arbeitsmarktes möglichst flexibel und kostengünstig einzusetzen, ohne daß dadurch Folgekosten für die Wirtschaft und den Staat [...] auftraten. Dieses Kalkül ging seit den frühen 70er Jahren nicht mehr auf."⁵⁵

Es handelte sich in erster Linie um ein Versagen der Politik. Die „Gastarbeiter" – ein „im Grunde verlogene[r] Ausdruck"⁵⁶ – waren zwar aus wirtschaftlichen Gründen angeworben worden, hatten aber natürlich oft den Wunsch, länger im Aufnahmeland zu bleiben, eine Familie zu gründen oder ihre Familienangehörigen nachziehen zu lassen. Sie für die Misere verantwortlich zu machen, war nicht angebracht. Dass sich gerade bei den Türken „Ghettoisierungstendenzen" zeigten, ist dabei unumstritten⁵⁷. Andere gravierende Probleme kamen hinzu: Ein großer Teil der ausländischen Arbeitnehmer hatte keine abgeschlossene Schul- und Berufsausbildung vorzuweisen. Bildungsdefizite und mangelnde Deutschkenntnisse führten dazu, dass sie überwiegend als Un- oder Angelernte beschäftigt waren. Folglich erhöhte sich bei ihnen das Risiko, arbeitslos zu werden, erst recht in Wirtschaftsbereichen wie dem Bausektor, der Textilindustrie oder der Stahl- und Metallindustrie, die unter einer Strukturkrise litten. Wegen der Sprach- und Bildungsdefizite, Identitätsprobleme und kulturellen Konflikte waren ausländische Jugendliche von Arbeitslosigkeit besonders betroffen. Das galt in hohem Maße für diejenigen, die erst im schulpflichtigen Alter in die Bundesrepublik gekommen waren. Die Lebenssituation der zweiten und dritten Ausländergeneration unterschied sich „deutlich negativ" von der deutscher Kinder und Jugendlicher.

---

⁵⁴ Schriftbericht 1657 von Botschafter Oncken vom 30.8.1982; Akten zur Auswärtigen Politik der Bundesrepublik Deutschland 1982, Bd. II: 1. Juli bis 31. Dezember 1982, bearb. von Michael Ploetz, Tim Szatkowski und Judith Michel, München 2013, Dok. 234: S. 1236–1241, hier S. 1238 f.
⁵⁵ Herbert, Ausländerpolitik, S. 242.
⁵⁶ Eickhoff, Brücke, S. 102.
⁵⁷ PA/AA, B 200, Ref. 410, Bd. 121939, Aufzeichnung des Bundesarbeitsministeriums vom 29.1.1980; das folgende Zitat findet sich ebenda.

Am 19. März 1980 verabschiedete die Bundesregierung „Orientierungsleitlinien für die Weiterentwicklung der Ausländerpolitik", in denen Empfehlungen für die Integration der zweiten Ausländergeneration gegeben wurden. Doch eine grundlegende Reform des Ausländerrechts war mit ihnen nicht verbunden[58]. An erster Stelle setzte die sozial-liberale Regierung ohnehin nicht auf Integration, sondern auf Maßnahmen zur Beschränkung der Zahl türkischer Staatsangehöriger.

Nirgendwo zeigte sich das deutlicher als in der Asylfrage. Im Auswärtigen Amt wurden die Maßnahmen, über die man nun diskutierte, zuerst mit Skepsis betrachtet, vor allem die Einführung einer Sichtvermerkspflicht. Aus außenpolitischer Sicht sei es „anders zu qualifizieren", wenn man von türkischen Staatsbürgern ein Visum verlange. Die Türkei habe als NATO-Partner, Mitglied des Europarats und mit der EG assoziierter Staat eine andere Position als Äthiopien, Bangladesch oder Pakistan. Es bestehe ein berechtigtes Interesse am reibungslosen Ablauf von Verwandtenbesuchen, die jährlich in die Hunderttausende gingen. Auch pragmatische Gründe sprächen dagegen. Die drei Auslandsvertretungen – die Botschaft in Ankara sowie die Generalkonsulate in Istanbul und Izmir – seien für einen Ansturm von Antragstellern nicht ausgestattet[59].

Doch das Bundesministerium des Innern drängte auf die Sichtvermerkspflicht. Staatssekretär Siegfried Fröhlich machte in einem Schreiben an den Staatssekretär des Auswärtigen Amts, Günther van Well, deutlich, dass die Zahl der türkischen Asylbewerber sprunghaft angestiegen sei: von 809 Personen 1976 auf 18.044 1979. Der Anteil der Asylsuchenden aus der Türkei betrage 1979 bereits mehr als ein Drittel der insgesamt 51.493 Asylbewerber. Ein weiterer ungehinderter Zustrom könnte „in der deutschen Bevölkerung Emotionen hervorrufen". Der weit überwiegende Teil der Türken beantrage Asyl nur, um für die Dauer des Asylverfahrens Aufenthalt in der Bundesrepublik nehmen und eine Erwerbstätigkeit ausüben zu können. Es handele sich um den „Mißbrauch des Asylverfahrens zur Umgehung des Anwerbestopps". Gegenüber der türkischen Regierung müsse die Frage der Sichtvermerkspflicht endlich angesprochen werden, möglichst „im Rahmen der bevorstehenden Finanz- und Wirtschaftsgespräche". Fröhlichs Aufforderung blieb

---

[58] Vgl. Hunn, Nächstes Jahr, S. 405 ff.
[59] PA/AA, B 26, Ref. 203, Bd. 115914, Aufzeichnung des Vortragenden Legationsrats I. Klasse Heibach vom 28.3.1979.

nicht ungehört. Der Leiter der Rechtsabteilung des Auswärtigen Amts, Ministerialdirektor Carl-August Fleischhauer, notierte auf dem Schreiben: „Es hilft alles nichts. Wir müssen bei uns zu Hause anfangen!"[60]

Binnen Kurzem verschärfte sich die Lage weiter. Von Januar bis Oktober 1980 wurden über 100.000 Asylbewerber registriert; 55 Prozent kamen aus der Türkei[61]. Sie alle hatten angeblich den Wunsch, „der hiesigen wirtschaftlichen Misere zu entfliehen", wie Botschafter Oncken berichtete. Verfolgungstatbestände, die in Asylverfahren geltend gemacht werden könnten, seien so gut wie nicht gegeben. Gegenteilige Behauptungen würden das „Bild einer repressiven und diktatorischen Staatsgewalt" entstehen lassen, die irreführend seien. Der Botschafter sprach sich zwar gegen einen Sichtvermerkszwang aus, wohl aber für andere Maßnahmen: Abschreckende Wirkung gehe von „spektakulären Abschiebungen" aus[62].

Die Berichterstattung der diplomatischen Mission musste Wasser auf die Mühlen der Befürworter einer Sichtvermerkspflicht sein, insbesondere die Behauptung, dass man es fast ausschließlich mit Scheinasylanten zu tun habe. Offensichtlich verfehlten diese Berichte ihre Wirkung auch im Auswärtigen Amt nicht; das Außenministerium brachte jedenfalls keine Gegenargumente mehr vor. Dabei wurde verkannt, dass in der Türkei „tatsächlich Menschen wegen ihrer politischen Gesinnung und ethnischen Herkunft diskriminiert und verfolgt wurden". Auch blieb meistens unerwähnt, dass die Zahl der türkischen Asylbewerber Ende der 1970er und zu Beginn der 1980er Jahre in die Höhe schnellte, als die Gewalt dort eskalierte[63]. Nicht zuletzt hatten die in Bonn eintreffenden Berichte unmittelbare Auswirkungen auf die Rechtsprechung. Das Bundesamt für die Anerkennung ausländischer Flüchtlinge in Zirndorf ging in seiner Spruchpraxis auch von den Stellungnahmen des Auswärtigen Amts aus, die wiederum auf der Berichterstattung der Botschaft beruhten. Danach war der Tatbestand der politischen Verfolgung im Falle der Türkei „nur in Ausnahmefällen begründet"[64].

---

[60] PA/AA, B 82, Ref. 510, Bd. 1285, Fröhlich an van Well vom 25.2.1980 mit handschriftlichen Bemerkungen Fleischhauers.
[61] PA/AA, B 85, Ref. 513, Bd. 1469, Aufzeichnung von Ref. 513 vom 11.12.1980.
[62] PA/AA, B 82, Ref. 510, Bd. 1285, Fernschreiben 294 von Botschafter Oncken vom 5.3.1980.
[63] Hunn, Nächstes Jahr, S. 454 f.
[64] PA/AA, B 82, Ref. 510, Bd. 1286, Drahterlass des Vortragenden Legationsrats I. Klasse Dieter Kastrup (Ref. 203) an die Botschaft in Ankara vom 16.9.1980.

Oncken änderte schließlich seine Meinung und sprach sich doch für die Einführung der Sichtvermerkspflicht aus, wenn auch mit zeitlicher Begrenzung. Eine solche Maßnahme sei letztlich das kleinere Übel. Es gehe um die entscheidende Frage, „ob wir eine zunehmende Überfremdung hinnehmen können". Die Bundesrepublik erscheine den Türken „als gelobtes Land: Man braucht nur den Asylwunsch zu äußern und erhält Arbeit und Lohn, dies garantiert durch die Dauer des Asyl- und ggf. Ausweisungsverfahrens." Oncken empfahl die „Aufnahme Asylsuchender in Lager", die Verweigerung einer Arbeitserlaubnis für Asylbewerber sowie die „Straffung und parallele Abwicklung von Asyl- und aufenthaltsbeendendem Verfahren"[65]. Die türkische Regierung konnte angesichts ihrer prekären Lage kaum etwas gegen den Strom von Wirtschaftsflüchtlingen, den es zweifellos gab, unternehmen. Sie zeigte sich aber nicht einmal bereit, in irgendeiner Weise tätig zu werden; sie war sogar froh über die Abwanderung. Das wurde auch bei einem Gespräch eines Botschaftsangehörigen mit dem Leiter der Konsularabteilung im türkischen Außenministerium deutlich. Letzterer meinte, jegliche Verantwortung von sich weisend, an der Misere seien die deutschen Stellen schuld. Man solle die Asylbewerber „in ‚Lager' konzentrieren, sie nur mit Lebensmitteln versorgen, ihnen keine Arbeitserlaubnis geben und sie recht bald wieder in die Türkei zurückschicken". Das würde sich herumsprechen. In Wahrheit hatte die türkische Seite an einer Rückkehr nicht das geringste Interesse[66].

Am 18. Juni 1980 beschloss die Bundesregierung ein „Sofortprogramm zur Begrenzung der Einreise ‚unechter' Asylbewerber". Es sah Maßnahmen zur Beschleunigung des Asylverfahrens vor, die Versagung der Arbeitserlaubnis im ersten Jahr nach der Einreise sowie die Einführung der Sichtvermerkspflicht für die Hauptherkunftsländer von Asylbewerbern, also auch für die Türkei[67]. Am 25. Juni einigte sich das Kabinett auf eine entsprechende Rechtsverordnung, die am 5. Oktober 1980 in Kraft trat. Nach drei Jahren sollte überprüft werden, ob sie noch notwendig sei[68]. Das Sofortprogramm zeigte „deutliche Auswir-

---

[65] PA/AA, B 82, Ref. 510, Bd. 1285, Fernschreiben 748 von Botschafter Oncken vom 16.6.1980.
[66] PA/AA, B 82, Ref. 510, Bd. 1285, Fernschreiben 765 von Botschafter Oncken vom 18.6.1980.
[67] Hunn, Nächstes Jahr, S. 459.
[68] PA/AA, B 82, Ref. 510, Bd. 1285, Drahterlass 3372 von Ministerialdirektor Fleischhauer an die Botschaft in Ankara vom 25.6.1980. Für den Wortlaut der

kungen". Die Zahl der Asylbegehrenden, gerade aus der Türkei, war fortan stark rückläufig[69].

Erwartungsgemäß stießen die Abwehrmaßnahmen der Bundesregierung in der Türkei auf Ablehnung. Die Frage war aber auch, wie man sie am besten verkaufen könne. Beim Gespräch mit Genscher am Rande der Tagung des NATO-Ministerrats in Ankara stellte der türkische Außenminister Erkmen am 26. Juni 1980 klar, seine Regierung sei nicht in der Lage, gegenüber der eigenen Öffentlichkeit die für die Bundesrepublik maßgeblichen Gründe darzulegen. Genscher scheute sich nicht, diesen Konflikt auf dem Rücken der Asylbewerber auszutragen: „Kann [die] türkische Regierung nicht öffentlich sagen, dass die Leute, deretwegen diese Entscheidung gefällt worden ist, in der Bundesrepublik ihr Land verleumden?"[70]

Liberale Grundüberzeugungen waren es jedenfalls nicht, die der Minister hier präsentierte. Ohnehin war nicht zu erkennen, dass die FDP bei der Asylproblematik gegenüber dem Koalitionspartner SPD ernsthaft versucht hätte, ein liberales Profil unter Beweis zu stellen. Die Koalitionäre marschierten im Gleichschritt und setzten verstärkt auf eine Eindämmungspolitik, weniger auf Fortschritte durch Integration. Botschafter Oncken sah die Angelegenheit am Ende gelassen: Die türkische Regierung werde „weiterhin in erster Linie an unsere Unterstützung denken"[71]. Das war richtig. Richtig ist aber auch, dass die Angst vor „Überfremdung" durch Asylanten, die geschürt wurde, keine Grundlage hatte. Vom 1. Januar 1979 bis 31. August 1983 beantragten 86.924 türkische Staatsangehörige Asyl, der allergrößte Teil von 1979 bis Herbst 1980. Als asylberechtigt wurden in dieser Zeit nur 1781 Menschen anerkannt[72].

Eine zweite große Belastungsprobe für die deutsch-türkischen Beziehungen resultierte aus dem Assoziationsabkommen zwischen der

---

11. Verordnung zur Änderung der Verordnung zur Durchführung des Ausländergesetzes vom 1.7.1980 vgl. Bundesgesetzblatt 1980, Teil I, S. 782.
[69] PA/AA, B 82, Ref. 510, Bd. 1286, Bundesinnenminister Gerhart Rudolf Baum an den Ständigen Vertreter des Hauptgeschäftsführers beim Deutschen Städtetag, Ernst Pappermann, vom 23.9.1980.
[70] PA/AA, B 26, Ref. 203, Bd. 115909, Fernschreiben 828 von Botschafter Oncken vom 27.6.1980.
[71] PA/AA, B 26, Ref. 203, Bd. 115909, Schriftbericht 1134 von Botschafter Oncken vom 4.7.1980.
[72] PA/AA, B 82, Ref. 510, Bd. 1482, Bundesinnenministerium an das Auswärtige Amt vom 4.10.1983.

EWG und der Türkei vom 12. September 1963. Artikel 12 des Abkommens bestimmte: „Die Vertragsparteien vereinbaren, sich von den Artikeln 48, 49 und 50 des Vertrags zur Gründung der Gemeinschaft leiten zu lassen, um untereinander die Freizügigkeit der Arbeitnehmer schrittweise herzustellen."[73] Die Artikel 48 bis 50 des Vertrags zur Gründung der EWG vom 25. März 1957 behandelten den Inhalt dieser Freizügigkeit und die Maßnahmen zu ihrer Herstellung. Artikel 12 des Abkommens von 1963 musste zusammen mit Artikel 36 des Zusatzprotokolls zwischen der EWG und der Türkei vom 23. November 1970 für die Übergangsphase der Assoziation gelesen werden. Danach sollte die Freizügigkeit der Arbeitnehmer zwischen dem Ende des 12. und dem Ende des 22. Jahres nach Inkrafttreten des Assoziationsabkommens schrittweise verwirklicht werden; der Assoziationsrat hatte die dafür erforderlichen Regeln festzulegen[74]. Das Abkommen von 1963 war am 1. Dezember 1964 in Kraft getreten. Mit anderen Worten: Nach den vertraglichen Bestimmungen hätte die (nicht volle, aber weitgehende) Freizügigkeit ab Anfang Dezember 1986 gelten müssen. Bei den Verhandlungen über die Assoziation von 1959 bis 1963 spielte dieser Themenbereich keine große Rolle. Damals standen für die Regierung Adenauer sicherheitspolitische Erwägungen im Vordergrund; der Bedarf an türkischen Arbeitskräften konnte infolge des Anwerbeabkommens von 1961 gedeckt werden[75].

Nach einem mehrjährigen Stillstand schienen seit Ende der 1970er Jahre Möglichkeiten für eine Wiederbelebung der Assoziation zu bestehen. Die westlich orientierte Regierung unter Ministerpräsident Demirel beantragte Anfang 1980 die Einberufung des Assoziationsrats EG/Türkei auf Ministerebene, der seit 1976 nicht mehr getagt hatte. Dieser Schritt war politisch motiviert. Die geostrategische Lage, die innenpolitische Situation der Türkei und der bevorstehende EG-Beitritt Griechenlands spielten dabei eine Rolle[76]. Die Bundesregierung begrüßte die Wiederannäherung der Türkei, die unter Ministerpräsident Ecevit nicht denkbar gewesen wäre. Doch das Problem der Freizügigkeit

---

[73] Bundesgesetzblatt 1964, Teil II, S. 520.
[74] Vgl. Bundesgesetzblatt 1972, Teil II, S. 393.
[75] Vgl. Ceylanoglu, Europäische Wirtschaftsgemeinschaft, S. 192–197; Krieger, Europakandidatur, S. 175–181.
[76] PA/AA, B 200, Ref. 410, Bd. 121939, Aufzeichnung des Auswärtigen Amts und des Bundeswirtschaftsministeriums vom 7.2.1980.

blieb. Der Bundessicherheitsrat beauftragte daher am 27. Februar 1980 das Auswärtige Amt,

„mit der türkischen Seite eine bilaterale Stillhalteabsprache (gentleman's agreement) über die Verlängerung der [...] gegenwärtig geltenden 1. Stufe der Freizügigkeit anzustreben, die dann bei den Verhandlungen zwischen der EG und der Türkei über die Weiterentwicklung der Assoziation von türkischer Seite zu berücksichtigen wäre"[77].

Die türkische Regierung war nicht gewillt, sich darauf einzulassen. Nach dem Besuch von Außenminister Erkmen am 23./24. April 1980 in Bonn übergab Botschafter Vahit Halefoğlu am 9. Mai im Auswärtigen Amt ein inoffizielles Arbeitspapier, ein sogenanntes Non-Paper, in dem darauf verwiesen wurde, dass das Recht auf Freizügigkeit 1963 zugestanden worden sei und 1986 verwirklicht sein müsse[78]. Eine Stillhalteabsprache rückte damit in weite Ferne. Die Türkei war „offenkundig nicht dazu in der Lage", den Wünschen der Bundesregierung „in der Substanz entgegenzukommen"[79]. In der Kabinettssitzung am 14. Mai 1980 unterstrich Bundeskanzler Schmidt, dass „ein weiterer Zustrom von Türken nicht hingenommen werden könne"[80]. Die Vertreterin des Bundesministeriums für Arbeit und Sozialordnung, Staatssekretärin Anke Fuchs (SPD), machte deutlich, dass der Eintritt in die zweite Stufe der Freizügigkeit, der 1976 für Anfang Dezember 1980 in Aussicht genommen worden war, inakzeptabel sei. Auf den Hinweis des Staatsministers im Auswärtigen Amt, Klaus von Dohnanyi (SPD), dass man diese Verpflichtung eingegangen sei, reagierte der Bundeskanzler hart. Sie sei mit einer *„reservatio mentalis"* übernommen worden: „Im übrigen gelte *ultra posse nemo obligatur*, außerdem müsse nötigenfalls die *clausula rebus sic stantibus* herangezogen werden." Die Bundesrepublik „dürfe keine türkische Provinz werden", so Schmidt[81].

Die Bundesregierung begründete ihre ablehnende Haltung insbesondere mit der schwierigen Lage am Arbeitsmarkt. Es seien in den

---

[77] PA/AA, B 200, Ref. 410, Bd. 121942, Aufzeichnung von Ministerialdirektor Per Fischer (Abteilung 4) vom 12.3.1980.
[78] Für den Wortlaut des Non-Paper in deutscher Übersetzung: PA/AA, B 200, Ref. 410, Bd. 121939.
[79] PA/AA, B 200, Ref. 410, Bd. 121939, Aufzeichnung von Ministerialdirigent Werner Ungerer (Unterabteilung 41) vom 19.5.1980.
[80] PA/AA, B 200, Ref. 410, Bd. 121942, Aufzeichnung von Ref. 011 vom 21.5.1980.
[81] PA/AA, B 200, Ref. 410, Bd. 121942, Aufzeichnung des Vortragenden Legationsrats Henning von Wistinghausen (Ref. 410) vom 16.5.1980. Schmidt

nächsten Jahren mehr als zwei Millionen Menschen zusätzlich in Arbeit zu bringen, und das bei ungewissen konjunkturellen Aussichten. Natürlich war dieses Argument nicht einfach von der Hand zu weisen: 1980 hatten im Bundesgebiet 888.900 Menschen keine Arbeit, darunter 107.420 Ausländer; das entsprach einer Quote von 3,8 Prozent. Die trüben Prognosen bewahrheiteten sich. 1982 lag die Zahl der Arbeitslosen bei einer Quote von 7,5 Prozent bereits um rund eine Million höher (1.833.244, davon 245.710 Ausländer)[82]. Neben der Situation am Arbeitsmarkt wurde auf die problematische kulturelle und soziale Integration der Türken hingewiesen[83]. Bundeskanzler Schmidt stellte in der Kabinettssitzung am 25. Juni 1980 klar, dass die „deutsche Haltung gegenüber Verbesserungen beim Zugang türkischer Arbeitnehmer unverändert hart" bleiben werde[84]. In der Kabinettssitzung am 2. Juli ging er noch einen Schritt weiter und machte deutlich, dass sich die Bundesregierung um eine Revision der Freizügigkeitsverpflichtung bemühen werde[85].

Zunächst setzte sich die Regierung Schmidt/Genscher durch, wie sich bei der Sitzung des Assoziationsrats EG/Türkei auf Ministerebene am 30. Juni und 1. Juli 1980 in Brüssel zeigte. Dort konnte „Einvernehmen über die materielle Ausgestaltung der weiteren Assoziationsbeziehungen" erzielt werden. So beschloss man eine Sonderhilfe für die Türkei in Höhe von 75 Millionen Europäischen Rechnungseinheiten (ERE) und erzielte Einigung über Höhe, Struktur und Konditionen eines 4. Finanzprotokolls mit einem Gesamtbetrag von 600 Millionen ERE. Ansonsten war die Sitzung für die Türkei mit einem „enttäuschenden Ergebnis" verbunden, denn eine ausdrückliche Bestätigung der bestehenden Freizügigkeitsregelung konnte die deutsche Seite abwehren. Letztere hatte damit ihre Interessen „voll gewahrt"[86]. Nur kleine Ver-

---

zitierte hier gängige Rechtsfiguren: *reservatio mentalis*: geheimer Vorbehalt; *ultra posse nemo obligatur*: Unmögliches zu leisten, ist niemand verpflichtet; *clausula rebus sic stantibus*: Klausel der gleich bleibenden Umstände.
[82] Vgl. Statistisches Jahrbuch 1983 für die Bundesrepublik Deutschland, Stuttgart/Mainz 1983, S. 110.
[83] PA/AA, B 200, Ref. 410, Bd. 121942, Aufzeichnung von Ministerialdirektor Fischer vom 24. 6. 1980 mit dem Entwurf einer Antwort auf das türkische Non-Paper vom 9. 5. 1980.
[84] PA/AA, B 200, Ref. 410, Bd. 121940, Aufzeichnung von Ref. 011 vom 30. 6. 1980.
[85] PA/AA, B 200, Ref. 410, Bd. 121940, Aufzeichnung von Ref. 011 vom 7. 7. 1980.
[86] PA/AA, B 200, Ref. 410, Bd. 121940, Aufzeichnung von Ministerialdirektor Fischer vom 1. 7. 1980.

besserungen zugunsten der in den EG-Mitgliedstaaten legal beschäftigten Türken waren zu verzeichnen. Die Türkei stimmte dem Gesamtpaket trotzdem zu, weil die finanziellen Vorteile für sie überwogen. Hier deutete sich schon ein Weg an, den die Bundesregierung auch in Zukunft einschlagen sollte: finanzielle Leistungen, um politische Interessen durchzusetzen.

4. Ein „islamischer Staat" in der Bundesrepublik?

Neben den Asylfällen und der Frage, wie die Freizügigkeit für türkische Arbeitnehmer in Zukunft geregelt werden könne, rückte seit Ende der 1970er Jahre ein dritter Problembereich in den Vordergrund: die innere Sicherheit der Bundesrepublik. Die politische Gewalt in der Türkei wurde, grob gesprochen, von Links- und Rechtsextremisten sowie ethnischen Minderheiten gegen den Nationalstaat betrieben. Der politische Radikalismus seitens ethnischer Minderheiten hatte unterschiedliche Formen. Anschläge von Armeniern fanden fast ausschließlich durch Exilorganisationen im Ausland statt. Bei den Kurden war eine starke Beteiligung am türkischen Linksextremismus zu verzeichnen. Die Zersplitterung des linken Lagers hatte gewaltsame innere Auseinandersetzungen zur Folge[87]. Zunehmend trat auch ein religiöser, islamischer Fanatismus zutage, der sich in Konflikten zwischen der sunnitischen Mehrheit und religiösen Minderheiten wie den Aleviten niederschlug. Anfangs war es Erbakans MSP, die für diese Eskalation verantwortlich zeichnete, bald aber auch die MHP unter ihrem Vorsitzenden Türkeş, weil sie sich mehr und mehr für radikale Muslime öffnete. Die religiöse Komponente verstärkte die Angriffsbereitschaft rechtsextremistischer und extrem nationalistischer Gruppen[88].

Die Tatsache, dass „die politischen Verhältnisse unter türkischen Gastarbeitern in der Bundesrepublik Deutschland die ihres Heimatlandes beinahe vollständig widerspiegel[te]n", führte dazu, dass diese

---

[87] PA/AA, B 83, Ref. 511, Bd. 1415, Bundesinnenministerium an das Auswärtige Amt vom 8.4.1981; übermittelt wurde unter anderem ein Lagebericht zu den Aktivitäten türkischer extremistischer Organisationen.
[88] PA/AA, B 26, Ref. 203, Bd. 115913, Vortragender Legationsrat I. Klasse Kastrup an die Botschaft in Ankara vom 11.6.1980. Übermittelt wurde der Text eines Vortrags, „den der Leiter der für den Ausländerextremismus zuständigen Abteilung des Bundesamts für Verfassungsschutz im Februar 1980 anlässlich der Tagung der Leiter der Verfassungsschutzbehörden gehalten hat"; die folgenden Zitate finden sich ebenda.

„hochbrisante Mischung" als schwere Bedrohung der inneren Sicherheit eingestuft wurde. Der Verfassungsschutz zählte zu den Ursachen auch einen „schwer disziplinierbare[n] Volkscharakter". Die Zahl der türkischen Extremisten in Westdeutschland wurde mit 58.000 angegeben (12 Prozent aller türkischen Arbeitnehmer), bestehend aus zwei etwa gleich starken Blöcken mit je 29.000 Mitgliedern, wobei die linksextreme Szene stark zersplittert war. Von Anfang 1979 bis Frühjahr 1980 wurden 25 schwere Gewalttaten mit zwei Toten erfasst. Es war ein „dramatischer Anstieg der Zahl der gewaltsamen Ausschreitungen" festzustellen.

Zu den größten extremistischen Organisationen gehörten im rechten Spektrum die 1978 als eingetragener Verein gegründete, der MHP nahestehende Föderation der Türkisch-Demokratischen Idealistenvereine in Europa (*Avrupa Demokratik Ülkücü Türk Dernekleri Federasyonu*, ADÜTDF) mit 26.000 Mitgliedern und im linken Lager die 1977 ebenfalls als e.V. ins Leben gerufene orthodox-kommunistische Föderation der türkischen Arbeitervereine in der Bundesrepublik Deutschland (*Federal Almanya İşçi Dernekleri Federasyonu*, FİDEF) mit 18.000 Mitgliedern[89]. Die Türkische Union Europa e.V. wurde 1976 im Auftrag Erbakans beziehungsweise der MSP gegründet und benannte sich nach einigen Abspaltungen 1985 in Vereinigung der Nationalen Sicht in Europa e.V. um (*Avrupa Millî Görüş Teşkilatları*, am besten bekannt unter dem Namen *Millî Görüş*; die Eigenbezeichnung lautet: Vereinigung der neuen Weltsicht in Europa)[90].

Das Auswärtige Amt beschäftigte sich seit Ende der 1970er Jahre intensiver mit dem Phänomen der Reislamisierung und ihren außen- wie auch innenpolitischen Folgen. Der Anstoß kam allerdings von außen: Es war der Bundestagsabgeordnete Rainer Barzel (CDU), der einen entsprechenden Vorschlag unterbreitete. Im März 1979 und im Dezember 1980 veranstaltete der Planungsstab des Auswärtigen Amts unter der Leitung des Staatssekretärs van Well zwei Islam-Kolloquien, an denen zunächst Wissenschaftler, Politiker und Journalisten teilnahmen, 1980 dann auch Vertreter von Wirtschaftsverbänden und politischen Stiftungen. Im Protokoll des ersten Kolloquiums steht zu lesen, der Islam

---

[89] PA/AA, B 83, Ref. 511, Bd. 1415, Bundesinnenministerium an das Auswärtige Amt vom 8.4.1981; zur ADÜTDF vgl. Atılgan, Diaspora, S. 241–254.
[90] Vgl. ebenda, S. 214–240; Blätte, Einwandererverbände, S. 131–139; Lemmen, Vereine, S. 40–47.

solle stärker als „politische Kraft" erkannt und behandelt werden[91]. Es handelte sich eher um eine allererste Bestandsaufnahme denn um eine systematische Analyse. Das zeigten auch die vielen Fragezeichen, die Genscher auf der Vorlage notierte.

Erst allmählich entwickelte sich ein tieferes Verständnis dafür, was der Begriff der Reislamisierung überhaupt bedeutete und welche Motive sich dahinter verbargen. Im engeren Sinne definierte man das Phänomen als „Machtergreifung von Vertretern der fundamentalistischen Richtung des Islam in einzelnen Staaten", im weiteren Sinne als den „gewachsenen Selbstbehauptungswillen und die verstärkte Rückbesinnung auf die eigene Religion und Kultur in der gesamten islamischen Welt". Der Einfluss der europäisch-amerikanischen Zivilisation werde dort zunehmend als bedrohlich empfunden. Der Westen sehe sich einer religiösen Erneuerungsbewegung gegenüber, die zugleich „starke soziale, kulturelle und machtpolitische Inhalte" habe[92]. In der Türkei trat der Islam schon Ende der 1940er und zu Beginn der 1950er Jahre wieder stärker in Erscheinung. In der Niederlage der Republikanischen Volkspartei bei den Parlamentswahlen im Mai 1950 manifestierte sich auch der „Wunsch nach einer Anerkennung der Religion im öffentlichen Leben". Der türkische Staat musste Zugeständnisse wie die Aufhebung des völligen Verbots von Religionsunterricht an Schulen sowie die Wiederzulassung der Pilgerfahrt nach Mekka und der Wallfahrt zu Gräbern von Heiligen machen. Ende der 1970er Jahre war der Islam eine „bestimmende Kraft im Leben der Nation"[93]. Das Auftreten einer religiösen Partei wie der MSP war also keinesfalls der einzige Ausdruck der Reislamisierung in der Türkei.

In außenpolitischer Hinsicht lautete eine der Fragen, die sich im Vorfeld der Kolloquien stellten, ob „im fundamentalistischen Islam eine uns willkommene Kraft in der Abwehr gegen sowjetisches Einflussstreben" gesehen werden könne[94]. Es war einmal mehr der Ost-

---

[91] PA/AA, B 9, Ref. 02, Bd. 178418, Aufzeichnung des Planungsstabs, die dessen Leiter, Ministerialdirektor Niels Hansen, Staatssekretär van Well am 29.3.1979 übermittelte.
[92] PA/AA, B 9, Ref. 02, Bd. 178418, Aufzeichnung des Planungsstabs über das Islam-Kolloquium am 1.12.1980.
[93] Spuler, Betrachtungen, S. 111 und S. 117; vgl. auch Steinbach, Türkei, S. 328–336.
[94] PA/AA, B 9, Ref. 02, Bd. 178418, Aufzeichnung von Ref. 02: „Fragenkatalog" für das Islam-Kolloquium im Dezember 1980, undatiert.

West-Konflikt, der die Diskussion bestimmte. Aus heutiger Sicht liest sich die Antwort wie ein haarsträubendes Fehlurteil: Die „islamische Revolution" im Iran werde aufgrund innerer Machtkämpfe und der Belastungen durch den im September 1980 ausgebrochenen irakisch-iranischen Krieg scheitern, die fundamentalistische Geistlichkeit müsse unterliegen. Ein Bürgerkrieg und der Zerfall des Landes seien nicht ausgeschlossen. In diesem Fall könnte die UdSSR dank der kommunistischen Tudeh-Partei ihren Einfluss ausdehnen[95].

In Westdeutschland entwickelte sich der Islam seit den 1960er Jahren zur drittgrößten Religionsgemeinschaft. 1977 lebten in der Bundesrepublik bereits mehr als 1,4 Millionen Muslime (zu einem Großteil Sunniten), die überwiegend türkischer Herkunft waren. Eine Folge der Reislamisierung waren Bestrebungen – von Seiten der diplomatischen Missionen der Türkei und anderer islamischer Staaten, aber auch muslimischer Geschäftsleute, Studenten und Akademiker –, eine intensivere Betreuung der Gläubigen und eine bessere Interessenvertretung in Westeuropa durchzusetzen. Die Bemühungen, sich selbst zu organisieren und feste Strukturen aufzubauen, konzentrierten sich auf die Einrichtung von Moscheevereinen und Kulturzentren[96].

Doch wer stand hinter diesen Vereinen und Zentren, wer führte sie? Was bedeutete es, wenn ein prominenter syrischer Muslimbruder wie Isameddin El-Attar das Islamische Zentrum Aachen leitete, den Trägerverein der Bilal-Moschee? Was bedeutete es, wenn der syrische Muslimbruder Ghaleb Himmat das Islamische Zentrum München leitete, zu dessen Gründungsvätern der Ägypter Said Ramadan gehörte, der Schwiegersohn von Hassan al-Banna, der die Muslimbruderschaft begründet hatte?

Im Dezember 1979 legte die Botschaft in Ankara eine Aufzeichnung über die „Aktivitäten islamischer Sekten in der Bundesrepublik Deutschland" und die „Sorgen der amtlichen Türkei" vor. Der Islam trete „im öffentlichen Leben der laizistisch und säkular verfassten Türkei heute erneut deutlich in Erscheinung", sei aber keine Staatsreligion:

„Der Staat hält sich jedoch nicht aus den religiösen Fragen heraus. Er übt die Aufsicht aus, und zwar durch eine Generaldirektion für religiöse Angelegen-

---

[95] PA/AA, B 9, Ref. 02, Bd. 178418, Aufzeichnung des Planungsstabs über das Islam-Kolloquium am 1.12.1980.
[96] PA/AA, B 9, Ref. 02, Bd. 178418, Aufzeichnung von Ministerialdirektor Kurt Müller (Abteilung 6) vom 7.6.1979: „Der Islam in der Bundesrepublik Deutschland". Vgl. auch Atılgan, Diaspora, S. 77–81, und Lemmen, Vereine, S. 25–29.

heiten. Der Staat ernennt und besoldet die Religionsdiener. Er stellt die für den Bau von Moscheen erforderlichen Mittel bereit. Er verwaltet die religiösen Stiftungen."

Es handele sich um einen „staatlich approbierten, gewissermaßen domestizierten Islam", der die kemalistischen Prinzipien und Reformen nicht gefährde. Sorgen bereiteten aber die islamischen Sekten, die eine Abkehr vom Werk Atatürks forderten, so die Tīġānīs, die Nurcular und der Süleyman-Orden[97].

Die Botschaft lenkte die Aufmerksamkeit insbesondere auf die Anhänger des Süleyman-Ordens. Der Orden ging auf seinen Stifter Süleyman Hilmi Tunahan (1888–1959) zurück, dem zufolge Regierung, Gerichtsbarkeit und alle staatlichen Institutionen nach den religiösen und rechtlichen Bestimmungen des Korans verfahren sollten. Oberhaupt der Gemeinschaft sei ein Abgeordneter der Gerechtigkeitspartei aus Istanbul, Kemal Kaçar, der mit einer Tochter des Ordensstifters verheiratet sei. Die Ordensmitglieder ständen in der Bundesrepublik hinter Islamischen Zentren. Botschafter Sahm sei bei seinen Abschiedsbesuchen eindringlich auf das Thema angesprochen worden, was für solche Termine als bemerkenswerte Wahl anzusehen sei. Ministerpräsident Ecevit und Außenminister Gündüz Ökçün hätten Gefahren für die Grundlagen der Türkischen Republik und die Ausrichtung des Landes nach dem Westen betont. Auch die „ständig wiederholten Warnungen" des bisherigen Erziehungsministers Mustafa Necdet Uğur vor den Koranschulen in der Bundesrepublik zielten in diese Richtung[98].

Vor allem verwies die Botschaft auf das 1973 gegründete Islamische Kulturzentrum Köln e.V., eine Einrichtung des Süleyman-Ordens. Das Zentrum stellte im März 1979 beim nordrhein-westfälischen Kultusminister einen Antrag auf Anerkennung als Körperschaft des öffentlichen Rechts und formulierte damit den Anspruch, „als Repräsentant aller Moslems in der Bundesrepublik auftreten zu können". Die Genehmigung des Antrags hätte unter anderem die Möglichkeit der Erhebung von Kirchensteuern durch das Islamische Kulturzentrum (IKZ) und der

---

[97] PA/AA, B 26, Ref. 203, Bd. 115914, Schriftbericht 1986 des Gesandten von Alten vom 4.12.1979.
[98] Ebenda. Zum Süleyman-Orden beziehungsweise zum Verband der Islamischen Kulturzentren vgl. ferner Lemmen, Vereine, S. 49–53, und Blätte, Einwandererverbände, S. 126–131; Blätte zufolge strebte der Orden keinen Umsturz zugunsten einer islamischen Ordnung an.

Erteilung des islamischen Religionsunterrichts an öffentlichen Schulen nach sich gezogen[99].

Die Haltung der Diplomaten war eindeutig: Es dürfte nicht im Interesse der Bundesregierung liegen, „eine Sekte zu fördern, die sich zum Ziel gesetzt hat, den Grundsatz des Laizismus in der Türkei abzuschaffen, mit anderen Worten: die Republik durch eine islamische Theokratie zu ersetzen". Die in der Bundesrepublik lebenden Mitglieder des Süleyman-Ordens und die Anhänger des nicht minder theokratisch gesonnenen, 1960 verstorbenen Said Nursî (Nurcular) „könnten in letzter Konsequenz einen ‚Islamischen Staat' in Deutschland verkörpern". Außenminister Ökçün habe gegenüber Botschafter Sahm die Ansicht geäußert, dass die Bundesrepublik diese Einrichtungen

„nicht als gemeinnützig anerkennen sollte, da sie in keiner Weise als repräsentativer Vertreter des Islams in der Türkei angesehen werden könnten, sondern lediglich ‚gewisse Sekten' verträten, die versuchten, die türkische Gemeinschaft in Deutschland unter Kontrolle zu bringen".

Es sei der Bundesregierung zu empfehlen, so Ökçün,

„in Zukunft alle Fragen, die die religiösen Angelegenheiten der türkischen Gastarbeiter in Deutschland betreffen, mit der türkischen Regierung (das heißt mit dem Generaldirektorat für religiöse Angelegenheiten beim Amt des Ministerpräsidenten) zu erörtern und zu regeln."[100]

In der Bundesrepublik war es insbesondere der Deutsche Gewerkschaftsbund (DGB), der Protest gegen den Antrag des IKZ artikulierte. Die Gewerkschaft sammelte Informationen, wertete sie in vielbeachteten Publikationen aus und kam zu dem Ergebnis, dass ein friedliches Zusammenleben von Türken und Deutschen auf der Grundlage der Vorstellungen des Süleyman-Ordens nicht möglich sei[101]. Uneigennützig war das Engagement sicher nicht, denn der DGB wollte möglichst viele türkische Arbeitnehmer als Mitglieder gewinnen und gewerkschaftlich vertreten. Aber die Gewerkschaft lag ganz auf der Linie der Botschaft in Ankara, die den Eindruck gewonnen hatte, dass

„manche innerdeutsche Behörden und insbesondere Kommunen gutgläubig von der Gleichung ausgehen ‚Türken = Moslems = Koranschulen' und unbese-

---

[99] PA/AA, B 92, Ref. 641, Bd. 635, Aufzeichnung von Ref. 641 vom 2.1.1981: „Die islamische Missionierung in der Bundesrepublik Deutschland".
[100] PA/AA, B 26, Ref. 203, Bd. 115914, Schriftbericht 1986 des Gesandten von Alten vom 4.12.1979.
[101] Vgl. Hunn, Nächstes Jahr, S. 441 ff.

hen Einrichtungen fördern, die sich entsprechend deklarieren. Diese Gleichung ist aber nicht richtig."[102]

Obwohl beide unabhängig voneinander handelten und in Fragen der Asylpolitik Welten zwischen den Auffassungen des DGB und der diplomatischen Vertretung lagen, ergab sich hier eine Interessenübereinstimmung. Der DGB nahm Kontakt zum türkischen Präsidium für Religiöse Angelegenheiten (*Diyanet İşleri Başkanlığı*, DİB) auf, das bis heute dem Regierungschef der Türkei untersteht, und verwies auf die defizitäre religiöse Betreuung der türkischen Muslime. Eine Folge dieses Engagements war der Besuch von Tayyar Altıkulaç, des Vorsitzenden dieser Behörde, im Juli 1980 in der Bundesrepublik[103]. Die Botschaft in Ankara wertete diesen Besuch später positiv. Religionsunterricht und Religionsausübung sollten nur „auf der Grundlage der Richtlinien des Amtes", also des Präsidiums für Religiöse Angelegenheiten, erfolgen[104]. Im Juli 1984 kam es dann in Köln zur Gründung der Türkisch-Islamischen Union der Anstalt für Religion e.V. (*Diyanet İşleri Türk İslam Birliği*, DİTİB), die der Leitung des DİB unterstellt wurde. Die DİTİB fand ihre Aufgabe in der religiösen Betreuung der türkischen Muslime und entwickelte sich zur größten Migrantenorganisation beziehungsweise türkisch-islamischen Organisation in der Bundesrepublik[105].

Auf den ersten Blick waren die Bundesregierung und die türkische Regierung eng verbunden, wenn es darum ging, den Einfluss islamistischer Organisationen zurückzudrängen. In der Türkei stellten letztere die Trennung von Religion und Staat beziehungsweise die durch den Staat autorisierte Religionsausübung infrage, und in der Bundesrepublik bedrohten sie die freiheitlich-demokratische Ordnung. Doch handelte es sich wirklich um eine Interessenidentität? Wenn der türkische Außenminister die Bundesregierung dazu aufforderte, in diesen Fragen mit seiner Regierung zu kooperieren, verbarg sich dahinter auch das Interesse, selbst stärkeren Zugriff auf die türkischen Staatsangehörigen in der Bundesrepublik zu gewinnen, und zwar nicht nur im religiösen, sondern auch im politischen Bereich.

---

[102] PA/AA, B 26, Ref. 203, Bd. 115914, Schriftbericht 1986 des Gesandten von Alten vom 4.12.1979.
[103] Vgl. Hunn, Nächstes Jahr, S. 444 f.
[104] PA/AA, B 92, Ref. 641, Bd. 635, Schriftbericht 1075 von Botschafter Oncken vom 19.5.1981.
[105] Vgl. Atılgan, Diaspora, S. 146–152; Blätte, Einwandererverbände, S. 139–143; Lemmen, Vereine, S. 34–40.

Und schließlich war es – die entsprechenden Mehrheitsverhältnisse vorausgesetzt – nicht auszuschließen, dass die türkische Regierung selbst zur Vorkämpferin einer Islamisierung werden könnte; die Wahl Erbakans zum Ministerpräsidenten ließ im Juni 1996 eine solche Konstellation entstehen.

Zur Pflege der bilateralen Beziehungen und zur Stärkung der Westbindung einem anderen Staat erheblichen politischen Einfluss in der Bundesrepublik zu gewähren und damit womöglich auch die Manipulation türkischer Migranten oder türkischstämmiger Deutscher zuzulassen, stellte ein heikles Unterfangen dar. Es war fragwürdig,

„in der DİTİB einen Garanten für eine auf dem Prinzip des Laizismus basierende nichtpolitische Ausrichtung des türkischen Islams zu sehen und sie von offizieller Seite gegenüber den nichtstaatlichen Organisationen zu favorisieren".

Die Tatsache, dass „das Verhältnis der türkischen Politik zum Islam starken Wandlungen unterworfen ist und das DİB als eine staatliche Behörde hiervon nicht unabhängig ist", hätte mehr Beachtung finden müssen[106]. Was das Islamische Kulturzentrum Köln betrifft, ging das Kalkül der türkischen Regierung auf. Das IKZ Köln, heute unter dem Namen Verband der Islamischen Kulturzentren e.V. (VIKZ) einer der bedeutendsten islamischen Dachverbände Deutschlands, erlangte damals keine Anerkennung als Körperschaft des öffentlichen Rechts und hat sie bis heute nicht erhalten.

5. Die weltpolitische Lage und Hilfsmaßnahmen für die Türkei 1979/80

Die Tatsache, dass sich in keinem anderen westeuropäischen Land mehr türkische Staatsangehörige aufhielten, die schwere innere Krise der Türkei und nicht zuletzt ihre sicherheitspolitische Bedeutung als Partner in der NATO konnten in der Bundesrepublik nur zu einer Schlussfolgerung führen: Der Türkei musste geholfen werden – wirtschaftlich, finanziell und bei der Bewältigung ihrer Aufgaben bei der Landes- und Bündnisverteidigung auch militärisch. Uneigennützig erfolgten diese Hilfsmaßnahmen aber nicht. Sie dienten nicht nur der Stabilisierung eines wichtigen Partners, sondern auch der Durchsetzung eigener Interessen. Dabei lag eines auf der Hand: Wer das Geld gab, der konnte auf Entgegenkommen hoffen oder es sogar ein-

---

[106] Lemmen, Vereine, S. 38.

fordern, vor allem bei der Regelung der Freizügigkeit für türkische Arbeitnehmer.

Im letzten Drittel der 1970er Jahre verschärfte sich aber nicht nur die innere Krise der Türkei auf dramatische Weise, auch die weltpolitische Lage veränderte sich zu Ungunsten der westlichen Staatengemeinschaft. So wurde die Stationierung sowjetischer nuklearer Mittelstreckenraketen mit Mehrfachsprengköpfen vom Typ SS-20 im westlichen Teil der UdSSR von der sozial-liberalen Bundesregierung als ernste Gefahr angesehen. Dieses Waffensystem, das nicht unter die Bestimmungen des SALT I-Vertrags zwischen den USA und der UdSSR vom 26. Mai 1972 fiel, stellte nicht nur qualitativ und quantitativ eine neue militärische Bedrohung dar. Die neuen Raketen wurden immer auch als ein „politisches Pressionsmittel" empfunden, wie Bundeskanzler Schmidt betonte[107].

Der Ost-West-Konflikt, der nicht nur in Europa, sondern auch in anderen Teilen der Welt wie in Afrika und Südostasien ausgetragen wurde, nahm durch instabile politische Verhältnisse im Mittleren Osten und in Südosteuropa an Schärfe noch zu. Eine Aufzeichnung des Auswärtigen Amts hielt Mitte Dezember 1978 fest, die Türkei sei „nach Afghanistan, Pakistan und Iran [...] das vierte (und letzte) Glied der Länderkette an der sowjetischen Südgrenze, das aufgrund innerer Schwäche dem westlichen Einfluss zu entgleiten droht". Nur bei der Türkei habe der Westen noch die Chance, den Destabilisierungsprozess aufzuhalten. Dazu seien finanzielle Hilfsmaßnahmen im multilateralen Rahmen in einer Größenordnung von mindestens einer Milliarde US-Dollar jährlich nötig[108].

Im Laufe des Jahres 1979 verschlechterte sich die Lage aus westlicher Sicht weiter. In Pakistan dauerte die Militärherrschaft unter Präsident Mohammed Zia-ul-Haq an, der die Islamisierung des Landes vorantrieb und am 4. April 1979 den früheren Ministerpräsidenten Zulfikar Ali Bhutto hinrichten ließ. Am 1. Februar 1979 kehrte der schiitische Geistliche Ayatollah Ruhollah Khomeini aus seinem Exil in Frankreich zurück, nachdem Schah Mohammed Reza Pahlevi den

---

[107] Aufzeichnung über das Gespräch Schmidts mit dem Generalsekretär des Zentralkomitees der KPdSU, Leonid Breschnew, am 23.11.1981 in Bonn; Akten zur Auswärtigen Politik der Bundesrepublik Deutschland 1981, Bd. III: 1. Oktober bis 31. Dezember 1981, bearb. von Daniela Taschler, Matthias Peter und Judith Michel, München 2012, Dok. 334: S. 1791–1810, hier S. 1808.
[108] PA/AA, B 26, Ref. 203, Bd. 115913, Aufzeichnung von Ref. 203 vom 15.12.1978.

Iran am 16. Januar verlassen hatte. Am 1. April 1979 proklamierte Khomeini die Islamische Republik Iran; am 7. April wurde der ehemalige Ministerpräsident Amir Abbas Hoveyda hingerichtet. Schließlich intervenierten sowjetische Truppen am 24./25. Dezember 1979 in Afghanistan, um Präsident Hafizullah Amin zu stürzen und das Land endgültig unter kommunistische Herrschaft zu bringen. Es handelte sich um das erste militärische Eingreifen der Sowjets in einem Land, das nicht zum Warschauer Pakt gehörte.

Für den Westen erhöhte sich damit die politische und strategische Bedeutung der Türkei beträchtlich. Im Auswärtigen Amt galt die „Option Türkei", die Stärkung des Landes durch die westliche Staatengemeinschaft, als eine mögliche Reaktion auf den sowjetischen Einmarsch in Afghanistan. Dafür erschien allerdings ein „quantitativ und qualitativ neuer Ansatz" notwendig, denn zu diesem Zeitpunkt bezog der Westen aus dem Bündnispartner „für das Machtgleichgewicht Ost-West erheblich geringeren Nutzen, als er es bei stärkerer Mobilisierung des türkischen Potentials könnte". Die Türkei verfügte zwar über Streitkräfte in einer Stärke von über 500.000 Mann, doch nach ihrem Ausrüstungsstand waren sie den Truppen des Warschauer Pakts „hoffnungslos unterlegen". Es handelte sich vielfach um Kriegsmaterial aus der Zeit des Konflikts in Korea Anfang der 1950er Jahre, das nur noch sehr bedingt zu gebrauchen war. Die bisherige Militärhilfe war allenfalls geeignet, den weiteren Verfall aufzuhalten. Es waren also Beiträge zur Sicherheits- und Verteidigungspolitik, die hier in Aussicht genommen wurden[109].

Doch das Auswärtige Amt stellte auch andere Überlegungen an. So hielt man eine enge Anbindung der Türkei an die EG und die Europäische Politische Zusammenarbeit (EPZ) unterhalb der Schwelle der Mitgliedschaft für vordringlich. Der Türkei, die durch das Abkommen vom September 1963 bereits assoziiert war, sollte eine „privilegierte Stellung" eingeräumt werden, eine Zwischenform („aliud") zwischen Assoziation und Vollmitgliedschaft. Durch stärkere Einbeziehung in den außenpolitischen Meinungsbildungs- und Abstimmungsprozess wollte man ihr eine „europäische Option" eröffnen – auch angesichts des bevorstehenden Beitritts Griechenlands zur EG[110]. Außenminister

---

[109] PA/AA, B 21, Ref. 200, Bd. 119482, Aufzeichnung von Ref. 203 vom 11.1.1980.
[110] PA/AA, B 200, Ref. 410, Bd. 121939, Aufzeichnung von Ministerialdirektor Fischer und Ministerialdirigent Dröge vom 30.1.1980.

Genscher notierte zu diesen Vorschlägen: „Es sollte [...] geprüft werden, ob gegenüber der bisherigen Assoziierung ein ‚aliud' geschaffen werden kann, das Beitrittselemente enthält. Diese Elemente könnten auch z.t. im politischen Bereich liegen."[111]

Solche Gedanken kamen auch deshalb zum Tragen, weil die außenpolitische Orientierung der Türkei im letzten Drittel der 1970er Jahre Sorgen bereitete. Ursächlich war die Entwicklung der türkisch-sowjetischen Beziehungen unter Ministerpräsident Ecevit zwischen Januar 1978 und November 1979. Die Türkei hatte sich zuvor zum „einzigen NATO-Land mit massiver Wirtschaftshilfe aus der Sowjetunion" entwickelt[112]. Aus türkischer Sicht war das eine Reaktion auf die Verschlechterung der Beziehungen zu den USA. Die UdSSR stellte unter anderem – erstmals mit einem Vertrag vom März 1967 – Kredite für den Bau von Wasser- und Wärmekraftwerken, Erdölraffinerien sowie Stahl- und Aluminiumwerken bereit. Von 1976 bis 1979 gaben die COMECON-Staaten Entwicklungshilfe in Höhe von knapp 1,1 Milliarden US-Dollar, allein aus der UdSSR kamen 352,5 Millionen Dollar[113]. Der Wirtschaftsverkehr mit der UdSSR vollzog sich auf der Basis jährlich neu vereinbarter Protokolle. Die Türkei lieferte landwirtschaftliche Erzeugnisse und Mineralien, die UdSSR Investitionsgüter und Rohstoffe. Allerdings war der Anteil der UdSSR am türkischen Außenhandel rückläufig: 1978 hatte sie nur einen Anteil von 1,5 Prozent an den türkischen Einfuhren beziehungsweise von 4,6 Prozent an den Ausfuhren[114].

Eine Intensivierung der politischen Beziehungen ging damit zunächst nicht einher. Das schien sich erst unter Ministerpräsident Ecevit und Außenminister Ökçün zu ändern. Im Juni 1978 besuchte Ecevit die UdSSR, was schon deshalb von Bedeutung war, weil dort rund 50 Millionen turksprachige Bürger lebten. Neben einem Protokoll über wirtschaftliche Zusammenarbeit wurde auch ein „Politisches Dokument über die Grundlagen der gutnachbarlichen und freund-

---

[111] PA/AA, B 21, Ref. 200, Bd. 119482, Aufzeichnung von Ministerialdirektor Fischer und Ministerialdirigent Dröge vom 10.12.1979 mit handschriftlichen Bemerkungen Genschers.
[112] Grothusen, Außenpolitik, S. 140. Zu den türkisch-sowjetischen Beziehungen vgl. Bucher-Dinç, Türkei, und Rubinstein, Soviet Policy, S. 1–55.
[113] PA/AA, B 60, Ref. 420, Bd. 124284, Schriftbericht 1063 von Botschafter Oncken vom 26.6.1980.
[114] PA/AA, B 60, Ref. 420, Bd. 124295, Schriftbericht 474 von Botschafter Sahm vom 21.3.1979.

schaftlichen Zusammenarbeit" verabschiedet. Botschafter Sahm deutete die Annäherung an die UdSSR als „Funktion des gespannten türkisch-amerikanischen Verhältnisses". Der „Flirt mit Moskau" sei bei näherer Betrachtung der türkischen Interessenlage keine sinnvolle außenpolitische Alternative und laufe darauf hinaus, „den Teufel mit Beelzebub auszutreiben"[115].

Die westdeutschen Diplomaten befürchteten einen „Pendelschlag zu einer neutralistischen Außenpolitik unter Schwächung der Westbindung"[116]. Nach Ecevits Besuch konnte die Bundesregierung beruhigt sein. Es wurde deutlich, dass die UdSSR keine grundlegende Änderung der Westorientierung der Türkei bewirkt hatte. Es war aber Vorsicht geboten, wenn Ministerpräsident Alexej Kossygin gegenüber Ecevit als Beispiel für einen Idealfall guter Nachbarschaft das neutrale Finnland nannte. Die UdSSR betrieb ihre Türkeipolitik „auf lange Sicht"[117]. Ihre militärische Intervention in Afghanistan im Dezember 1979 zeigte endgültig, dass dieser Versuch der Diversifizierung der türkischen Außenpolitik fehlgeschlagen war. In der Botschaft in Ankara sah man die sowjetische Intervention, „zynisch ausgedrückt", als „eine Himmelsgabe, um den Westen zu schneller, effektiver und umfassender Hilfe für die Türkei zu motivieren"[118].

Es war aufschlussreich, dass der Leiter der Politischen Abteilung 2 des Auswärtigen Amts, Ministerialdirektor Klaus Blech, im Herbst 1978, auch unter dem Eindruck der Außenpolitik Ecevits und Ökçüns, zunächst die NATO als einen geeigneten Rahmen für eine Hilfsaktion herausstellte: „Damit würde die Entwicklung der Türkei für die kommenden Jahre im Sinne unserer Sicherheitsinteressen festgelegt und ein Sicherheitsnetz geschaffen, das der Entfremdung des Landes vom Westen entgegenwirkt."[119] Die Rolle der Türkei als stabilisierender Faktor an der Südostflanke der NATO wurde infolge der „virulenten chaotischen Reislamisierung und Revolutionierung im Iran und des sowje-

---

[115] PA/AA, B 60, Ref. 420, Bd. 124295, Schriftbericht 424 von Botschafter Sahm vom 15.3.1978.
[116] PA/AA, B 26, Ref. 203, Bd. 115912, Schriftbericht 1283 des Gesandten von Alten vom 29.8.1978.
[117] PA/AA, B 26, Ref. 203, Bd. 115912, Aufzeichnung von Ref. 203 vom 5.7.1978.
[118] PA/AA, B 41, Ref. 213, Bd. 133225, Fernschreiben 437 des Gesandten von Alten vom 14.4.1980.
[119] PA/AA, B 26, Ref. 203, Bd. 115913, Aufzeichnung von Ministerialdirektor Blech vom 31.10.1978.

tischen Vordringens im Mittleren Osten in neuem Licht gesehen", doch die Einsatzfähigkeit der türkischen Armee mit ihrer „Abschreckungs- und Riegelfunktion" war fraglich. Deshalb konnte die Aufgabe nur lauten, „die türkischen Streitkräfte als westlich orientierten innenpolitischen Stabilitätsfaktor selbst zu stabilisieren"[120]. Das war ein weiteres Zeichen für Misstrauen gegenüber den zivilen Regierungen und Aufgeschlossenheit gegenüber einer Machtübernahme durch das Militär. Nur die Streitkräfte schienen die verteidigungs- und sicherheitspolitische Bedeutung der Türkei im Blick zu haben, die Westbindung zu garantieren und zur Überwindung der inneren Krise fähig zu sein.

Bei einem Treffen des amerikanischen Präsidenten Jimmy Carter, des französischen Staatspräsidenten Valéry Giscard d'Estaing, des britischen Premierministers James Callaghan und des Bundeskanzlers Schmidt auf der Karibikinsel Guadeloupe am 5./6. Januar 1979 – es ging dort vor allem um Fragen der Abrüstung und Rüstungskontrolle sowie um die Lage im Iran – wurde schließlich eine multilaterale Hilfsaktion vereinbart. Bei einem ersten Gespräch am Vormittag des 5. Januar zeichnete sich das jedoch nicht ab. Carter legte dar, dass sich die USA an einem Konsortium für die Türkei beteiligen würden, wenn ein anderes Land die Führung übernehme; diese Erklärung wurde „von den anderen Gesprächspartnern nicht aufgegriffen"[121]. Angesichts der jahrelang gestörten Beziehungen zur Türkei konnten sich die USA nicht selbst an die Spitze stellen. Dem Präsidenten war es erst im September 1978 gelungen, den Kongress zur Aufhebung des Waffenembargos von 1975 zu bewegen.

Carter sprach das Thema am nächsten Tag erneut an. Erst nach längerem Zögern erklärte sich Schmidt bereit, die Initiative für eine Abstimmung unter den vier Staaten zu ergreifen. Er ließ nicht unerwähnt, dass die Bundesrepublik „großes Interesse hätte an einer befriedigenden Regelung des Problems der Freizügigkeit für die türkischen Gastarbeiter"[122]. Der Persönliche Beauftragte des Kanzlers für die Durchführung der Hilfsaktion, der niedersächsische Finanzminister

---

[120] PA/AA, B 21, Ref. 200, Bd. 119482, Aufzeichnung von Ministerialdirigent Dröge vom 18.1.1980.
[121] Akten zur Auswärtigen Politik der Bundesrepublik Deutschland 1979, Bd. I: 1. Januar bis 30. Juni 1979, bearb. von Michael Ploetz und Tim Szatkowski, München 2010, Dok. 2: S. 5–12, hier S. 12.
[122] Ebenda, Dok. 5: S. 22–35, hier S. 29.

Walther Leisler Kiep (CDU), benannte die Gründe für die zögerliche Haltung des Regierungschefs:

„Schmidt fürchtete deutsche Führungsrollen und Alleingänge jeder Art. Eine Sonderposition Deutschlands, so argwöhnte er nicht ohne Grund, würde unsere europäischen Nachbarn beunruhigen. [...] Persönliche Antipathie mag bei Schmidt mitgeschwungen haben. Der Bundeskanzler mochte Jimmy Carter nicht."[123]

Auf der anderen Seite ergab sich die Möglichkeit, eigene Interessen zu verfolgen, und das war eine verlockende Aussicht. Kiep, der einen Teil seiner Jugend in der Türkei verbracht hatte, erzielte in den folgenden Monaten durch Kontakte mit der türkischen Regierung, der OECD, die die Türkeihilfe abwickeln sollte, dem IWF und anderen potentiellen Geldgebern ein ansehnliches Ergebnis. Die Schwierigkeiten lagen darin, die stolzen Türken von der Notwendigkeit der „Bettelaktion" zu überzeugen, zwischen dem IWF und der Türkei zu vermitteln und die OECD aus psychologischen Gründen davon abzuhalten, in Ankara einen „Rat der Weisen" zur Überwachung zu installieren. Bei einer Konferenz in Paris am 30. Mai 1979 sagten die Geberländer – ein Großteil der OECD-Mitglieder einschließlich Japans – über 900 Millionen Dollar Hilfe zu. Die Bundesregierung stellte 200 Millionen Dollar (380 Millionen DM) in Form eines Warenhilfekredits zu günstigen Konditionen zur Verfügung, die amerikanische Regierung, wie von Schmidt ausdrücklich gewünscht, einen höheren Beitrag (248 Millionen Dollar). Dazu kamen später ein Bereitschaftskredit des IWF, nachdem sich die Regierung Ecevit zu einem Sanierungsprogramm verpflichtet hatte, ein Programmkredit der Weltbank und ein Konsortialkredit mehrerer Großbanken. Damit war ein Betrag von knapp 1,9 Milliarden Dollar erreicht. Ferner wurde am 26. Juli 1979 in Paris eine Umschuldungsaktion der OECD-Mitgliedstaaten beschlossen; sie sollte die türkische Zahlungsbilanz 1979/80 um rund eine Milliarde Dollar entlasten[124].

Die Türkeihilfe war von den Zahlen her beeindruckend, verfehlte aber dennoch ihr Ziel. Ende Januar 1980 waren dem Empfängerland erst ungefähr 54 Prozent der über 900 Millionen Dollar zuteil geworden.

---

[123] Kiep, Brücken, S. 134; das Folgende nach ebenda, S. 132–148 (das folgende Zitat findet sich auf S. 139). Jahreszahlen waren Kieps Sache nicht; in seinen Erinnerungen muss es durchgängig 1979 heißen, nicht 1976 oder 1978.
[124] PA/AA, B 52, Ref. 422, Bd. 121395, Aufzeichnung der Abteilung 4 vom 9. 8. 1979; B 60, Ref. 420, Bd. 129994, Aufzeichnung des Bundesministeriums für wirtschaftliche Zusammenarbeit vom 19. 8. 1981. Zur Türkeihilfe 1979 vgl. auch Weick, Balance, S. 38–42.

Vollständig waren nur die von der Bundesrepublik und den USA sowie einigen kleineren Staaten zugesagten Mittel abgeflossen. Das hatte seine Ursache in den Konditionen, zu denen die meisten Staaten ihre Hilfe zugesagt hatten, und lag vor allem an Projekt- und Lieferbindungen[125]. Die Wirtschafts- und Finanzlage der Türkei verschlechterte sich unterdessen weiter[126]. Die türkische Regierung, nun wieder unter der Führung von Demirel, startete eine geschickte diplomatische Aktion – sicherlich in dem Wissen, dass die USA auf weitere Hilfsmaßnahmen drängten. Sie beauftragte ihren Botschafter in den USA, Mustafa Şükrü Elekdağ, das Gespräch mit Genscher zu suchen, als der Bundesminister sich vom 18. bis 22. Januar 1980 dort aufhielt. Vorangegangen war eine Vorsprache des türkischen Botschafters in Bonn, Halefoğlu. Beim Gespräch am 21. Januar in einem Hotel in Washington beschrieb Elekdağ die Lage der Türkei „in dunkelsten Farben" und machte deutlich, dass die bisherigen Bemühungen um eine Stabilisierung nicht ausreichend gewesen seien. Genscher erklärte sofort, die Bundesregierung sei bereit, bei einer neuen Hilfsaktion wieder die Federführung zu übernehmen[127].

Diese bedingungslose Zusage Genschers ist erklärungsbedürftig, wenn man das starke Zögern Schmidts 1979 bedenkt. Die bundesdeutsche Türkeihilfe erfuhr 1980 unverkennbar einen „Aufgaben- bzw. Legitimationszuwachs"[128]. Sie erfüllte nicht mehr nur die Funktion, den Empfänger zu stabilisieren und nationale Interessen zur Geltung zu bringen beziehungsweise das deutsch-türkische Verhältnis zu entlasten, sondern wurde nun auch als Möglichkeit verstanden, Wünschen und Forderungen der USA entgegenzukommen. Letztere betrafen jedoch nicht nur die Türkei; sie hatten eine weit größere Dimension. Nach der Revolution im Iran und dem Einmarsch sowjetischer Truppen in Afghanistan rückte der Nahe und Mittlere Osten ins Zentrum der amerikanischen Außen- und Sicherheitspolitik. Carter stellte den Gedanken der Aufgaben- und Lastenteilung in der NATO in den Vordergrund und erwartete von einem Bündnispartner wie der Bundes-

---

[125] PA/AA, B 60, Ref. 420, Bd. 124280, Fernschreiben 79 von Botschafter Horst-Krafft Robert (Paris, OECD) vom 1.2.1980.
[126] Für 1980 zeichnete sich eine Devisenlücke von drei Milliarden Dollar ab. PA/AA, B 60, Ref. 420, Bd. 124283, Bundesfinanzministerium an das Auswärtige Amt vom 18.3.1980.
[127] PA/AA, B 14, Ref. 201, Bd. 120251, Fernschreiben 318 von Botschafter Peter Hermes (Washington) vom 22.1.1980.
[128] Weick, Balance, S. 43.

republik ein viel stärkeres Engagement. Die Forderungen reichten von höheren Verteidigungsaufwendungen bis zu Einsätzen der Bundeswehr außerhalb des NATO-Vertragsgebiets, die jedoch schon aus verfassungsrechtlichen Gründen nicht in Frage kamen. Bald kristallisierte sich der Wunsch heraus, die Bundesregierung möge ihre Leistungen für die in Westdeutschland stationierten US-Streitkräfte erhöhen. Priorität besaß die Unterstützung für im Krisen- oder Kriegsfall auf dem Territorium der Bundesrepublik einzusetzende amerikanische Verstärkungstruppen[129].

Nicht zuletzt verlangte die amerikanische Regierung – auch, um sich selbst zu entlasten – ein stärkeres Engagement der europäischen NATO-Mitgliedstaaten, allen voran der Bundesrepublik, bei der Stabilisierung der Türkei. Bei einem Gespräch mit dem amerikanischen Botschafter in Bonn, Walter Stoessel, teilte Schmidt am 14. Januar 1980 bereits die Bereitschaft der Bundesrepublik mit, dabei erneut in führender Position tätig zu werden[130]. Auf diese Weise konnte sich die Bundesregierung den amerikanischen Wünschen gegenüber aufgeschlossen zeigen, aber zugleich einige Forderungen zurückweisen, die sie vor Schwierigkeiten stellten. Die Türkeihilfe erfüllte damit auch eine wichtige Funktion in den deutsch-amerikanischen Beziehungen.

Bei einem Gespräch mit Botschafter Halefoğlu am 31. Januar 1980 in Bonn bot Schmidt „Hilfe in einem weiten Rahmen" an. Der Bundessicherheitsrat habe Finanzminister Matthöfer mit der Koordination der Hilfsaktion beauftragt – auch das ein Zeichen für die Bedeutung, die der Türkeihilfe beigemessen wurde. Gleichzeitig machte Schmidt klar, dass die Verantwortlichen „keine Magier" seien und dass es der Bundesregierung „wesentlich helfen" würde, wenn sie mit dem „Verständnis der türkischen Freunde" für ihre Probleme rechnen könne. Der Bundeskanzler drückte damit seine „Sorge vor dem Einströmen zusätzlicher türkischer Arbeitskräfte" aus[131]. Die Regierung Schmidt/Genscher wollte also die Gunst der Stunde nutzen, um eine für sie

---

[129] Vgl. die Aufzeichnung von Ministerialdirigent Dröge vom 18.12.1980; AAPD 1980/II, Dok. 370: S. 1916 ff. Ein deutsch-amerikanisches Regierungsabkommen (*Wartime Host Nation Support Agreement*) wurde am 15.4.1982 unterzeichnet.
[130] Vgl. Akten zur Auswärtigen Politik der Bundesrepublik Deutschland 1980, Bd. I: 1. Januar bis 30. Juni 1980, bearb. von Tim Geiger, Amit Das Gupta und Tim Szatkowski, München 2011, Dok. 17 (Bundeskanzler Schmidt an Präsident Carter vom 18.1.1980): S. 102–105, vor allem S. 102 Anm. 2 und 3.
[131] PA/AA, B 60, Ref. 420, Bd. 124280, Aufzeichnung von Ministerialdirigent Otto von der Gablentz (Gruppe 21 im Bundeskanzleramt) vom 1.2.1980.

zufriedenstellende Regelung des Zugangs türkischer Staatsangehöriger zum westdeutschen Arbeitsmarkt zu erzielen – nicht im Sinne eines formellen Junktims, aber mit politischem Nachdruck. Außerdem versuchte sie, mit diesem Vorgehen auch die Opposition im Bundestag zu gewinnen. Dieses Kalkül ging voll auf. Bei einem Gespräch mit Genscher am 20. Februar 1980 betonte der Generalsekretär der CDU, Heiner Geißler, dass rasche Hilfe für die Türkei notwendig sei und die Opposition die Regierung unterstützen wolle. Genscher versicherte, damit werde die „nicht aufrecht zu erhaltende Freizügigkeitszusage langfristig ihres Gefahrenmoments entkleidet"[132].

In Bonn herrschte die Meinung vor, die neue Hilfsaktion müsse qualitativ und quantitativ verbessert werden. Es wurden 1,2 bis 1,3 Milliarden Dollar zu „weichen" Bedingungen in Aussicht genommen; die Bundesrepublik wollte 450 Millionen DM zur Verfügung stellen. In „arbeitsteiliger Antwort auf [die] Afghanistan-Herausforderung" sah die Bundesregierung hier ihr Hauptaufgabengebiet, um gegenüber der UdSSR ein „deutliches Signal" geben zu können[133]. Parlamentarischer Widerstand gegen die Türkeihilfe war kaum zu verzeichnen. Der Kurs, den die sozialliberale Regierung einschlug, wurde von CDU und CSU unterstützt. Doch es war nicht so, dass es gar keine Kritik gegeben hätte. Widerspruch kam vor allem aus dem linken Flügel der Sozialdemokratie. Der Abgeordnete Manfred Coppik, der 1982 aus der SPD austrat, sprach in der Sitzung des Bundestagsausschusses für wirtschaftliche Zusammenarbeit am 27. Februar 1980 von der „Zweifelhaftigkeit von Leistungen, die zu stark unter dem Gesichtspunkt der Ost-West-Auseinandersetzungen gegeben werden". Diese kritischen Bemerkungen blieben ungehört; sie waren nicht mehrheitsfähig. Ganz unglaubwürdig erschienen die Ausführungen des Parlamentarischen Staatssekretärs im Bundesministerium für wirtschaftliche Zusammenarbeit, Alwin Brück (SPD), der „keinen direkten Zusammenhang zwischen der Hilfe an die Türkei und dem Ost-West-Konflikt" sehen wollte. Seine Aussage, die Bundesregierung arbeite auch mit anderen „menschenrechtsverletzenden Staaten" in der Dritten Welt zusammen, ließ jegliche politische Sensibilität vermissen[134].

---

[132] PA/AA, B 60, Ref. 420, Bd. 124281, Aufzeichnung von Ministerialdirektor Fischer vom 21.2.1980.
[133] PA/AA, B 60, Ref. 420, Bd. 124281, Aufzeichnung von Ministerialdirektor Fischer vom 20.2.1980.
[134] PA/AA, B 60, Ref. 420, Bd. 124281, Kurzprotokoll der Sitzung des Bundestagsausschusses für wirtschaftliche Zusammenarbeit am 27.2.1980.

Am 19. März 1980 ermächtigte das Kabinett den Bundesminister der Finanzen, bei der Geberkonferenz in Paris einen Beitrag zuzusagen, der dem amerikanischen Beitrag entspreche und 540 Millionen DM (295 Millionen Dollar) nicht überschreite. Davon waren 100 Millionen DM schon im Februar infolge eines deutsch-türkischen Regierungsabkommens zur Verfügung gestellt worden. Unklar war zunächst, ob eine bereits veranschlagte Projekthilfe in Höhe von 130 Millionen in dem Gesamtbetrag enthalten sei oder nicht; wenn ja, wäre ein Betrag von 410 Millionen DM verblieben, was „außenpolitisch höchst bedenklich" erschien[135]. Die (zweite) Geberkonferenz der OECD am 15. April 1980 in Paris erbrachte schließlich Kreditzusagen in Höhe von 1,16 Milliarden Dollar. Die Bundesrepublik und die USA sagten jeweils 295 Millionen Dollar zu, gefolgt von Italien mit 115 sowie von Japan und Frankreich mit je 100 Millionen Dollar. Die EG war an dieser Hilfsaktion mit einem Kredit der Europäischen Investitionsbank in Höhe von 100 Millionen Dollar beteiligt. Der Anteil der für die Türkei weniger günstigen Exportkredite betrug nur noch 25 Prozent (1979: 34 Prozent)[136]. Bundesminister Matthöfer bestand darauf, die vorgesehenen 130 Millionen DM Projekthilfe auf den deutschen Beitrag anzurechnen, was bei der türkischen Regierung eine gewisse Enttäuschung auslöste[137]. Ferner stellten der IWF und die Weltbank sowie, nach Vermittlung durch die Bundesregierung, Saudi-Arabien[138] Kredite zur Verfügung.

Matthöfers Zurückhaltung hatte ihren Grund in der schwierigen Situation des Bundeshaushalts und der Beteiligung an der großen Umschuldungsaktion für die Türkei, die im Rahmen des Konsortiums der OECD am 22./23. Juli 1980 in Paris zustande kam. Es wurden Schuldendienstentlastungen für die Jahre 1980 bis 1983 in Höhe von mehr als 2,5 Milliarden Dollar beschlossen. Auf die USA als Hauptgläubiger entfielen 811 Millionen Dollar, auf die Bundesrepublik und Frankreich jeweils 525 Millionen Dollar (924 Millionen DM). Für den Bundeshaushalt ergaben sich Schätzungen zufolge bis Mitte 1983 zusätzliche Aus-

---

[135] PA/AA, B 60, Ref. 420, Bd. 124283, Aufzeichnung von Ministerialdirektor Fischer vom 20.3.1980.
[136] PA/AA, B 60, Ref. 420, Bd. 124284, Aufzeichnungen von Ref. 420 vom 13.5. und 16.6.1980.
[137] PA/AA, B 60, Ref. 420, Bd. 124286, Aufzeichnung von Ref. 420 vom 9.9.1980.
[138] Vgl. das Gespräch zwischen Bundeskanzler Schmidt und König Khalid am 17.6.1980; AAPD 1980/I, Dok. 176: S. 913–921, hier insbesondere S. 917 Anm. 17.

gaben beziehungsweise Mindereinnahmen von 715 Millionen DM[139]. Die Konditionen gingen „erheblich über das hinaus, was der Türkei bei früheren Umschuldungen zugestanden worden war". Auch bereits umgeschuldete Verbindlichkeiten schichtete man nochmals um; bisher hatte es als „unantastbarer Grundsatz" gegolten, das nicht zu tun[140]. Nach bilateralen Verhandlungen im Dezember 1980 in Ankara wurden fünf Regierungsabkommen unterzeichnet, welche die Umschuldung der türkischen Verbindlichkeiten regelten – mittlerweile 1,2 Milliarden DM (446 Millionen DM staatliche Kredite und 754 Millionen DM staatlich verbürgte Handelsforderungen). Gleichwohl bestand nach den Erfahrungen mit der Zahlungsfähigkeit und -willigkeit der Türkei „wenig Anlaß zu Optimismus"[141].

Insgesamt stellte die Bundesrepublik der Türkei im Rahmen der finanziellen Zusammenarbeit (Kapitalhilfe) bis einschließlich 1976 mehr als 1,8 Milliarden DM zur Verfügung. In den Jahren 1977 bis 1980 kamen, die beiden von der OECD koordinierten Hilfsmaßnahmen eingerechnet, mehr als 1,6 Milliarden DM hinzu. Einschließlich der Leistungen im Rahmen der technischen Zusammenarbeit ergab das einen Gesamtbetrag von über 3,8 Milliarden DM[142]. Das Leistungsspektrum war aber noch viel größer: Verteidigungshilfen seit 1964 im Wert von 930 Millionen DM, Materialhilfen seit 1971 in Höhe von 860 Millionen DM sowie eine Rüstungssonderhilfe für die Jahre 1980 bis 1983 (600 Millionen DM), zusammen also rund 2,4 Milliarden DM. Auch die Leistungen im Rahmen der EG dürfen nicht vergessen werden, an denen die Bundesrepublik mit ungefähr 30 Prozent beteiligt war; dazu kamen die Mindereinnahmen für den Bundeshaushalt wegen der Umschuldung türkischer Verbindlichkeiten[143].

Hat sich der Einsatz gelohnt? Sicher nicht, wenn man berücksichtigt, dass es im Interesse der Regierung Schmidt/Genscher lag, über finanzielle Hilfen zu einer befriedigenden Regelung der Freizügigkeit

---

[139] PA/AA, B 60, Ref. 420, Bd. 124286, Aufzeichnung des Bundesfinanzministeriums vom 22.8.1980.
[140] PA/AA, B 52, Ref. 422, Bd. 121398, Aufzeichnung des Vortragenden Legationsrats I. Klasse Gerhard Henze (Ref. 422) vom 15.8.1980.
[141] PA/AA, B 52, Ref. 422, Bd. 121398, Aufzeichnung von Ref. 422 vom 29.12.1980.
[142] PA/AA, B 14, Ref. 201, Bd. 120252, Aufzeichnung von Ref. 420 vom 21.5.1980.
[143] PA/AA, B 14, Ref. 201, Bd. 120252, Aufzeichnung über den Gesamtumfang der Verteidigungs- und Materialhilfen, Stand: Mai 1980; B 60, Ref. 420, Bd. 124287, Aufzeichnung von Ref. 420 vom 24.3.1981.

für türkische Arbeitnehmer zu kommen[144]. Die Regierung in Ankara bewegte sich in dieser Frage kein Stück, wie das am 9. Mai 1980 im Auswärtigen Amt übergebene Non-Paper zeigte. Drei Wochen nach der Konferenz der Geberländer in Paris am 15. April war das ein ernüchterndes Ergebnis. Es wäre besser gewesen, wenn die Bundesrepublik den Empfehlungen des Botschafters Oncken gefolgt wäre:

„Ich denke an den hiesigen aufgeblähten Erwartungshorizont, gleichzeitig hervorgerufen durch deutsche Äußerungen und türkische Egozentrik [...]. Das nächste Mal sollten es die Türken sein, die kommen, weniger der Westen und wir; die Türken sollten Demandeure sein und wir für sie nicht als solche erscheinen. [...] Daher die Empfehlung, nicht unnötig von deutschen Pilotfunktionen zu sprechen und ggfs. von der Benennung deutscher Sonderbeauftragter etc. abzusehen."[145]

---

[144] Vgl. Schmidt, Nachbarn, S. 445 f.
[145] PA/AA, B 26, Ref. 203, Bd. 115909, Schriftbericht 1134 von Botschafter Oncken vom 4.7.1980.

III. Die „Erziehungsdiktatur" des Militärs und die deutsch-türkischen Beziehungen von September 1980 bis Ende 1983

1. Die Machtübernahme durch das Militär und die ersten Reaktionen

Am 12. September 1980 berichtete der bundesdeutsche Militärattaché an der Botschaft in Ankara, Hans-Joachim Thiele, dass das Militär die Macht ergriffen und Generalstabschef Evren um 13 Uhr im Fernsehen gesprochen habe. Aus dieser Ansprache hielt er fest, dass der Nationale Sicherheitsrat als neues oberstes Führungsorgan es sich zur Aufgabe gemacht habe, die Demokratie nach den Vorstellungen des Staatsgründers Atatürk wiederherzustellen. Die Türkei werde allen internationalen Verpflichtungen, auch als NATO-Mitglied, in vollem Umfang nachkommen[1]. Am folgenden Tag informierte Thiele, dass die Lage entspannt sei. Das Fernsehen habe erst die Serie „Heidi" ausgestrahlt und danach aus psychologischen Gründen eine religiöse Sendung. Das „unblutige Zupacken" der Streitkräfte werde von breiten Kreisen der Bevölkerung „begrüßt und getragen". Es müsse dem Fortbestand und der Fortentwicklung der Demokratie „nicht abträglich" sein[2]. Bei Botschafter Oncken hinterließ das Vorgehen der Militärs „ungute Gefühle", aber er war sich sicher, dass sie keine längerfristige Herrschaft anstrebten. Ihr Eingreifen sei nicht mit der Machtübernahme der sogenannten Obristen in Griechenland 1967 oder mit Militärregimen in südamerikanischen Staaten vergleichbar[3]. Die Generäle wollten „keine Diktatur", sie würden enge Verbindungen zum Westen pflegen, sich von allen „Tendenzen à la Gaddafi oder Khomeini" distanzieren, und sie hätten „keine sicherheitspolitischen Wunschträumereien" gegenüber der UdSSR. Oncken empfahl die „Demonstration wohltemperierten Verständnisses"[4].

---

[1] PA/AA, B 26, Ref. 203, Bd. 115908, Fernschreiben 1119 von Oberst im Generalstab Thiele vom 12.9.1980.
[2] PA/AA, B 14, Ref. 201, Bd. 120194, Fernschreiben 1126 von Oberst im Generalstab Thiele vom 13.9.1980.
[3] PA/AA, B 26, Ref. 203, Bd. 115908, Fernschreiben 1124 von Botschafter Oncken vom 13.9.1980.
[4] PA/AA, B 14, Ref. 201, Bd. 120251, Fernschreiben 1140 von Botschafter Oncken vom 16.9.1980.

Alles in allem begrüßten die Diplomaten in der Türkei also die Machtübernahme durch das Militär. Diplomatie und veröffentlichte Meinung in der Bundesrepublik wichen nicht wesentlich voneinander ab. Es ging kein Aufschrei der Empörung durch die westdeutsche Presselandschaft. Dass der Sturz der Regierung Demirel im „Münchner Merkur" als das „offenkundig einzige und letzte Mittel" gesehen wurde, „dem kranken Mann am Bosporus die notwendige Ruhe zur Genesung zu verschaffen", war angesichts der politischen Ausrichtung dieser Tageszeitung keine Überraschung[5]. Aber auch in der „Süddeutschen Zeitung" fanden sich kaum kritische Bemerkungen. Die „Totengräber der Demokratie" seien die Politiker gewesen. Ihr Ausscheiden könne nicht bedauert werden: „Sie haben in einem Maße versagt, daß ihr Sturz zwangsläufig war."[6] Wenig überraschend fand das Eingreifen des Militärs auch in der „Welt" Anklang: „Eine Radikalkur ohne radikale Maßnahmen hätte keinen Sinn."[7] In einem Interview verteidigte sogar der Vorsitzende der SPD, Willy Brandt, das Vorgehen der Streitkräfte. Bedenken würden „zu einem wesentlichen Teil ausgeräumt, wenn das Wüten der Gruppen aufhört, die so viele Menschenleben auf dem Gewissen haben". Konsequenzen für die NATO sah Brandt keine. Nur die Verhaftung Ecevits und anderer führender Politiker bereitete ihm Sorgen[8]. Erwartungsgemäß kommentierte die „Zeit" die Ereignisse vom 12. September 1980 kritischer als die „Welt". Es handele sich um einen Schlag gegen die Demokratie. Zur Bestürzung darüber geselle sich allerdings „die schmerzhafte Einsicht, daß der Staatsstreich des Generals Evren so gut wie unvermeidlich war". Es müssten nun politische Erwartungen hinsichtlich der Wiederherstellung der Demokratie formuliert werden[9].

Wer dem Militärregime eher positiv gegenüberstand, fürchtete zumeist eine Reislamisierung, wie sie sich in den vergangenen Jahren in Gestalt der MSP Erbakans gezeigt hatte. Dieser Zusammenhang wurde gerade in der Berichterstattung der „Frankfurter Allgemeinen Zeitung" deutlich: „Erst neuerdings wuchsen da neue Minarette in den

---

[5] Münchner Merkur vom 13./14.9.1980: „Das letzte Mittel".
[6] Süddeutsche Zeitung vom 13./14.9.1980: „Die Generäle hielten Wort".
[7] Die Welt vom 13./14.9.1980: „Diktatoren wider Willen".
[8] Die Welt vom 13./14.9.1980: „Brandt zur Welt: Hat das Morden ein Ende, ist viel gewonnen".
[9] Die Zeit vom 19.9.1980: „Zahlen für eine getürkte Republik?"

Himmel."[10] Der „Spiegel" führte die Machtübernahme durch das Militär auf die Reformen Atatürks zurück und zeigte sich skeptisch, ob die neue Führung „selbst bei redlichster Absicht der Identitätskrise durch einen Rückgriff auf den Kemalismus" beikommen könne[11]. Aber das Nachrichtenmagazin veröffentlichte auch ein Interview mit dem ehemaligen Fraktionsvorsitzenden der Gerechtigkeitspartei, Aydın Yalçın, den sie als „liberale[n] Politiker" vorstellte. Yalçın legte dar, dass die Armee die „kranke Nation sozusagen in Intensivpflege" nehme, bis sie wieder gesund sei[12]. Ein „prononcierte[r] Links- und Sozialdrall", den Oncken dem „Spiegel" wiederholt vorwarf[13], war in diesem Fall nicht zu erkennen.

Die Bundesregierung ließ an ihrer Haltung keinen Zweifel aufkommen. In einem Interview betonte Genscher am 14. September 1980, dass die Türkei ein strategisch wichtiger Verbündeter sei. Auf die Frage, ob sich etwas an den Wirtschafts- und Finanzhilfen ändern werde, antwortete der Außenminister, dass er dies für „ganz falsch" halte und „ganz dringlich" vor voreiligen Entscheidungen warne. Allerdings sprach Genscher auch die Erwartung aus, dass das türkische Militär so schnell wie möglich wieder demokratische Verhältnisse herstelle[14]. Die sozial-liberale Regierung war also nicht gewillt, die bilateralen Beziehungen auf eine neue Grundlage zu stellen. Sie gewährte der neuen türkischen Führung einen nicht geringen Vertrauensvorschuss.

In der NATO setzte sich die Bundesregierung dafür ein, das Manöver *Anvil Express* der *Allied Command Europe Mobile Force*, das am 19. September 1980 in der Türkei starten sollte, wie geplant durchzuführen. Widerstand kam von Seiten Belgiens, Dänemarks und Norwegens. Die Bundesrepublik erreichte einen Kompromiss: Belgien verzichtete auf seine Teilnahme, stimmte aber der Durchführung der Übung zu. Dänemark und Norwegen schlossen sich dieser Übereinkunft an[15]. Für

---

[10] Frankfurter Allgemeine Zeitung vom 13.9.1980: „Was in der Türkei zum Vorschein kommt".
[11] Der Spiegel vom 15.9.1980: „Türke, sei stolz, arbeite und habe Vertrauen".
[12] Der Spiegel vom 22.9.1980: „Wie in der Weimarer Republik".
[13] PA/AA, B 26, Ref. 203, Bd. 115912, Schriftbericht 1847 von Botschafter Oncken vom 16.10.1980.
[14] Interview Genschers mit dem Hessischen Rundfunk, in: freie demokratische korrespondenz 285 vom 14.9.1980; PA/AA, B 7, Ref. 013, Bd. 179039.
[15] Vgl. das Fernschreiben 1230 des Gesandten Franz Pfeffer (Brüssel, NATO) vom 13.9.1980; AAPD 1980/II, Dok. 269: S. 1387–1391.

Oncken war es untragbar, dass kleinere Staaten, die „sicherheitspolitisch nur beschränkt haftungsfähig" waren, moralpolitischen Führungsanspruch demonstrierten[16].

Mit dem Dekret Nr. 1 vom 25. September 1980 gab sich der Nationale Sicherheitsrat unter Führung von General Evren eine Geschäftsordnung und legte seine Kompetenzen fest. Neben Evren gehörten die Oberbefehlshaber des Heeres, der Luftwaffe, der Marine und der Gendarmerie diesem Gremium an: General Nurettin Ersin, General Tahsin Şahinkaya, Admiral Nejat Tümer und General Sedat Celasun. Der Nationale Sicherheitsrat war Exekutive und Legislative zugleich und etablierte sich als „oberste[s] Kontrollorgan der Türkischen Republik". Die Mitglieder des Ministerrats waren von ihm abhängig. Ein Parlament existierte nicht mehr[17].

Botschafter Oncken zeichnete ein wohlwollendes Porträt der Männer im Alter von 55 bis 65 Jahren, die nun an der Spitze des Staates standen: „Für alle gilt, dass sie für den Westen durchweg aufgeschlossen sind. [...] Die Orientierung an dem Kräfteverhältnis Ost/West ist ausgeprägt, auch die Aufgeschlossenheit gegenüber Deutschland."[18] Als bestimmende Kraft erwies sich Generalstabschef Evren, über den die Botschaft ziemlich positiv berichtete. In einer „gewinnenden Mischung aus Autorität, Wohlwollen, Distanz und Sachlichkeit" finde der Vier-Sterne-General leicht den Zugang zu anderen Menschen; er sei „der beste Public-relations-Mann des Regimes". Evren besitze viel Gespür für die öffentliche Meinung, spreche frei und sei „nicht verlegen in der Wahl der Worte". Jedoch gehörten zu ihm auch „weniger helle Wesenszüge" wie obrigkeitsstaatliches Denken und ein „paternalistischer Zug". Sein Weltbild sei geordnet nach dem „spezifischen Horizont des (respektablen) Soldaten und des ‚Turkozentrikers'". Alles in allem sei er „nicht brillant, aber auf türkische Weise gleichzeitig schlau und solide, kein Überflieger, aber mit beiden Füßen auf dem Boden, freilich auf seinem Boden"[19].

Dieses Wohlwollen hatte in erster Linie außen- und sicherheitspolitische sowie wirtschaftspolitische Gründe. Mit den Militärs kam im Sep-

---

[16] PA/AA, B 150, Fernschreiben 1158 von Botschafter Oncken vom 18.9.1980.
[17] PA/AA, B 26, Ref. 203, Bd. 115907, Schriftbericht 1766 von Botschafter Oncken vom 8.10.1980.
[18] PA/AA, B 150, Fernschreiben 1141 von Botschafter Oncken vom 16.9.1980.
[19] PA/AA, B 26, Ref. 203, Bd. 123299, Schriftbericht 2275 von Botschafter Oncken vom 16.10.1981.

tember 1980 „erneut die stärkste kemalistische und damit traditionell westlich ausgerichtete Kraft" an die Macht. Die Qualität der Westbindung schien zwar auch in Zukunft von westlicher „Orientierungshilfe" abzuhängen, so dass die Türkei weiter als ein „Partner sui generis" galt, doch eine bessere Alternative bot sich nicht an[20]. Der außenpolitische Kurs unter Evren war eindeutig prowestlich, „vielleicht [noch] pointierter als unter Demirel", wie Botschafter Oncken konstatierte. Die Außenpolitik Ankaras unterscheide sich sehr wohl von derjenigen vor dem 12. September 1980: „Sie kennt kaum innenpolitische Einflüsse. [...] Nichts könnte den prowestlichen Kurs des Regimes mehr verdeutlichen als die Tatsache, dass dieser ‚trotzdem' gesteuert wird." Was die Bündniszuverlässigkeit betreffe, könne es keine besseren Perspektiven geben: „Die westliche Kritik an den innertürk[ischen] Verhältnissen dürfte deshalb auf türk[ischer] Seite umso stärker empfunden werden".[21]

Das türkisch-sowjetische Verhältnis blieb unterkühlt. Am 19. Januar 1982 wurde in Ankara das 23. bilaterale Handelsprotokoll unterzeichnet und mit 600 Millionen Dollar festgesetzt. Aber traditionell konnten diese Protokolle nie vollständig abgewickelt werden, und nichts deutete darauf hin, dass sich daran etwas ändern werde. Die Wirtschaftsbeziehungen zwischen der Türkei und der UdSSR sowie den übrigen Staaten des Rats für gegenseitige Wirtschaftshilfe waren weiter „eher rückläufig"[22]. Ende Februar 1982 besuchte Evren als erstes türkisches Staatsoberhaupt Bulgarien, den „treuesten Verbündeten Moskaus". Dabei spielte wohl auch der Gedanke eine Rolle, den Westeuropäern zu zeigen, dass die Türkei eine eigenständige Politik betreiben könne. Die Bedeutung der Reise Evrens lag im Atmosphärischen: „Reale Ergebnisse von größerer Tragweite gab es dagegen nicht."[23] Beim Besuch des türkischen Außenministers İlter Türkmen Ende November und Anfang Dezember 1982 in der UdSSR wurde deutlich, dass beide Seiten „aus wohlverstandenem politischen Eigeninteresse grundsätzlich

---

[20] PA/AA, B 60, Ref. 420, Bd. 124288, Aufzeichnung von Ministerialdirektor Hansen vom 5.6.1981.
[21] PA/AA, B 41, Ref. 213, Bd. 133225, Fernschreiben 420 von Botschafter Oncken vom 3.4.1981.
[22] PA/AA, B 60, Ref. 420, Bd. 130001, Schriftbericht 166 von Botschafter Oncken vom 22.1.1982.
[23] PA/AA, B 26, Ref. 203, Bd. 124917, Schriftbericht 460 von Botschafter Oncken vom 2.3.1982.

an einem brauchbaren gegenseitigen Verhältnis interessiert" waren[24]. Nach dem Gegenbesuch des stellvertretenden sowjetischen Außenministers Georgij Kornijenko in Ankara Anfang März 1983 stand für die türkische Seite aber auch fest, dass die Sowjets „ihre letzten Endes sicher nicht freundlichen Ziele" weiter verfolgten[25].

Aus der Sicht der Bundesregierung war es nur konsequent, die Verhandlungen über eine Rüstungssonderhilfe abzuschließen. Ein entsprechendes Abkommen wurde von Oncken und Verteidigungsminister Haluk Bayülken am 17. November 1980 in Ankara unterzeichnet; das türkische Fernsehen übertrug die Zeremonie[26]. Ursprünglich waren kommerzielle Rüstungslieferungen mit einem Gesamtwert von 1,2 Milliarden DM vorgesehen (169 Kampfpanzer Leopard 1, 439 Bodenanlagen für das Panzerabwehr-Lenkraketensystem Milan mit 9658 Flugkörpern, Modernisierung der türkischen Kampfpanzer vom Typ M-48). Im Februar 1977 beschloss die Bundesregierung, Kredite deutscher Banken in Höhe von 560 Millionen DM durch eine Hermes-Bürgschaft abzusichern. Der restliche Betrag sollte aus Mitteln des türkischen Haushalts zur Verfügung gestellt werden, was dann aber schnell an der Zahlungsunfähigkeit des Landes scheiterte[27].

Das Rüstungsgeschäft musste um einiges reduziert werden. Der Versuch, eine Rüstungssonderhilfe in der NATO auf den Weg zu bringen, scheiterte kläglich; kein Allianzpartner wollte sich darauf einlassen[28]. An einem eigenen Beitrag hielt die Bundesregierung dennoch fest, zumal dem Bundesverteidigungsministerium das türkische Militär als „einzige[r] noch funktionsfähige[r] Faktor für den Fortbestand der parlamentarischen Demokratie" erschien. Eine Stärkung der Streitkräfte diente angeblich der innenpolitischen Stabilisierung der Türkei[29]. Am Ende kam eine Sonderhilfe von 600 Millionen DM für die Jahre 1980 bis 1983 zustande, die aus Mitteln des Bundeshaushalts aufgebracht

---

[24] PA/AA, B 41, Ref. 213, Bd. 133225, Schriftbericht 3598 von Botschafter Andreas Meyer-Landrut (Moskau) vom 7.12.1982.
[25] PA/AA, B 41, Ref. 213, Bd. 133225, Fernschreiben 476 von Botschafter Oncken vom 10.3.1983.
[26] PA/AA, B 14, Ref. 201, Bd. 120252, Schriftbericht 2055 von Botschafter Oncken vom 18.11.1980.
[27] PA/AA, B 52, Ref. 422, Bd. 121395, Aufzeichnung der Referate 201 und 422 vom 4.5.1979.
[28] PA/AA, B 14, Ref. 201, Bd. 120252, Aufzeichnung von Ref. 201 vom 1.4.1980.
[29] PA/AA, B 14, Ref. 201, Bd. 120252, Aufzeichnung von Ref. Rü II 2 des Bundesverteidigungsministeriums vom 28.4.1980.

wurden (77 Kampfpanzer Leopard 1/A 3 und vier Bergepanzer, 249 Milan-Anlagen, Modernisierung der Kampfpanzer des Typs M-48)[30]. Nach schwierigen Verhandlungen und Preiskorrekturen konnte die Lieferung von 374 Milan-Anlagen vereinbart werden. Die Lieferung der Kampfpanzer sollte ab September 1982 erfolgen[31].

Parlamentarischer Widerstand gegen den Kurs der Bundesregierung war zunächst so gut wie nicht zu verzeichnen, was sicher auch daran lag, dass am 5. Oktober 1980 Bundestagswahlen stattfanden, die den Parlamentsbetrieb davor und danach längere Zeit behinderten. Die Frage des Abgeordneten Klaus Thüsing (SPD) im Dezember, was die Bundesregierung bewogen habe, Militärhilfe für die Türkei auch nach dem Putsch zu gewähren, beantwortete Staatsminister von Dohnanyi ebenso wahrheitsgemäß wie lapidar: „Sicherheitspolitische Erwägungen"[32].

Auch in wirtschaftlicher Hinsicht konnte man der Machtübernahme durch das Militär etwas Positives abgewinnen. Es bestand nun scheinbar die „Möglichkeit konsequenter Durchsetzung der neuen Wirtschaftspolitik in Gesetzgebung und Administration"[33]. Das Sanierungsprogramm, das Özal im Januar vorgestellt hatte, brachte ab Herbst 1980 unter der Militärführung tatsächlich einige Erfolge. Zu den Maßnahmen zählten unter anderem eine „rigorose Politik der Geld- und Kreditverknappung" zur Inflationsbekämpfung und mehrere Abwertungen der Türkischen Lira, um die Außenwirtschaft auf eine vernünftige Grundlage zu stellen. Die Folge waren eine Ankurbelung der Produktion und, trotz des beschränkten Kapitalmarkts, eine gewisse „Investitionsbelebung"[34]. Die Militärs gewährten Özal – von September 1980 bis Juni 1982 stellvertretender Ministerpräsident – die „volle und unbehinderte Unterstützung" und leiteten weitere strukturelle Reformen ein[35]. Doch unumstritten war das Programm nicht, und es brachte

---

[30] PA/AA, B 14, Ref. 201, Bd. 120252, Weisung 2868 an die Botschaften in Ankara und Athen vom 23.5.1980.
[31] PA/AA, B 14, Ref. 201, Bd. 125612, Aufzeichnung von Ref. Rü II 2 des Bundesverteidigungsministeriums vom 15.10.1981.
[32] Stenographischer Bericht über die 10. Sitzung des Deutschen Bundestags am 11.12.1980, S. 284.
[33] PA/AA, B 60, Ref. 420, Bd. 124288, Aufzeichnung von Ref. 420 vom 9.7.1981.
[34] PA/AA, B 60, Ref. 420, Bd. 129990, Fernschreiben 120 von Botschafter Oncken vom 29.1.1981.
[35] PA/AA, B 60, Ref. 420, Bd. 129990, Schriftbericht 238 von Botschafter Oncken vom 1.2.1982.

auch keinen vollen Erfolg. Nach zunehmender Kritik an der Politik des knappen Gelds trat Özal Mitte 1982 von seinem Regierungsamt zurück. Obwohl die Wirtschaft wuchs, verschärfte sich das Problem der Arbeitslosigkeit. Von den Importausgaben entfiel ein großer Teil auf die Einfuhr von Energieträgern; die Auslandsverschuldung nahm weiter zu, und ab 1985 standen beträchtliche Rückzahlungsverpflichtungen an[36]. Die Hoffnungen der Bundesregierung, das Militär werde, und sei es mit harter Hand, zur wirtschaftlichen Stabilisierung beitragen, erfüllten sich also bestenfalls halb. Angesichts der Tatsache, dass die türkische Bevölkerung jährlich um rund eine Million Menschen wuchs und die Zahl der Arbeitskräfte jedes Jahr um etwa 450.000 stieg, war das auch kaum zu erwarten[37].

Botschafter Oncken ging davon aus, dass die westeuropäische Öffentlichkeit in Menschenrechtsfragen empfindlich sei, und hatte Zweifel, ob die Streitkräfte „genug Antenne besitzen, ausländische Imponderabilien [...] voll zu würdigen". Ein besonderes Problem erkannte er darin jedoch nicht. Die Bevölkerung fühle sich entlastet, und die Wiederherstellung von Recht und Ordnung sei ohne hartes „Durchgreifen" kaum möglich: „Bei der Liquidierung eines bürgerkriegsähnlichen Zustandes fallen die Späne, auch mit unerfreulichen Begleiterscheinungen."[38] Die Anwendung der Prügelstrafe auf Polizeirevieren müsse man unterstellen, gedankenlose Brutalität sei aber ohnehin ein Bestandteil des täglichen Lebens, und es gebe – das sei entscheidend – „keine systematische, von der Regierung angeordnete Folterpraxis". Die türkischen Gefängnisse werde niemand „für einen angenehmen Aufenthaltsort" halten, doch türkische Strafgefangene in der Bundesrepublik würden ihre Haft lieber in der Heimat verbüßen. Sie empfänden „unseren hygienischeren Strafvollzug als kalt und inhuman, sie würden lieber in dem ‚kollektiven Mief' türkischer Haftanstalten leben". Oncken präsentierte Anfang Dezember 1980 eine einfache Formel: 5000 Tote vor dem 12. September 1980, seitdem nur „fünf vollstreckte Todesurteile". Die Menschenrechte seien „vielleicht

---

[36] PA/AA, B 60, Ref. 420, Bd. 129994, Aufzeichnung des Vortragenden Legationsrats I. Klasse Fischer-Dieskau vom 1.12.1982; B 60, Ref. 420, Bd. 129990, Aufzeichnung von Ref. 420 vom 29.11.1983.
[37] PA/AA, B 60, Ref. 420, Bd. 129995, Aufzeichnung des Vorsitzenden des Türkeikonsortiums der OECD, Rolf Geberth, vom 25.5.1983.
[38] PA/AA, B 14, Ref. 201, Bd. 120194, Fernschreiben 1620 von Botschafter Oncken vom 12.12.1980.

besser gewährleistet" als vorher: „Daß sie immer voll gewahrt werden, wird niemand garantieren können."[39]

Es war diese undifferenzierte und wenig empathische Art der Berichterstattung, die immer wieder irritierte. Oncken – schon seit seiner Tätigkeit als Botschafter in Athen zwischen 1972 und 1977 mit der Lage in Südosteuropa bestens vertraut – hatte sicher Recht, wenn er auf die Akzeptanz der Gewalt in großen Teilen der türkischen Gesellschaft hinwies: Misshandlungen von Häftlingen beruhten auf „jahrhundertealter Praxis" und der unzureichenden Bildung der Polizeibeamten. Folter zum Zweck der Aussageerzwingung – bei Strafprozessen in der Türkei spielten Geständnisse traditionell eine „überragende Rolle" – galt als herkömmlicher Bestandteil bei Ermittlungsverfahren[40].

Aber die Türkei war eben auch mit der EG assoziiert sowie Mitglied des Europarats und der NATO. Sie stand zumindest vertraglich nicht abseits der westlichen Wertegemeinschaft. Auf die Einhaltung von Menschenrechten zu achten, hatte daher nichts mit einem „Anflug modernen Jakobinertums" zu tun, „das die ‚Incorruptibles' unserer Zeit ihre Ziele unter Verwendung von Tugend und moralischem Fallbeil anstreben läßt", wie Oncken meinte[41]. Im Übrigen war das Bild der türkischen Gefängnisse, das er zeichnete, grotesk. Die großen (zivilen) Haftanstalten – vor allem die Gefängnisse in den Städten – waren stark überbelegt. Es herrschten oft „untragbare sanitäre Verhältnisse"; die medizinische Versorgung war unzureichend. Die Behandlung der Häftlinge war „erheblich härter als in deutschen Gefängnissen". Die Militärgefängnisse wurden mit „strenger militärischer Disziplin" geführt[42].

Es war nicht überraschend, dass die Berichte der diplomatischen Missionen und die veröffentlichte Meinung in der Bundesrepublik bald erheblich voneinander abwichen. Ein objektives Bild konnten die Leser in der Presse trotzdem nicht gewinnen. Die „Frankfurter Allgemeine Zeitung" kommentierte unter Hinweis auf die Aufhebung

---

[39] PA/AA, B 200, Ref. 410, Bd. 121940, Schriftbericht 2194 von Botschafter Oncken vom 5.12.1980.
[40] PA/AA, B 60, Ref. 420, Bd. 129988, Aufzeichnung über die Konsularkonferenz vom 21. bis 23.5.1984 in Ankara.
[41] PA/AA, B 83, Ref. 511, Bd. 1415, Schriftbericht 71 von Botschafter Oncken vom 9.1.1981.
[42] PA/AA, B 26, Ref. 203, Bd. 151038, Aufzeichnung von Ref. 511 vom 29.2.1984.

des kurzzeitigen Verbots der Tageszeitung „Cumhuriyet", die sie irreführend als „‚Prawda' der Türkei" titulierte, dass die Militärführung konsequent ihren „innenpolitischen Linkskurs" verstärke. Evren könne nicht mehr als Freund des Westens angesehen werden[43]. Für den „Spiegel" hatten die politischen Verantwortlichen sichtbare Erfolge „allenfalls an der Verhaftungsfront" erzielt, und das mit klarer Tendenz: „Auf vier verurteilte Linke kommt [...] nur ein Rechter."[44] Dagegen berichtete die „Zeit", dass die staatlichen Organe bei ihrem Kampf gegen den Terror von links und rechts eine „gewisse Symmetrie" gewahrt hätten[45]. Die Militärherrschaft wurde nun häufig zur politischen Meinungsmache benutzt.

2. Auf dem Weg der Redemokratisierung? Die Türkei bis zum Wahlsieg Turgut Özals im November 1983

Botschafter Oncken sah auch zu Beginn des Jahres 1981 keinen Anlass, die Militärherrschaft besonders kritisch zu bewerten. Ein bis „zur Gefühllosigkeit hartes Zugreifen" bleibe an der Tagesordnung, doch bei den Generälen handele es sich um „eher moderate Männer", denen es mit der Rückkehr zur Demokratie, „wenn auch vielleicht auf recht paternalistische Weise", ernst sei. Das Ziel ihrer „Erziehungsdiktatur", politisch „vernünftige" Menschen zu schaffen, sei fragwürdig, aber womöglich liege es im türkischen wie im westlichen Interesse, es mit der Rückkehr zu demokratischen Verhältnissen „nicht zu überstürzen"[46].

Kritik, sie tue nicht genügend zur Wiederherstellung der Demokratie und zur Achtung der Menschenrechte, wiegelte die Bundesregierung ab. Am wirksamsten könne sie tätig werden, wenn sie „unter Beachtung türkischer Empfindlichkeiten [...] in eindeutiger, aber nicht notwendig öffentlicher Weise" zu verstehen gebe, dass ihr diese Anliegen nicht gleichgültig seien, wie Staatsminister von Dohnanyi dem CDU-Abgeordneten Herbert Werner im Januar 1981 mitteilte. Auch auf das entschiedene Eintreten der Bundesregierung seien die „zahlrei-

---

[43] Frankfurter Allgemeine Zeitung vom 22.11.1980: „Linkskurs in Ankara".
[44] Der Spiegel vom 1.12.1980: „Zähne zusammen".
[45] Die Zeit vom 17.10.1980: „Türkei: Das Militär wahrt die Symmetrie".
[46] Fernschreiben 35 von Botschafter Oncken vom 13.1.1981; Akten zur Auswärtigen Politik der Bundesrepublik Deutschland 1981, Bd. I: 1. Januar bis 30. April 1981, bearb. von Daniela Taschler, Matthias Peter und Judith Michel, München 2012, Dok. 6: S. 26–30, hier S. 27 und S. 29.

chen Versicherungen des Militärregimes" zum Schutz der Menschenrechte und das Bemühen um Redemokratisierung zurückzuführen. Ein Beamter aus dem Referat 201 des Auswärtigen Amts notierte am Rand dieses Schreibens: „Schwache Argumentation: Wenn wir ‚entschieden eintreten', müßte mehr herauskommen als ‚zahlreiche Versicherungen'."[47] Aber das war nur eine einzelne Stimme im diplomatischen Betrieb, die ohne Gehör blieb.

Im Februar 1981 berichtete Botschafter Oncken über die „Lage in der Türkei nach 150 Tagen Militärregime", das sich zu „erheblicher Straffung der Zügel" entschlossen habe: „In Konya verkündete General Evren am 15. Januar den Ausschluß führender Politiker von der künftigen politischen Mitbestimmung, ein Schritt, der sicher nicht in jeder Hinsicht durchdacht gewesen ist." Gleichwohl kam Oncken zu dem Fazit, es stehe um die Wiederherstellung der Demokratie nicht so schlecht[48]. Bei der Beurteilung der Militärherrschaft müsse berücksichtigt werden, dass ein großer Teil der Bevölkerung das harte Vorgehen willkommen hieß. Die Streitkräfte verfügten als einzige intakte staatliche Institution über ein hohes Prestige in der gesamten Gesellschaft, und die Erfolge, die sie bei der Wiederherstellung der inneren Sicherheit erzielten, festigten diesen Eindruck. Die nicht signifikant abnehmende Zahl von Verhaftungen – im Auswärtigen Amt ging man für die Zeit vom 12. September 1980 bis zum 23. Februar 1981 von über 73.000 Verhafteten aus – wurde konsequent mit der weiten Verbreitung des Terrorismus gerechtfertigt[49]. Doch Zweifel waren angebracht: Verbarg sich dahinter noch das ursprüngliche Ziel, oder ging es mehr und mehr darum, politisch Missliebige auszuschalten?

So liefen seit Ende 1980 drei große Strafprozesse an: gegen die Führung des Gewerkschaftsbunds DİSK, gegen Funktionäre der Arbeiterpartei Kurdistans (PKK) sowie gegen den Vorsitzenden der MHP,

---

[47] PA/AA, B 14, Ref. 201, Bd. 125572, von Dohnanyi an Werner vom 14.1.1981.
[48] PA/AA, B 26, Ref. 203, Bd. 123298, Schriftbericht 339 von Botschafter Oncken vom 11.2.1981.
[49] PA/AA, B 26, Ref. 203, Bd. 123296, Aufzeichnung von Ref. 203 vom 12.3.1981. Zum 20. Jahrestag der Machtübernahme durch das Militär gab die Tageszeitung „Cumhuriyet" die Gesamtzahl der während der Militärherrschaft von 1980 bis 1983 Verhafteten mit 650.000 an. Die Zeitung war selbst Verfolgungsmaßnahmen ausgesetzt; ihre Angaben sind mit Vorsicht zu genießen. Vgl. Cumhuriyet vom 12.9.2000: „Darbenin bilançosu".

Türkeş, und viele Funktionäre seiner Partei. Der Massenprozess gegen die Gewerkschaft DİSK rief in Westeuropa heftigen Unmut hervor. Im Juli 1981 wandten sich der DGB-Vorsitzende Heinz Oskar Vetter und der Vorsitzende der Gewerkschaft Erziehung und Wissenschaft, Erich Frister, mit der Bitte um Intervention an Bundeskanzler Schmidt. Für 52 Angeklagte war mittlerweile die Todesstrafe gefordert worden, auch für den Vorsitzenden von DİSK, Abdullah Baştürk, an dessen demokratischer Gesinnung im Westen keine Zweifel bestanden. Innerhalb des Gewerkschaftsbunds gab es marxistische Gruppen, die nach der Gründung der Arbeitervereinigung 1967 dominiert, dann aber an Einfluss verloren hatten. Im Auswärtigen Amt notierte man dazu, dass das Generalkonsulat in Istanbul mit Baştürks Verteidiger gesprochen und die Botschaft in Ankara Kontakt zum Außenministerium und zur größten (weiter zugelassenen, aber regimefreundlichen) Gewerkschaft Türk-İş aufgenommen habe. Im Übrigen wies man darauf hin, dass Anträgen der (Militär-)Staatsanwaltschaften auf Todesstrafe nicht zu große Bedeutung beigemessen werden dürfe[50]. Es war offenkundig, dass es sich um einen politisch motivierten Schauprozess handelte[51].

Die Militärherrschaft mit der Notwendigkeit der Terrorismus-Bekämpfung zu rechtfertigen, wurde unter diesen Umständen immer fragwürdiger. Auch das Argument, dass man es bei Folterungen mit einer langen Tradition zu tun habe, die nicht von heute auf morgen zu ändern sei, es sich aber nicht um eine systematische, von Seiten des Staates sanktionierte Praxis handele, lief allmählich ins Leere. In der Rechtsabteilung des Auswärtigen Amts wurde festgehalten, dass die Türkei in völkerrechtlichen Verträgen – so der Europäischen Menschenrechtskonvention vom 4. November 1950, die in Artikel 3 auch ein Folterverbot beinhaltete – Pflichten zur Einhaltung und zum Schutz von Menschenrechten übernommen habe:

„Wenn man für die Erfüllung dieser völkerrechtlichen Pflichten die allgemeinen völkerrechtlichen Regeln zur Staatenverantwortlichkeit anwendet, dann muß der Staat sich das Handeln seiner Organe und ihrer Amtsträger auch dann zurechnen lassen, wenn diese ihre Kompetenzen überschreiten."[52]

---

[50] PA/AA, B 60, Ref. 420, Bd. 124290, Aufzeichnung von Ministerialdirigent Dröge vom 5.8.1981.
[51] Vgl. Der Spiegel vom 8.2.1982: „Unbestimmte Anklage".
[52] PA/AA, B 21, Ref. 200, Bd. 123212, Aufzeichnung von Ref. 500 vom 8.4.1981.

Es war nicht so, dass der Nationale Sicherheitsrat auf Vorwürfe nicht reagiert hätte. Am 12. Juni 1981 informierte Botschafter Oncken fast jubelnd, die türkische Presse habe berichtet, dass ein Militärgericht in Erzurum drei Polizeibeamte wegen Misshandlungen zu Haftstrafen verurteilt habe. Damit sei zum ersten Mal die Zusage Evrens eingelöst worden, Folter seitens staatlicher Organe zu ahnden[53]. Anfang Oktober 1982 waren 540 Verfahren wegen Folter eingeleitet und davon 171 bereits wieder eingestellt worden. Nur 15 Verurteilungen gab es zu diesem Zeitpunkt[54]. Das Ergebnis war also ernüchternd. Die öffentliche Distanzierung von der Folterpraxis war ein geschickter Schachzug der türkischen Führung, um die westlichen Staaten zu beruhigen. Von einem ernsthaften Versuch, dieser Problematik Herr zu werden, konnte keine Rede sein.

Nicht zuletzt blieb die Pressefreiheit eingeschränkt; de facto wurde die Presse von den Militärbehörden kontrolliert. Verboten waren nur extremistisch orientierte Zeitungen; eine regelrechte Zensur wurde nicht ausgeübt. Da Beanstandungen – wie im Falle der Tageszeitung „Cumhuriyet" – aber zu zeitweiligen Verboten, zu vorübergehenden Festnahmen von Journalisten, ja sogar zu Verurteilungen führen konnten, unterzog sich die Presse einer freiwilligen Selbstkontrolle. Im Zweifelsfall wurden zur Veröffentlichung vorgesehene Artikel mit sensiblen Inhalten den Ausnahmezustandskommandanturen vorgelegt[55].

Ende Juni 1981 verkündete der Nationale Sicherheitsrat das Gesetz über Aufgaben und Zusammensetzung einer Verfassunggebenden Versammlung. Der wichtigste Pluspunkt lag im psychologischen Bereich: Der Zeitplan zur Wiederherstellung der Demokratie war eingehalten worden. Formal handelte es sich um den ersten Schritt auf dem Weg zurück zur Demokratie. Die Versammlung sollte aus den Mitgliedern des Nationalen Sicherheitsrats und einer Beratenden Versammlung bestehen und eine Verfassung sowie ein Parteien- und ein Wahlgesetz ausarbeiten. Die Zahl der Angehörigen der Beratenden Versammlung

---

[53] PA/AA, B 21, Ref. 200, Bd. 129633, Fernschreiben 771 von Botschafter Oncken vom 12.6.1981.
[54] PA/AA, B 26, Ref. 203, Bd. 124913, Aufzeichnung der Botschaft in Ankara vom 12.11.1982; die Angaben beruhten auf einer Broschüre des türkischen Generalstabs.
[55] PA/AA, B 26, Ref. 203, Bd. 123298, Schriftbericht 70 von Generalkonsul Felix Otto Gaerte (Istanbul) vom 20.1.1981; B 26, Ref. 203, Bd. 123296, Aufzeichnung von Ref. 203 vom 16.6.1981.

wurde auf 160 festgesetzt: 40 direkt vom Nationalen Sicherheitsrat nominierte und 120 nach Vorauswahl durch die Provinzgouverneure auch von ihm ernannte Mitglieder – alle also „handverlesen". Mitglied konnte nur werden, wer am 11. September 1980 nicht einer politischen Partei angehört hatte; das schloss alle früheren Politiker aus[56].

Botschafter Oncken schlug nun erstmals kritische Töne an. Mitte Juli 1981 legte er einen Bericht über „autoritäre oder demokratische Perspektiven" der Türkei vor und konstatierte: „Der Terror ist unter Kontrolle. Niemand kann behaupten, daß er in gleichem Umfang wie bisher das sehr feste Zugreifen des Staats rechtfertigt." Die Generäle versuchten, „Gegenwart und Zukunft politisch sündenfrei zu machen"; sie sähen sich in der „Rolle des politischen Erziehers". Der „unbegreifbare Retortenplan über Zusammensetzung und Rolle der Beratenden Versammlung" und andere „im militärischen Elfenbeinturm gezeugte Projekte" seien enttäuschend. Es könne ermüden, „täglich die Ankündigung weiterer Prozesse mitzuerleben"; „bedrückend" seien „für den Außenstehenden" auch „die immer wiederkehrenden Anträge oder Verhängungen von Todesstrafen (wenngleich nur wenige vollstreckt wurden)"[57].

Der repressive Kurs verschärfte sich noch. Mit dem Gesetz vom 16. Oktober 1981 wurden alle Parteien aufgelöst und ihr Vermögen konfisziert. Bis dahin war die Betätigung der Parteien suspendiert und ihr Vermögen eingefroren gewesen. Mit der Auflösung von MHP und MSP konnte gerechnet werden, nicht aber mit der völligen Ausschaltung der Gerechtigkeitspartei und der Republikanischen Volkspartei[58]. Dass eine türkische Regierung die Partei Atatürks auflöste, hätte sich wohl niemand vorstellen können. Im Kreis der Botschafter der EG-Mitgliedstaaten in Ankara bestand Übereinstimmung, dass Evren einen „schweren Fehler" begangen hatte[59]. Oncken sprach unmissverständlich von einer Fehlleistung des Regimes: „Der erfolgreichen Bekämpfung des Terrors [...] entspricht nicht eine genügende Lockerung im Inneren nach Eliminierung zahlreicher Gründe für die Freiheitsein-

---

[56] PA/AA, B 26, Ref. 203, Bd. 123296, Schriftbericht 1506 von Botschafter Oncken vom 16.7.1981.
[57] PA/AA, B 26, Ref. 203, Bd. 123296, Schriftbericht 1514 von Botschafter Oncken vom 16.7.1981.
[58] PA/AA, B 26, Ref. 203, Bd. 123296, Aufzeichnung der Vortragenden Legationsrätin I. Klasse Christel Steffler (Ref. 203) vom 21.10.1981.
[59] PA/AA, B 26, Ref. 203, Bd. 123296, Fernschreiben 1396 von Botschafter Oncken vom 21.10.1981.

schränkungen."⁶⁰ Der Vertrauensvorschuss, den die Bundesregierung und andere westeuropäische Regierungen der türkischen Führung gewährt hatten, schmolz dahin.

Dass die Türkeipolitik der sozial-liberalen Regierung längst Schlagseite hatte, zeigte sich beim Besuch Genschers in Ankara am 5./6. November 1981. Genscher war der erste westliche Außenminister, der die Türkei nach dem 12. September 1980 besuchte. Er bettelte gegenüber Evren geradezu um Zugeständnisse bei der Redemokratisierung, um seine Politik in der Heimat noch einigermaßen glaubwürdig vertreten zu können und nicht unter noch größeren Rechtfertigungsdruck zu geraten. Die erste Frage sei, ob und wann die Türkei zur Demokratie zurückkehre:

„Er wolle Evren bestärken, ermutigen, sehr herzlich bitten, so früh wie möglich im nächsten Jahr den Zeitpunkt für die Wahlen bekanntzugeben und anzukündigen, daß diese Wahlen so früh wie möglich stattfinden würden. [...] So früh wie möglich Bekanntgabe des Wahltermins und so früh wie möglich Durchführung der Wahlen. Dieser Zeitplan werde im Ausland eine beruhigende Wirkung haben"⁶¹.

Botschafter Oncken wertete den Besuch als Erfolg, betonte aber auch, dass sich erst noch zeigen werde, ob die türkische Seite wie gewünscht reagiere. Er stellte stark auf das Schicksal Ecevits ab, für den sich Genscher nachdrücklich eingesetzt hatte. Der frühere Ministerpräsident war am 3. November 1981 wegen einer öffentlichen politischen Erklärung zu einer Freiheitsstrafe von vier Monaten verurteilt worden. Sollte Ecevit die Haft antreten müssen, entstehe der Eindruck, die Vorhaltungen Genschers hätten keine Berücksichtigung gefunden: „Wir haben dann den (bedauerlichen) Gewinn zusätzlicher Klarheit."⁶² Ecevit musste seine Haftstrafe am 3. Dezember antreten.

Zu Beginn des Jahres 1982 stellten die Diplomaten in Ankara eine „Einigelung" der Türkei gegenüber dem Ausland fest. Berufsvereinigungen, Gewerkschaften und Stiftungen durften Ausländer nur noch nach Genehmigung durch die zuständige Ausnahmezustandskommandantur einladen. Diese Maßnahme zielte vor allem auf die Anwaltskammer Istanbul, die wiederholt Delegationen aus anderen

---

⁶⁰ PA/AA, B 26, Ref. 203, Bd. 124917, Fernschreiben 292 von Botschafter Oncken vom 26.2.1982.
⁶¹ Aufzeichnung über ein Gespräch Genschers mit Evren am 5.11.1981 in Ankara; AAPD 1981/III, Dok. 316: S. 1694–1702, hier S. 1699 f.
⁶² Das Fernschreiben 1521 von Botschafter Oncken vom 9.11.1981 findet sich ebenda, Dok. 320: S. 1716–1720, hier S. 1720.

Staaten eingeladen hatte, den Prozess gegen die Gewerkschaft DİSK zu beobachten. Ferner war es untersagt, über ausländische Presseartikel oder Rundfunksendungen zu berichten, aus ihnen zu zitieren, sie zu verteilen oder nachzudrucken, wenn diese Kritik an den türkischen Machthabern beinhalteten[63]. Der Nationale Sicherheitsrat war für mahnende Worte aus dem Ausland kaum noch empfänglich. Mit dem Dekret Nr. 65 vom 13. Februar 1982 wurde zwar das Dekret Nr. 52 vom 2. Juni 1981 gemildert, das den Ausschluss von ehemaligen Politikern aus dem öffentlichen Leben verfügt hatte. Doch die Änderungen waren minimal, und sie betrafen nicht Vorstandsmitglieder der früheren Parteien[64]. Die beiden „Maulkorb-Erlasse" wurden schließlich mit dem Dekret Nr. 70 vom 4. August 1982 aufgehoben, das aber auch nicht die gewünschte Lockerung brachte. Die Vorstandsmitglieder der aufgelösten Parteien blieben von den Diskussionen über den Verfassungsentwurf ausgeschlossen. Das Dekret stimmte „skeptisch hinsichtlich der Intentionen der militärischen Führung". Sie hatte eine „Gelegenheit nationaler und internationaler Vertrauensbildung" verpasst[65].

Mitte Juli 1982 lag der Entwurf einer neuen Verfassung vor. Die Stellung des Präsidenten wurde erheblich gestärkt, das Amt des Ministerpräsidenten dagegen abgewertet. Der Präsident, für sieben Jahre von der Nationalversammlung gewählt, sollte unter anderem den Regierungschef ernennen und entlassen, den Vorsitz im Ministerrat führen, sämtliche Mitglieder des Verfassungsgerichts sowie den Chef des Generalstabs ernennen und das Parlament nach einem Misstrauensvotum gegen den Ministerrat auflösen können. Ähnlich wie in der französischen Präsidialverfassung von 1958 stand die exekutive Gewalt hauptsächlich dem Staatsoberhaupt zu. Des Weiteren ergab eine erste Analyse:

„Grundrechte, Gewerkschaftsrechte und Pressefreiheit können mehr als unter alter Verfassung eingeschränkt werden. [...] Bedenklich erscheint in erster Linie Möglichkeit zur weitgehenden Ausschaltung von Grundrechten aufgrund kautschukartiger Fassung entsprechender Artikel."[66]

---

[63] PA/AA, B 26, Ref. 203, Bd. 124911, Fernschreiben 197 des Gesandten von Hassell vom 8.2.1982.
[64] PA/AA, B 26, Ref. 203, Bd. 124911, Fernschreiben 236 von Botschafter Oncken vom 15.2.1982.
[65] PA/AA, B 26, Ref. 203, Bd. 124911, Fernschreiben 1237 von Botschafter Oncken vom 5.8.1982.
[66] PA/AA, B 26, Ref. 203, Bd. 124911, Fernschreiben 1155 des Gesandten von Hassell vom 19.7.1982.

Die meisten Grundrechte konnten unter Hinweis auf die „Wahrung der Integrität des Staates, auf die öffentliche Ordnung, den inneren Frieden, die öffentliche Moral sowie die Rechte anderer" beschränkt werden. Auch wenn der Entwurf „keine Entscheidung gegen die Demokratie überhaupt" brachte, handelte es sich aus westlicher Sicht um eine „fundamentale Einschränkung der Rechte des Bürgers"[67].

Der Verfassungsentwurf des Nationalen Sicherheitsrats wurde am 7. November 1982 mit einem Plebiszit angenommen. 91,5 Prozent der Wähler stimmten dafür; die Wahlbeteiligung lag bei über 90 Prozent, Manipulationen wurden nicht beobachtet. Ausschlaggebend für dieses Ergebnis waren das Fehlen einer Alternative und das Verbot, Kritik an den Reden Evrens zu üben, aber auch die Furcht vor einer Rückkehr zu den Zuständen vor dem 12. September 1980 und das hohe Ansehen, das Evren weiter genoss, der die Abstimmung geschickt mit seiner Wahl zum Staatspräsidenten verband[68]. Die neue Verfassung war für diejenigen, die auf eine Redemokratisierung der Türkei gehofft hatten, wenig erbaulich:

„Die Menschenrechte sind nicht mehr Grundlage des Gemeinwesens, sondern stehen neben bestimmten Komplexen öffentlicher Interessen. Die Grundsätze der Präambel, in denen [...] der ‚Bürger' kaum Raum gefunden hat, sind es nun, auf denen der Rechtsstaat beruht."[69]

Hatte Botschafter Oncken die Militärherrschaft lange Zeit fast vorbehaltlos verteidigt, war er in der zweiten Hälfte des Jahres 1981 kritischer geworden. Seit Ende 1982 fielen seine Urteile nicht selten scharf aus. Unter der „Überschrift Demokratie" sei ein „System der Reglementiersucht" entstanden. Eine „maßgeschneiderte Ermächtigungsgesetzgebung" sichere Evren für sieben Jahre die Führungsposition. Den Militärs sei es nicht gelungen, „einen in die Zukunft weisenden Mittelweg zwischen dem Vermeiden von zu viel Polit-Libertinage und zu viel law and order, das heißt eine Freiheitsordnung zu finden, die unserem Freiheitsbegriff voll entspricht". Letzteres war allerdings nie zu erwarten gewesen; darauf hatte Oncken selbst immer wieder hingewiesen. Der Leiter des Referats 410 im Auswärtigen Amt, Vortragender Lega-

---

[67] PA/AA, B 26, Ref. 203, Bd. 124911, Aufzeichnung der Abteilung 5 vom 20. 8. 1982.
[68] PA/AA, B 26, Ref. 203, Bd. 124911, Fernschreiben 1848 von Botschafter Oncken vom 8. 11. 1982 und Aufzeichnung von Ministerialdirektor Franz Pfeffer (Abteilung 2) vom 11. 11. 1982.
[69] Rumpf, Verfassungssystem, S. 217.

tionsrat I. Klasse Dietrich von Kyaw, kommentierte diesen bissigen Bericht daher mit den Worten: „Grundgesetz nach Anatolien tragen?"[70]

Die Bemühungen des Nationalen Sicherheitsrats, eine reglementierte Demokratie mit Freiheitsrechten ohne Garantie zu etablieren, das Wiedererstehen der alten Parteien zu unterbinden und die Rückkehr ehemaliger Politiker in das politische Leben zu verhindern, fanden 1983 ihre Fortsetzung. Das Parteiengesetz vom April, das Wahlgesetz vom Juni sowie die Gesetze vom Mai 1983 über „Gewerkschaften und Arbeitgebervereinigungen" beziehungsweise „Tarifvertragswesen, Streik und Aussperrungen" zeigten das. So durften 242 Vorsitzende und führende Mitglieder früherer Parteien zehn Jahre lang keine Parteien gründen, nicht Mitglieder in Parteien werden oder kandidieren. Für 481 ehemalige Senatoren und Abgeordnete galt eine ähnliche Regelung für fünf Jahre. Der Nationale Sicherheitsrat konnte Gründungsmitglieder von neuen Parteien ebenso ablehnen wie Kandidaten für die Parlamentswahlen am 6. November 1983. Am 31. Mai wurde die Große Türkei-Partei verboten, zu deren Gründungsmitgliedern Süleyman Demirel und der frühere Außenminister İhsan Sabri Çağlayangil gehörten; beide wurden in Çanakkale festgesetzt[71].

Bemerkenswert war auch das Bestreben, die Gewerkschaftsbewegung unter Kontrolle zu halten. Es zeigte sich eine starke Tendenz, Arbeiter im öffentlichen Dienst und in den staatlichen Wirtschaftsunternehmen zu Beamten zu machen und ihnen damit die Möglichkeit zu Streiks zu nehmen. Die Zahl der Branchen, in denen gestreikt werden durfte, wurde eingeschränkt; im Konfliktfall war nach 60 Tagen ohne Verhandlungsergebnis eine Zwangsschlichtung vorgesehen. Die Betätigung der Gewerkschaft DİSK blieb untersagt; der Strafprozess lief weiter[72]. Militärgerichte verurteilten bis zum 30. April 1983 insgesamt 32.545 Personen. Zu diesem Zeitpunkt befanden sich 22.171 Menschen in Haft (565 in bis zu 45-tägigem Polizeigewahrsam, 14.099 in Untersuchungshaft und 7507 in Strafhaft). Von September 1980 bis Juni 1983 wurden

---

[70] PA/AA, B 201, Ref. 411, Bd. 131104, Schriftbericht 374 von Botschafter Oncken vom 21.2.1983.
[71] PA/AA, B 201, Ref. 411, Bd. 131105, Aufzeichnung von Ref. 203 vom 23.6.1983.
[72] Im Dezember 1986 verurteilte ein Militärgericht in Istanbul 264 der 1477 Angeklagten zu Haftstrafen, in den meisten Fällen zu fünf oder acht Jahren Haft. Erst 1991 wurden alle Verfahren eingestellt. Die Gewerkschaft konnte ihre Tätigkeit daraufhin wieder aufnehmen.

51 Todesurteile vollstreckt[73]. Rund die Hälfte ging auf Urteile von Militärgerichten zurück, die insgesamt 178 Todesurteile ausgesprochen hatten. Das türkische Strafrecht sah seit jeher die Todesstrafe vor. Bis September 1980 waren Vollstreckungen an die Zustimmung des Parlaments gebunden gewesen, die aber einige Jahre nicht mehr erteilt worden war[74].

Es gab keinen Zweifel daran, dass „Demokratie das ist, was die Militärs, voran Evren, bestimmen", so Botschafter Oncken. Zu den Parlamentswahlen wurden nur drei Parteien zugelassen; alle Kandidaten bedurften der Zustimmung des Nationalen Sicherheitsrats. Es handelte sich um eine „Vorabmanipulation" großen Stils. Bei den Parteien, die antreten durften, musste ein „Vorgang der Lenkung" unterstellt werden: sowohl bei der Nationaldemokratischen Partei (*Milliyetçi Demokrasi Partisi*) unter dem ehemaligen General Turgut Sunalp, die der Nationale Sicherheitsrat favorisierte, als auch bei der Populistischen Partei (*Halkçı Parti*) unter Necdet Calp. Nur eine Ausnahme gab es: die vorsichtig agierende Mutterlandspartei (*Anavatan Partisi*) unter Turgut Özal[75].

Bei den Wahlen zur Nationalversammlung am 6. November 1983 gewann die Mutterlandspartei völlig überraschend mehr als 45 Prozent der Stimmen und damit die absolute Mehrheit der Sitze (211 von 400), während die Nationaldemokratische Partei nur gut 23 Prozent erzielte (71 Sitze). Das Wahlergebnis demonstrierte einen gewissen Vertrauensverlust gegenüber dem Nationalen Sicherheitsrat. Evren hatte auf den nichtssagenden Spitzenkandidaten Sunalp gesetzt und den Fehler begangen, sich massiv gegen Özal zu wenden. Im Wahlerfolg der Mutterlandspartei drückte sich daher in erster Linie Distanz gegenüber Evren aus; ansonsten war ihre Wählerschaft „nicht unbedingt [...] durch eine einheitliche politische Zielsetzung" motiviert. Oncken warnte abschließend: „Aus Wahlergebnis auf grundlegende Änderung hiesiger Verhältnisse zu schließen, wäre [...] falsch."[76]

Die Hoffnungen und Erwartungen der Bundesregierung, dass die Türkei zu demokratischen Verhältnissen zurückkehren werde, erfüllten sich anders als erwartet. Das Militär hielt sich an den Zeitplan zur Redemokratisierung und zog sich Ende 1983 aus der Regierungsver-

---

[73] PA/AA, B 201, Ref. 411, Bd. 131105, Aufzeichnung von Ref. 203 vom 23.6.1983.
[74] PA/AA, B 30, Ref. 231, Bd. 134929, Aufzeichnung von Ref. 203 vom 2.9.1983.
[75] PA/AA, B 26, Ref. 203, Bd. 151009, Schriftbericht 1695 von Botschafter Oncken vom 6.9.1983.
[76] PA/AA, B 26, Ref. 203, Bd. 151009, Fernschreiben 2291 von Botschafter Oncken vom 7.11.1983.

antwortung zurück, nachdem Özal am 13. Dezember das Amt des Ministerpräsidenten übernommen hatte. Es gab wieder eine Verfassung, ein Parlament, Parteien und nach 1983 auch freie Wahlen. Doch einen freiheitlichen Charakter hatte die türkische Demokratie nicht. Dass sie hinter westeuropäischen Vorstellungen von Demokratie zurückbleiben würde, war vorhersehbar – dass sie weit dahinter zurückfiel, eine Enttäuschung. Das Verständnis und das Vertrauen, das die Bundesregierung der Militärführung entgegenbrachte, waren nie wirklich gerechtfertigt. Unter dem Deckmantel der Terrorismusbekämpfung ging der Nationale Sicherheitsrat unter Evrens Führung hart gegen innenpolitische Gegner vor. Pressemeldungen, dass Ordnungskräfte wegen Folterung verurteilt worden seien, waren keine schlechten Nachrichten, deuteten aber genauso wenig eine grundlegende Änderung an wie Artikel 17 der Verfassung vom November 1982, der Folter und Misshandlungen untersagte.

Erstaunlich war nicht zuletzt das Verhältnis der Militärregierung zum Islam. Sie verstand sich als „Gralshüter der Ideen Atatürks", unternahm aber Schritte, die zum Prinzip des strikten Laizismus in Widerspruch standen. Ein spektakulärer Vorgang war die Haftentlassung Erbakans durch ein Militärgericht im Juli 1981, während Türkeş inhaftiert blieb. Wie 1981 angekündigt, wurde Religionslehre mit Artikel 24 der Verfassung vom November 1982 als Pflichtfach an den Primar- und Sekundarschulen eingeführt. Außenpolitisch verbarg sich hinter solchen Maßnahmen der Wunsch, sich gegenüber den islamischen Staaten – vor allem den Erdöl exportierenden – ins rechte Licht zu rücken; zu diesen Staaten wurden auch die Wirtschaftsbeziehungen intensiviert. So hatte sich Saudi-Arabien über die Inhaftierung Erbakans schwer verstimmt gezeigt. Innenpolitisch war der Wunsch evident, Widerstand, etwa von Seiten der konservativen Landbevölkerung, gar nicht erst aufkommen zu lassen, und „Koranschulen schwer überschaubarer islamischer Sekten" zu bekämpfen[77].

3. Die Bundesregierung und die europäische Türkeipolitik

Wie die Bundesregierung nahmen auch die Regierungen der anderen EG-Mitgliedstaaten unmittelbar nach dem 12. September 1980 eine abwartende Haltung ein und drückten ihre Hoffnung auf die Wah-

---

[77] PA/AA, B 26, Ref. 203, Bd. 123301, Schriftbericht 1709 des Gesandten von Hassell vom 13.8.1981.

rung von Menschenrechten und die Rückkehr zur Demokratie aus. Am 19. Dezember 1980 fand in Luxemburg ein erstes offizielles Treffen zwischen den neun EG-Mitgliedstaaten – der Beitritt Griechenlands erfolgte erst zum 1. Januar 1981 – und der Türkei im Rahmen der EPZ statt. Eine stärkere Einbeziehung der Türkei in den außenpolitischen Meinungsbildungs- und Abstimmungsprozess, gewissermaßen eine kleine „europäische Option", schien angesichts der internationalen Lage von Vorteil zu sein. Die Konsultationen wurden bis zum Beginn der griechischen EG-Ratspräsidentschaft am 1. Juli 1983 fortgeführt[78].

Bei diesem Regierungshandeln war öffentlicher Widerspruch zu erwarten. In der medialen Berichterstattung wurde die innere Entwicklung der Türkei zunehmend kritisch betrachtet, und auch im parlamentarischen Bereich formierte sich bald Widerstand. Als Katalysatoren waren unter anderem der DGB, der Europäische Gewerkschaftsbund und der Internationale Bund Freier Gewerkschaften auszumachen, welche die Beschränkung der gewerkschaftlichen Rechte kritisierten. Während sich in den USA nach dem Amtsantritt von Ronald Reagan am 20. Januar 1981 „keine nennenswerte Diskussion über Menschenrechte und Demokratisierung in der Türkei" entfaltete[79], war gleiches für die westeuropäischen Staaten nicht zu erwarten.

Mit Griechenland trat 1981 ein Land in die EG ein, das der Türkei alles andere als wohlgesonnen war; in Frankreich übernahm im Mai 1981 die Sozialistische Partei unter Staatspräsident François Mitterrand die Regierungsverantwortung; bei den Parlamentswahlen in Italien im Juni 1979 erreichte die Kommunistische Partei mehr als 30 Prozent der Stimmen. Die heterogene politische Landschaft spiegelte sich in der Zusammensetzung des Europäischen Parlaments wider, das im Juni 1979 erstmals direkt gewählt worden war. Das galt in noch stärkerem Maße für die Parlamentarische Versammlung des Europarats mit seinen 21 Mitgliedern, darunter Schweden, das traditionell eine aktive Menschenrechtspolitik betrieb, aber auch Portugal und Spanien, welche die Militärherrschaft erst vor wenigen Jahren überwunden hatten. So sprach sich Schweden schon bei der 67. Sitzung des Ministerkomitees des Europarats am 16. Oktober 1980 für eine Verurteilung der Türkei aus. Der Vorschlag war damals nicht mehrheitsfähig[80].

---

[78] Vgl. Kramer, Europäische Gemeinschaft, S. 84–90.
[79] PA/AA, B 26, Ref. 203, Bd. 123300, Aufzeichnung von Ref. 203 vom 7.10.1981.
[80] PA/AA, B 21, Ref. 200, Bd. 123212, Aufzeichnung von Ref. 200 vom 6.4.1981.

Bei der Debatte der Parlamentarischen Versammlung des Europarats am 28./29. Januar 1981 in Straßburg bestand Einigkeit, dass die Verhältnisse in der Türkei den Erfordernissen, die satzungsgemäß für eine Mitgliedschaft verlangt wurden, nicht entsprachen. Es handelte sich um eine „schwere Probe für den Europarat und sein Selbstverständnis". Die unterschiedlichen Meinungen, ob das Land ausgeschlossen werden müsse oder ob man der Militärführung eine Chance geben solle, gingen „quer durch die politischen Gruppierungen und Nationalitäten"[81]. Am Ende sprach sich gleichwohl eine deutliche Mehrheit dafür aus, die Situation zunächst zu beobachten und im Mai erneut zu erörtern[82].

Die Regierung Schmidt/Genscher hatte, vor allem wegen der geographischen und strategischen Bedeutung des NATO-Partners, ein „grundsätzliches Interesse an einer fortdauernden Mitgliedschaft der Türkei im Europarat". Sie befürchtete, dass die türkische Regierung eine Suspendierung zum Anlass „für eine Überprüfung ihres außenpolitischen Standorts mit der möglichen Folge einer generellen Abwendung von Europa nehmen könnte". Auch deshalb befürwortete die Bundesregierung in der Mandatsfrage eine Kompromisslösung. Obwohl das Mandat der türkischen Abgeordneten in der Parlamentarischen Versammlung mit dem Beginn der neuen Sitzungsperiode am 10. Mai 1981 ablief, sprach sie sich für den Verbleib der bisherigen Delegation aus, aber ohne Stimmrecht[83]. Ein weiteres Problem ergab sich, weil die Türkei nach der 68. Sitzung des Ministerkomitees im Mai turnusmäßig den stellvertretenden Vorsitz und nach der 69. Sitzung im November 1981 den Vorsitz hätte übernehmen sollen[84].

Der Ständige Vertreter der Bundesrepublik beim Europarat, Karl-Alexander Hampe, analysierte Ende April 1981 die Frage der Mitgliedschaft der Türkei. Zum einen resümierte er die Position der Kritiker. Der Europarat als „Wächter" von Demokratie und Menschenrechten verliere seine Glaubwürdigkeit, wenn er ein Militärregime als Mitglied dulde:

---

[81] PA/AA, B 21, Ref. 200, Bd. 123211, Fernschreiben 17 von Botschafter Karl-Alexander Hampe (Straßburg, Europarat) vom 28.1.1981.
[82] PA/AA, B 21, Ref. 200, Bd. 123211, Fernschreiben 18 von Botschafter Hampe vom 29.1.1981.
[83] PA/AA, B 21, Ref. 200, Bd. 123211, Aufzeichnung von Ministerialdirigent Dröge vom 11.3.1981.
[84] PA/AA, B 21, Ref. 200, Bd. 123212, Aufzeichnung von Ref. 200 vom 8.4.1981. Die Türkei verzichtete später darauf, den (stellvertretenden) Vorsitz im Ministerkomitee zu übernehmen.

„In dieser Hinsicht erweisen sich nicht nur die skandinavischen Länder, sondern auch Spanien, Portugal und Griechenland, nach dem Abtreten ihrer Militärdiktaturen, [als] besonders empfindlich. Der Europarat, so heißt es, dürfe dem türkischen Militärregime nicht zu einem ‚Heiligenschein' verhelfen."

Der „Preis für die Überwindung des türkischen Chaos durch den Staatsstreich der Militärs" sei zu hoch. Zum anderen machte Hampe deutlich, dass eine weiter bestehende türkische Mitgliedschaft die Möglichkeit und Legitimation gebe, auf Fortschritte bei der Redemokratisierung und auf einen umfassenden Schutz der Menschenrechte hinzuwirken. Als Zwischenfazit hielt er fest:

„In der Tat muß es schwer fallen, denselben Maßstab auf Verhältnisse in Ländern mit großen Entwicklungsunterschieden anzuwenden. Andererseits sind Demokratie und Menschenrechte als Grundüberzeugung europäischer Identität Voraussetzung für die Zugehörigkeit zum Europarat; ein sog[enannter] ‚ideologischer Pluralismus' [...] kommt nicht in Betracht."

Dennoch vertrat der Botschafter die Meinung, dass man nach (außen-) politischen Erfordernissen handeln müsse. Der Europarat sei auch ein politisches Instrument; er habe die Aufgabe, die Zusammengehörigkeit seiner Mitglieder zu fördern. Es genüge nicht, die Verhältnisse in der Türkei „unter die Bestimmungen der Konventionen zu subsumieren"[85]. Das Ergebnis einer Besprechung bei Staatssekretär van Well im Auswärtigen Amt Anfang Mai 1981 war wenig überraschend:

„Ein Konfrontationskurs entspricht nicht der Auffassung der Bundesregierung und nicht der Auffassung von B[undes]M[inister] Genscher. [...] Mit einem Ausschluß der Türkei berauben wir uns der Möglichkeit ständigen Dialogs und damit unseres wichtigsten Instruments der Einwirkung. Es können unabsehbare Folgen eintreten, wenn die Türkei sich selbst überlassen bleibt."[86]

Die sensitive Frage der Verhaftung von zwei der 12 türkischen Abgeordneten aus der Parlamentarischen Versammlung sollte möglichst nicht angesprochen werden, zumal es sich um ein Mitglied der MHP und eines der MSP handelte. Der Direktor der Politischen Abteilung ging noch einen Schritt weiter, indem er eine aktive Einwirkung der Exekutive auf die Legislative empfahl:

---

[85] PA/AA, B 21, Ref. 200, Bd. 123212, Schriftbericht 242 von Botschafter Hampe vom 28.4.1981.
[86] PA/AA, B 21, Ref. 200, Bd. 123212, Aufzeichnung für Staatsministerin Hildegard Hamm-Brücher vom 7.5.1981.

„Es sollte der Versuch unternommen werden, Schritte des Bundestages bzw. der Parlamentarischen Versammlung des Europarates zu verhindern, die die Beziehungen zur Türkei belasten müssen und im Effekt unsere Einwirkungsmöglichkeiten [...] mindern."[87]

Dass ein solcher Versuch der Einwirkung nicht nur fragwürdig, sondern auch ohne Erfolg gewesen wäre, zeigte sich bei der unübersichtlichen Debatte der Parlamentarischen Versammlung im Mai 1981, bei der selbst innerhalb der politischen Gruppen erhebliche Meinungsverschiedenheiten zutage traten. Kommunistische Abgeordnete und ein Teil der sozialistischen Abgeordneten, vor allem aus den skandinavischen Staaten sowie aus Griechenland, Portugal und Spanien, setzten sich für eine scharfe Verurteilung des Militärregimes ein. Schlussendlich kam aber ein – für die Bundesregierung nicht befriedigender – Kompromiss zwischen dem linken und dem rechten Flügel zustande. Die Besorgnisse und Erwartungen hinsichtlich der politischen Entwicklung in der Türkei waren gemäßigt formuliert; dafür wurden die türkischen Parlamentarier aus der Versammlung ausgeschlossen; nur in das Ministerkomitee durfte die Türkei noch Vertreter schicken[88]. In einem Schreiben an Henri Johan de Koster bedauerte Genscher den Ausschluss der Abgeordneten und legte dar, „daß man Geduld zeigen und den militärischen Führern eine Chance lassen muß, die Grundlagen für eine funktionsfähige Demokratie wiederherzustellen". Aber seine Hoffnungen, dass diese vermehrt Zeichen setzten, „aus denen sich positive Rückschlüsse auf ihre Redemokratisierungsabsichten ziehen lassen könnten"[89], erfüllten sich nicht.

Schon vor der Sitzung der Parlamentarischen Versammlung des Europarats hatte sich das Europäische Parlament kritisch geäußert. In einer Entschließung vom 10. April 1981 wurde festgehalten, dass in der Türkei keine Schritte zur Wiederherstellung der Demokratie unternommen worden seien. Sollten binnen zwei Monaten nicht demokratische Institutionen und Praktiken wieder eingeführt worden sein,

---

[87] PA/AA, B 21, Ref. 200, Bd. 123212, Aufzeichnung von Ministerialdirektor Pfeffer vom 6.5.1981.
[88] PA/AA, B 21, Ref. 200, Bd. 123212, Schriftbericht 274 von Botschaftsrat I. Klasse Klaus Timmermann (Straßburg, Europarat) vom 15.5.1981.
[89] PA/AA, B 21, Ref. 200, Bd. 129633, Schreiben Genschers vom 15.6.1981; De Koster war von April 1978 bis Mai 1981 Präsident der Parlamentarischen Versammlung.

müsse die Assoziation mit der EG außer Kraft gesetzt werden[90]. Im Auswärtigen Amt tröstete man sich damit, dass die Entschließung auf einer „Zufallsmehrheit" beruhte, die angeblich nicht als repräsentativ angesehen werden konnte. An der Abstimmung hätten nur 104 der 434 Abgeordneten teilgenommen, was zur Feststellung der Beschlussunfähigkeit hätte führen müssen. In der Regel seien die Europäische Volkspartei, die Europäischen Demokraten und die Liberale Fraktion mit zusammen mehr als 200 Sitzen in der Lage, „ihnen nicht genehme Entschließungen zu verhindern"[91].

Die Bundesregierung empfand die Beschlüsse als wenig hilfreich, aber sie zeigten Wirkung. Die EG-Kommission entschloss sich im Herbst, das 4. Finanzprotokoll, das am 19. Juni 1981 paraphiert worden war, nicht an den Ministerrat zur Bestätigung weiterzuleiten. Das kam einem Einfrieren der Finanzhilfe an die Türkei gleich, denn das 3. Finanzprotokoll lief Ende Oktober 1981 aus. Für die Regierung Schmidt/Genscher bedeutete diese Entscheidung einen empfindlichen Rückschlag. Sie widersprach nicht nur ihrer Türkeipolitik, sondern verletzte auch ein spezifisches westdeutsches Interesse, hatte man doch gehofft, auf dieser Schiene zu einer „Neudefinition der an sich 1986 [...] herzustellenden Freizügigkeit" zu kommen[92]. In der Folge versuchte die Bundesregierung, das Protokoll „von der Kommission auf den Rat zu verlagern". Diesen Bemühungen war auch deshalb kein Erfolg beschieden, weil der zuständige Kommissar und Vizepräsident der Kommission, Wilhelm Haferkamp (SPD), sich dagegen aussprach. Haferkamp war als ehemaliger Landesvorsitzender des DGB Nordrhein-Westfalen und Hauptabteilungsleiter im DGB-Hauptvorstand besonders am Schicksal verfolgter türkischer Gewerkschafter interessiert und nicht zu Zugeständnissen bereit[93].

Botschafter Hampe in Straßburg beschrieb die Lage in der Türkei Ende 1981 ganz richtig: „Ausnahmezustand, Verhaftungen, Folterungen, Einschränkung von Grundrechten [...], Auflösung der politischen Parteien und des Parlaments, Strafverfolgung von Politikern". Er kam gleichwohl zu dem Ergebnis, dass der Preis für die Fortdauer ihrer

---

[90] Vgl. Kramer, Europäische Gemeinschaft, S. 91 ff.
[91] PA/AA, B 21, Ref. 200, Bd. 123212, Aufzeichnung des Vortragenden Legationsrats Norwin Graf Leutrum von Ertingen (Arbeitseinheit 410-9) vom 28. 4.1981.
[92] PA/AA, B 200, Ref. 410, Bd. 121998, Aufzeichnung von Ref. 410 vom 16.11.1981.
[93] PA/AA, B 200, Ref. 410, Bd. 121998, Aufzeichnung von Ref. 410 vom 18. 2.1982; vgl. auch AAPD 1982/II, Dok. 347: S. 1790–1794, hier S. 1792 Anm. 19.

Mitgliedschaft im Europarat „nicht zu hoch" erscheine[94]. In anderen EG-Mitgliedstaaten urteilte man mittlerweile anders. In Dänemark, das in Menschenrechtsfragen traditionell besonders engagiert war, befürwortete die Regierung einen Ausschluss der Türkei. Für Ministerpräsident Anker Jørgensen, der mit den Regierungen der anderen nordischen Staaten Kontakt aufgenommen hatte, bedurfte es einer „klaren und markanten Distanzierung"[95].

Für die Bundesregierung ergab sich zusätzlich das Problem, dass auch Frankreich, der wichtigste Bündnispartner in Europa, eine kritische Haltung einnahm. Das hatte mehrere Gründe: Die französisch-türkischen Beziehungen – die traditionell im Schatten der französisch-griechischen standen – waren vor allem durch den armenischen Terrorismus belastet, dem seit 1975 in Paris mehrere Angehörige des türkischen Auswärtigen Diensts zum Opfer gefallen waren[96]. Nach der Machtübernahme durch die Sozialistische Partei in Frankreich im Mai 1981 und durch die Panhellenische Sozialistische Bewegung unter Ministerpräsident Andreas Papandreou in Griechenland im Oktober 1981 entwickelten sich die Beziehungen zwischen Paris und Athen weiter positiv. Die Regierungspartei in Paris nahm zur Verfolgung der Armenier 1915 eine klare Position ein, die sie auch in der Nationalversammlung darlegte: „Die im Osmanischen Reich lebenden Armenier waren Opfer eines Völkermords."[97] Nicht zuletzt engagierte sich die Sozialistische Partei in Menschenrechtsfragen in besonderer Weise. Die französische Regierung argumentierte, dass der Terrorismus von türkischer Seite als Alibi herangezogen werde, um eine systematische Repression auszuüben. Menschenrechtsverletzungen und Folterungen würden mit dem Plazet der Machthaber in Ankara erfolgen[98].

Am 28. Januar 1982 – es waren an diesem Tag 114 der 170 Abgeordneten anwesend – verabschiedete die Parlamentarische Versammlung des Europarats mit 68 gegen 41 Stimmen bei fünf Enthaltungen eine

---

[94] PA/AA, B 21, Ref. 200, Bd. 129633, Schriftbericht 766 von Botschafter Hampe vom 8.12.1981.
[95] PA/AA, B 21, Ref. 200, Bd. 129642, Schriftbericht 90 von Botschaftsrat I. Klasse Manfred Giesder (Kopenhagen) vom 21.1.1982.
[96] PA/AA, B 26, Ref. 203, Bd. 123300, Fernschreiben 1952 von Botschafter Otto-Axel Herbst (Paris) vom 20.10.1981.
[97] PA/AA, B 26, Ref. 203, Bd. 123300, Schriftbericht 3841 der Botschaft in Paris vom 15.12.1981.
[98] PA/AA, B 26, Ref. 203, Bd. 124916, Schriftbericht 962 der Botschaft in Paris vom 22.3.1982.

Resolution, in der die Mitgliedstaaten auf die Möglichkeit hingewiesen wurden, im Wege der Staatenbeschwerde nach Artikel 24 der Europäischen Menschenrechtskonvention vom November 1950 Menschenrechtsverletzungen in der Türkei überprüfen zu lassen[99]. Aus der Sicht der Bundesregierung war auf die deutschen Abgeordneten Verlass. Sie stimmten ungeachtet ihrer Parteizugehörigkeit gegen die Resolution, weil sie gegenüber einem ursprünglichen Entwurf verschärft worden war[100]. Der Beschluss, der als repräsentativ gelten konnte, war für die Regierung Schmidt/Genscher gleichwohl enttäuschend, denn eine Staatenbeschwerde wollte sie möglichst verhindern, um der Türkei keinen Vorwand für einen Austritt aus dem Europarat zu liefern. Der Beschluss der Parlamentarischen Versammlung führte zu heftiger Kritik von Seiten der Militärregierung[101].

Auch die zahlreichen Parlamentarierdelegationen, welche die Türkei besuchten, um sich vor Ort ein Bild zu machen, wurden in Ankara zunehmend kritisch gesehen. Kurz vor seinem Tod beschäftigte sich der „Nestor der türkischen Journalisten", der 92-jährige Burhan Felek, im Januar/Februar 1982 in mehreren Artikeln für die Tageszeitung „Milliyet" mit dem Verhalten einer Delegation des Europarats. Die Mitglieder seien aggressiv, unpünktlich und betrunken gewesen. Das Generalkonsulat der Bundesrepublik in Istanbul gab ihm Recht: „Das Auftreten einiger Abgeordneter war in der Tat mehr als eine Rüge wert." Allerdings seien die Angehörigen der Delegation, mit Ausnahme eines britischen Abgeordneten, nicht durch Trunkenheit aufgefallen[102]. Die europäisch-türkischen Beziehungen befanden sich an einem Tiefpunkt.

Der türkische Botschafter Halefoğlu sprach Ende Juni 1982 im Auswärtigen Amt vor und bat um eine Intervention Genschers bei der französischen und der niederländischen Regierung, um sie von einer Staatenbeschwerde gegen sein Land abzubringen[103]. Doch die Kluft zwischen den Mitgliedstaaten des Europarats war schon zu tief. Am

---

[99] PA/AA, B 21, Ref. 200, Bd. 129642, Fernschreiben 20 von Botschafter Hampe vom 28.1.1982.
[100] PA/AA, B 21, Ref. 200, Bd. 129642, Aufzeichnung des Vortragenden Legationsrats I. Klasse Reinhold Schenk (Ref. 204) vom 29.1.1982.
[101] PA/AA, B 21, Ref. 200, Bd. 129642, Aufzeichnung von Ref. 200 vom 18.2.1982.
[102] PA/AA, B 21, Ref. 200, Bd. 129642, Schriftbericht 120 von Generalkonsul Gaerte vom 3.2.1982.
[103] PA/AA, B 21, Ref. 200, Bd. 135479, Aufzeichnung der Unterabteilung 20 vom 1.7.1982.

1. Juli 1982 legten Dänemark, Frankreich, die Niederlande, Norwegen und Schweden bei der Europäischen Kommission für Menschenrechte getrennt Staatenbeschwerden ein. Sie richteten sich gegen Verletzungen von Rechten, die in der Menschenrechtskonvention festgeschrieben worden waren, unter anderem das Verbot der Folter. Im Dezember 1983 wurden die Beschwerden für zulässig erklärt[104].

Auch im Europäischen Parlament wurde weiter kontrovers diskutiert. Das zeigte sich bei der Debatte am 7./8. Juli 1982 über einen Bericht des Politischen Ausschusses, für den der Abgeordnete Kai-Uwe von Hassel (CDU) als Berichterstatter bestellt worden war. Der ehemalige Bundestagspräsident argumentierte ganz auf der Linie der Bundesregierung[105]. Im Auswärtigen Amt wurde die Entschließung, die das Parlament schließlich verabschiedete, als ein „erstes, vorsichtiges Signal der EG zur ‚Normalisierung' des Assoziationsverhältnisses" bewertet. Dieses Urteil beruhte darauf, dass eine Passage über das Kurden- und Armenierproblem entfallen war und die Kommission aufgefordert wurde, dem Rat die Verabschiedung des 4. Finanzprotokolls zu empfehlen, „sobald die einzelnen Stufen auf dem Weg der Rückkehr zur Demokratie endgültig überschritten sind"[106]. Doch allein das Abstimmungsergebnis sprach gegen eine solche Einschätzung. Die Entschließung wurde knapp mit 105 gegen 100 Stimmen bei neun Enthaltungen angenommen. Die zehn EG-Mitgliedstaaten fielen in der Türkeipolitik völlig auseinander. Dänemark, Frankreich und die Niederlande standen dem Militärregime kritisch gegenüber, Griechenland ohnehin; Großbritannien war „eher positiv" gestimmt, Belgien, Luxemburg, Irland und Italien zeigten „keine ausgeprägte Haltung". Die Bundesrepublik befand sich mit Großbritannien in einer Minderheitenposition und konnte wegen der beträchtlichen Differenzen keine Vermittlerrolle spielen[107].

Erschwerend kam hinzu, dass in der Bundesrepublik nach der Bildung der christlich-liberalen Koalition im Oktober 1982 auch der Parteienkonsens zerbrach. Hatten SPD, FDP und CDU/CSU bisher letztlich an einem Strang gezogen, wenn es um die Behandlung der Türkei ging, setzte die SPD als Oppositionspartei auf Konfrontation. Ursächlich für

---

[104] PA/AA, B 21, Ref. 200, Bd. 135479, Aufzeichnung von Ref. 200 vom 22.8.1984.
[105] Vgl. Kramer, Europäische Gemeinschaft, S. 94 ff.
[106] PA/AA, B 200, Ref. 410, Bd. 130293, Aufzeichnung von Ministerialdirektor Fischer vom 19.7.1982.
[107] PA/AA, B 201, Ref. 411, Bd. 131105, Aufzeichnung von Ref. 203 vom 23.6.1983.

diesen Schwenk war auch der Einzug der Grünen in den Bundestag im März 1983, der die Sozialdemokratie unter Druck setzte, sich noch stärker von den Regierungsparteien abzugrenzen. So forderte der stellvertretende Vorsitzende der SPD-Fraktion des Bundestags, Horst Ehmke, in einem Schreiben an Genscher vom August 1983 die Bundesregierung im Namen seiner Fraktion dazu auf, sich der Staatenbeschwerde anzuschließen. Genscher lehnte das mit dem Hinweis darauf ab, dass dieses Verfahren Jahre in Anspruch nehme und es darauf ankomme, „auf die Türkei jetzt einzuwirken"[108].

Auch in der Versammlung des Europarats waren Veränderungen erkennbar. Die Art und Weise, wie die Wahlen in der Türkei 1983 vorbereitet wurden, brachte die deutschen Abgeordneten in diesem parlamentarischen Gremium dazu, sich vom Kurs der Bundesregierung zu distanzieren. Die Versammlung nahm Ende September 1983 mit Dreiviertel-Mehrheit eine Entschließung an, die der Türkei das Recht bestritt, nach den Wahlen im November 1983 Abgeordnete zu entsenden. Das neue Parlament könne nicht als demokratische Vertretung des türkischen Volkes angesehen werden. Bei der nicht namentlichen Abstimmung votierte, soweit erkennbar, nur ein Abgeordneter aus der Bundesrepublik gegen die Entschließung[109]. Die türkischen Parlamentarier reisten gleichwohl an, was Ende Januar 1984 zu einem Eklat führte. Erst nach den Kommunalwahlen in der Türkei im Mai 1984, an denen alle Parteien teilnehmen konnten, fand sich in der Versammlung eine Mehrheit für die Bestätigung des Mandats der türkischen Delegation[110].

Die europäischen Staaten waren in der Türkeipolitik tief gespalten, auf Regierungsebene wie auf parlamentarischer Ebene. Sicher machte es nach dem 12. September 1980 Sinn, zunächst abzuwarten, eine Konfrontation zu vermeiden und die Türkei in allen europäischen Institutionen zu halten, um auf die Militärführung einwirken zu können. Aber die Hoffnung, damit den Demokratisierungsprozess zu unterstützen, konnte ein neutraler Beobachter spätestens 1982 nicht mehr haben, weil die Türkei eben nur eine Scheindemokratisierung erlebte. Die türkischen Machthaber waren nicht gewillt, sich westliche Vorstellungen

---

[108] PA/AA, B 21, Ref. 200, Bd. 135479, Ehmke an Genscher vom 9.8.1983 und dessen Antwort vom 25.10.1983.
[109] PA/AA, B 21, Ref. 200, Bd. 141791, Fernschreiben 213 von Botschafter Hampe vom 30.9.1983.
[110] Vgl. Kramer, Europäische Gemeinschaft, S. 102.

von Demokratie und Freiheit zu eigen zu machen. Die Bundesregierung geriet so auf europäischer Bühne immer mehr in eine Außenseiterposition. Ihre Türkeipolitik, die sich stark an nationalen Interessen orientierte, kollidierte mit den europäischen Idealen und wurde unglaubwürdig.

4. Parlamentarische Vorbehalte gegen Türkeihilfen 1981 bis 1983

Ende 1980 erklärte der ehemalige Oberbefehlshaber der NATO in Europa, Alexander Haig, der im Januar 1981 des Amt des amerikanischen Außenministers übernehmen sollte, in der Zeitschrift „The Washington Quarterly" die wachsende politische und wirtschaftliche Stärke der Bundesrepublik zur wesentlichsten Veränderung, die die Allianz in den 1970er Jahren erfahren habe. Westdeutschland – wegen seiner exponierten geographischen Lage und aus historisch-psychologischen Gründen zugleich der verwundbarste Bündnispartner – verfüge über mehr politischen Einfluss in Europa als je zuvor seit dem Ende des Zweiten Weltkriegs. Haigs Urteil beruhte unter anderem auf der Rolle der Regierung Schmidt/Genscher bei der Überwindung wirtschaftlicher Schwierigkeiten, etwa bei der Einrichtung des Europäischen Währungssystems 1978/79[111]. Besaß die Bundesrepublik sogar eine Führungsrolle in der NATO? Mit Einschränkungen lässt sich diese Frage bejahen:

„Schon aufgrund ihrer wirtschaftlichen und militärischen Stärke war die Bundesrepublik der wichtigste kontinentaleuropäische Partner der USA und somit zugleich ein tragender Pfeiler der NATO. Wegen ihrer prekären geopolitischen Lage als Front- und Teilstaat und angesichts der belasteten deutschen Vergangenheit taten aber alle Bonner Regierungen gut daran, ihre tatsächliche Machtposition so selten wie möglich coram publico auszuspielen."[112]

Diese Einschätzung ist auch deshalb berechtigt, weil die Bundesrepublik einen großen Teil der NATO-Verteidigungshilfe für Griechenland, Portugal und die Türkei trug und maßgeblich an der Wirtschafts- und Finanzhilfe für die Türkei beteiligt war. In einem Gespräch mit Botschafter Oncken am 20. Oktober 1980 betonte Finanzminister Matthöfer jedoch, dass die Türkei nicht zum „Dauer-Kostgänger Europas" werden dürfe. Er erklärte auch, dass er bei den Hilfsaktionen vorerst „auf

---

[111] Vgl. Haig, Alliance, S. 136. Vgl. auch PA/AA, B 14, Ref. 201, Bd. 125581, Aufzeichnung des Vortragenden Legationsrats I. Klasse Schenk vom 20.1.1981.
[112] Geiger, Bundesrepublik, S. 182.

kleiner Flamme weitermachen", sich aber zurückziehen werde, wenn es „zu massenhaften Folterungen komme"[113]. Diese Bedenken waren eine Ausnahme. Alles in allem hatte die Regierung Schmidt/Genscher keinen Zweifel daran, dass die Hilfe fortgesetzt werden müsse. Dass sie „mit innenpolitischer Brisanz behaftet" sein werde, wusste man[114].

Die Beratungen im Haushaltsausschuss des Bundestags zeigten bereits am 18. Februar 1981, dass das Parlament nicht willens war, eine neue Hilfsaktion nach dem Muster der Türkeihilfe von 1980 mitzutragen. Die Türkei dürfe „nicht zum zwölften Bundesland werden, in das Geld ohne Nachweis der entwicklungspolitischen Wirkung gepumpt wird"[115]. Das Auswärtige Amt aber wollte die Bundesrepublik wieder als „Vorreiter der Sanierungsaktion" präsentieren. Ähnlich wie 1980 sollte ein Betrag von 560 Millionen DM zur Verfügung gestellt werden; es tat sich allerdings eine Finanzierungslücke von 100 Millionen DM auf[116]. Im Arbeitskreis I der SPD-Bundestagsfraktion (Außen- und Sicherheitspolitik, innerdeutsche Beziehungen, Europa- und Entwicklungspolitik) war die Türkeihilfe am 5. Mai 1981 „Gegenstand lebhafter Diskussionen". Alle Sitzungsteilnehmer stimmten überein, die Verabschiedung mit einem Entschließungsantrag möglichst aller drei Bundestagsfraktionen zu verbinden[117]. Eine solche Erklärung fand die Zustimmung des Auswärtigen Amts, das aber zugleich darum bemüht war, eine „Konditionierung der Mittelzuweisung" zu verhindern[118].

Bei der Zusagenkonferenz am 7. Mai 1981 in Paris kam ein Betrag von rund 940 Millionen Dollar zusammen. Die Bundesrepublik konnte wegen ihrer schwierigen Haushaltslage nur 460 Millionen DM (213 Millionen Dollar) zur Verfügung stellen. Die größten Beiträge leisteten ferner die USA (350 Millionen Dollar) sowie Italien und Japan (115 beziehungsweise 100 Millionen Dollar)[119]. Heftig diskutiert wurde die

---

[113] PA/AA, B 60, Ref. 420, Bd. 124286, Aufzeichnung des Bundesfinanzministeriums vom 21.10.1980; vgl. auch Weick, Balance, S. 55 f.
[114] PA/AA, B 60, Ref. 420, Bd. 124287, Bundesministerium für wirtschaftliche Zusammenarbeit an das Auswärtige Amt vom 3.2.1981.
[115] PA/AA, B 60, Ref. 420, Bd. 124287, Aufzeichnung von Ref. 400 vom 19.2.1981.
[116] PA/AA, B 60, Ref. 420, Bd. 124289, Aufzeichnung von Ministerialdirektor Fischer vom 30.4.1981.
[117] PA/AA, B 21, Ref. 200, Bd. 123212, Aufzeichnung von Ref. 011 vom 5.5.1981.
[118] PA/AA, B 21, Ref. 200, Bd. 123212, Aufzeichnung von Ministerialdirektor Pfeffer vom 6.5.1981.
[119] PA/AA, B 60, Ref. 420, Bd. 124289, Aufzeichnung des Vortragenden Legationsrats I. Klasse Wilfried Vogeler (Ref. 420) vom 12.5.1981.

Frage, ob die Hilfsmaßnahmen mit einer politischen Passage im Kommuniqué verknüpft werden sollten („to achieve a rapid restoration of viable parliamentary democracy"). Dafür hatten sich – letztlich mit Erfolg – Dänemark, Österreich und Schweden ausgesprochen[120].

Während der Haushaltsdebatte am 5. Juni 1981 nahm der Bundestag einstimmig einen Entschließungsantrag an, der vom 3. Juni datierte. Darin waren Erwartungen formuliert, die sich an die Adresse der türkischen Militärführung richteten, nicht aber an die Bundesregierung. Letztere wurde lediglich aufgefordert, dem Parlament 1982 einen Bericht über die Entwicklung in der Türkei zu erstatten. Mittel aus dem Bundeshaushalt sollten nur unter der Voraussetzung fließen, dass den Zusicherungen entsprochen werde, die eine Delegation des Auswärtigen Ausschusses bei ihrem Aufenthalt in Ankara im März 1981 erhalten hatte[121]. Zuvor hatte Außenminister Genscher am 3. Juni im Bundestag bestätigt, dass die Bundesregierung „die geplante Hilfe für die Türkei laufend prüfen und im Einvernehmen mit den zuständigen Ausschüssen des Deutschen Bundestages durchführen" werde[122]. Damit konnten alle Beteiligten gut leben. Der Bundestag schaltete sich sichtbar in die Türkeidebatte ein, baute aber für die Exekutive keine hohen Hürden auf. In der Türkei rief die Entschließung heftige Reaktionen hervor. Außenminister Türkmen teilte Botschafter Oncken mit, dass Evren nicht unter Druck handeln und die beanstandete 90-Tage-Frist (Festhalten ohne richterlichen Haftbefehl) vorerst nicht auf 45 Tage herabsetzen wolle. Die Empörung war gespielt. Genscher kommentierte die Mitteilungen mit harschen Worten: „Lächerlich! Frech und gelogen!"[123]

Ob der Bundestag seinen moderaten Kurs beibehalten würde, war aber unklar, denn in der SPD-Fraktion rumorte es angesichts der inneren Entwicklung der Türkei. Bei einem Gespräch mit Oncken zeigte

---

[120] PA/AA, B 60, Ref. 420, Bd. 124289, Aufzeichnung von Ministerialdirigent Hans Freiherr von Stein (Unterabteilung 42) vom 11.5.1981.
[121] Vgl. Drucksache 9/531 vom 3. 6. 1981, in: Verhandlungen des Deutschen Bundestages. 9. Wahlperiode, Drucksachen, Bd. 273, Bonn 1981. Zur Annahme des Antrags vgl. Stenographischer Bericht über die 43. Sitzung des Deutschen Bundestags am 5.6.1981, S. 2484.
[122] Stenographischer Bericht über die 41. Sitzung des Deutschen Bundestags am 3.6.1981, S. 2329.
[123] Fernschreiben 773 von Botschafter Oncken vom 12. 6. 1981; Akten zur Auswärtigen Politik der Bundesrepublik Deutschland 1981, Bd. II: 1. Mai bis 30. September 1981, bearb. von Daniela Taschler, Matthias Peter und Judith Michel, München 2012, Dok. 168: S. 919 ff., hier S. 920 Anm. 6.

sich der Abgeordnete Karsten Voigt „enttäuscht". Man könne nicht Türkeihilfe „nur eben aus Gründen unserer Sicherheitspolitik" gewähren, auch wenn man für 1981 wohl nicht darum herumkommen werde. Oncken dagegen bat zu berücksichtigen, dass man es „nicht mit Europäern, sondern mit Asiaten zu tun habe"[124]. Das Auswärtige Amt wies eindringlich darauf hin, dass die türkische Wirtschaft einen Aufschub der deutschen Hilfe „kaum durchhalten" werde. Die Militärregierung erschien wiederum in einem positiven Licht. Dank der „stabileren politischen Rahmenbedingungen" seit September 1980 sei es gelungen, die Lage zu verbessern: „Der Prozeß der Redemokratisierung könnte unter Krisenbedingungen nicht fortgesetzt werden; die Gefahr bestünde sogar, daß er in sein Gegenteil umschlägt."[125]

Am 9. September 1981 stimmten die drei zuständigen Ausschüsse des Bundestags der Türkeihilfe schließlich sogar einstimmig zu[126]. Offenbar waren auch diejenigen, die Vorbehalte artikuliert hatten, unsicher, wie am besten zu verfahren sei. Zudem wäre der von SPD und FDP getragenen Bundesregierung im Falle einer Ablehnung ein schwerer innen- und außenpolitischer Schaden entstanden. Wenig später, am 15. September, unterzeichneten Genscher und Botschafter Halefoğlu das Regierungsabkommen in Bonn. Die Hilfszusage teilte sich auf in 130 Millionen DM Projekthilfe (Staudamm und Wasserkraftwerk Oymapınar; Braunkohlegrube und Wärmekraftwerk Elbistan; Leittechnik für drei Kraftwerke) und 330 Millionen DM allgemeine Warenhilfe. Die Konditionen (30 Jahre Laufzeit einschließlich zehn Freijahre, zwei Prozent Zinsen, lieferungebunden) waren äußerst günstig[127].

Neben der Wirtschaftshilfe verabschiedeten die drei Ausschüsse am 9. September auch eine Verteidigungshilfe für die Türkei. Die Schlussverhandlungen über die mittlerweile 12. Tranche dieser Hilfsaktion waren am 7./8. Juli 1981 bei Bad Reichenhall geführt worden. Zwischen dem 1. Juli 1981 und dem 31. Dezember 1982 sollten 130 Millionen DM zur Verfügung gestellt werden, unter anderem für die Versorgung von

---

[124] PA/AA, B 26, Ref. 203, Bd. 123299, Aufzeichnung des Vortragenden Legationsrats Dieter Simon (Ref. 203) vom 30.7.1981.
[125] PA/AA, B 60, Ref. 420, Bd. 124290, Aufzeichnung von Ministerialdirektor Fischer vom 26.8.1981.
[126] PA/AA, B 60, Ref. 420, Bd. 124290, Aufzeichnung von Ref. 420 vom 15.9.1981.
[127] PA/AA, B 60, Ref. 420, Bd. 124290, Weisung 119 des Vortragenden Legationsrats I. Klasse Vogeler an die Ständige Vertretung bei der OECD in Paris vom 21.9.1981.

Transall-Transportflugzeugen, den Ausbau der Rüstungsindustrie und Teilelieferungen für U-Boote[128]. Unter allen Hilfsmaßnahmen war diese Art von Unterstützung besonders umstritten. Konnte einem Militärregime Militärhilfe gewährt werden?

Für das Bundesministerium der Verteidigung gab es keinen Zweifel, dass die Hilfe notwendig sei. Die militärpolitische Lage an der Südflanke der NATO betrachtete man dort mit großer Sorge. Während im westlichen und südwestlichen Teil eine Konsolidierung eingetreten sei, zeige sich im „exponierten mittleren und ostwärtigen Abschnitt" eine gegenläufige Tendenz. Angesichts der griechisch-türkischen Spannungen, des nicht endgültig geklärten Verhältnisses Griechenlands zur Allianz, des ungünstigen militärischen Kräfteverhältnisses an der Ostgrenze der Türkei und des hohen Modernisierungsbedarfs bei den türkischen Streitkräften zeichneten sich negative Konsequenzen auch für die Sicherheitslage in Mitteleuropa ab[129].

Die Bundesrepublik gewährte der Türkei – auf der Grundlage von Artikel 3 des Nordatlantikvertrags vom 4. April 1949 – bereits seit 1964 Verteidigungshilfe. Mitte Juni 1981 betrugen die bisherigen Aufwendungen für Griechenland, Portugal und die Türkei mehr als drei Milliarden DM; auf die Türkei entfielen 2,39 Milliarden DM (Verteidigungshilfe in 11 Tranchen, Materialhilfe aus Überschussbeständen der Bundeswehr, die einmalige Rüstungssonderhilfe 1980 sowie Überlassung von Transall-Flugzeugen). Bei der Verteidigungshilfe handelte es sich um 80 Prozent neuwertige und 20 Prozent gebrauchte Verteidigungsgüter überwiegend aus deutscher Fertigung[130]. Damit verband die Bundesregierung viele Interessen. Natürlich ging es um einen Beitrag zur Aufrechterhaltung und Stärkung der Verteidigungsfähigkeit an der Südostflanke der NATO, aber auch um einen Beweis für die Bereitschaft der Bundesrepublik zu wirksamer Arbeitsteilung im Bündnis. Es sollten Verpflichtungen eingelöst werden, die Westdeutschland zur realen jährlichen Steigerung seiner Aufwendungen im Verteidigungsbereich eingegangen war. Nicht zuletzt verbanden sich mit der Hilfe wirtschaftliche und vor allem arbeitsmarktpolitische Interessen.

---

[128] PA/AA, B 14, Ref. 201, Bd. 125611, Aufzeichnung des Vortragenden Legationsrats I. Klasse Wilfried Hofmann (Ref. 201) vom 9.7.1981; B 14, Ref. 201, Bd. 125612, Aufzeichnung von Ministerialdirigent Dröge vom 14.9.1981.
[129] PA/AA, B 14, Ref. 201, Bd. 125638, Aufzeichnung der Referate Fü S III 1 und Fü S II 4 des Bundesverteidigungsministeriums vom 10.2.1982.
[130] PA/AA, B 14, Ref. 201, Bd. 125611, Aufzeichnung von Ref. 201 vom 11.6.1981.

Die Mittel flossen überwiegend in den eigenen Wirtschaftskreislauf zurück, weil Beschaffungsverträge für neues Material mit bundesdeutschen Unternehmen abgeschlossen werden mussten. Unter der Militärherrschaft kam noch ein weiteres, wenn auch nicht überzeugendes Motiv hinzu: Die Fortsetzung der Verteidigungshilfe sollte die Wiederherstellung einer parlamentarischen Demokratie erleichtern[131].

Unterdessen wuchsen in der SPD die Vorbehalte weiter. Anfang Dezember 1981 konstituierte sich ad hoc eine Arbeitsgruppe der SPD-Bundestagsfraktion, die aus Mitgliedern des Auswärtigen Ausschusses, des Haushaltsausschusses und des Ausschusses für wirtschaftliche Zusammenarbeit bestand. Im Mittelpunkt der Beratungen stand die Frage, welche Möglichkeiten bestünden, in die laufende und zukünftige Türkeihilfe „einzugreifen". Der stellvertretende Fraktionsvorsitzende Ehmke fragte, „ob es haushaltsrechtlich möglich wäre, den Vollzug der Zahlungen zu unterbrechen, ohne völkerrechtliche Vereinbarungen zu verletzen". Mehrere Abgeordnete drängten darauf, dass Genscher den Türkeibericht nicht den Ausschüssen, sondern dem Parlamentsplenum erstatten möge[132]. Rechtlich war kein Eingriff in die vier laufenden bilateralen Abkommen (vom 17. November 1980 über Rüstungssonderhilfe, vom 10. Juli 1981 über Zusammenarbeit bei der Bekämpfung des illegalen Rauschgifthandels, vom 15. September 1981 über Verteidigungshilfe sowie über finanzielle Zusammenarbeit) möglich. Auch waren die vom Bundestag am 5. Juni 1981 ausgesprochenen Erwartungen weder inhaltlich noch formal zur völkerrechtlichen Grundlage der Vertragserfüllung gemacht worden[133]. Für die Bundesregierung ergaben sich dennoch Probleme. Als Ergebnis einer Sitzung des Auswärtigen Ausschusses am 11. November 1981 hielt dessen Vorsitzender Barzel fest:

„1.) Die für die Türkeihilfe vorgesehenen Mittel werden in den Bundeshaushalt 1982 eingestellt. 2.) Leistungen aus den vorgesehenen Titeln wird die Bundesregierung nur mit Einwilligung des Auswärtigen Ausschusses, des Haushaltsausschusses und des Ausschusses für wirtschaftliche Zusammenarbeit [...] vornehmen."[134]

---

[131] PA/AA, B 14, Ref. 201, Bd. 125612, Vorlage des Auswärtigen Amts vom 26.8.1981 für den Auswärtigen Ausschuss des Bundestags.
[132] PA/AA, B 60, Ref. 420, Bd. 124290, Aufzeichnung von Ref. 011 vom 2.12.1981.
[133] PA/AA, B 60, Ref. 420, Bd. 124290, Aufzeichnung von Ministerialdirektor Fleischhauer vom 21.10.1981.
[134] PA/AA, B 29, Ref. 209, Bd. 125515, Aufzeichnung der Unterabteilung 20 vom 2.2.1982.

Was das genau bedeutete, blieb lange unklar. Wollte der Auswärtige Ausschuss sogar den Mittelabfluss kontrollieren? Eine rechtliche Möglichkeit, die Zahlungen auszusetzen, bestand nicht, weil gegenüber der Türkei völkerrechtliche Verpflichtungen und gegenüber deutschen Firmen fest terminierte Zahlungsverpflichtungen eingegangen worden waren. Andererseits erschien es politisch unklug, die Ausschüsse nicht mehr zu befassen[135]. In einem Telefongespräch mit dem Staatssekretär des Auswärtigen Amts, Berndt von Staden, erklärte der Vorsitzende des Haushaltsausschusses, Lothar Haase (CDU), am 6. April 1982, es sei bei der gegenwärtigen Haushaltslage nicht vertretbar, wenn zusätzliche Kosten entstünden (etwa durch Forderungen auf Schadenersatz). Für die Haltung Barzels brachte er kein Verständnis auf[136].

Offensichtlich handelte es sich um einen Versuch Barzels, die Koalition aus SPD und FDP weiter in Bedrängnis zu bringen. Das Regierungsbündnis drohte ohnehin auseinanderzubrechen; schon am 3. Februar 1982 hatte Bundeskanzler Schmidt im Bundestag die Vertrauensfrage gestellt. Das positive Votum vom 5. Februar konnte die Risse im sozial-liberalen Bündnis und die Auseinandersetzungen innerhalb der SPD nicht mehr übertünchen. In einem Telefongespräch mit Staatssekretär von Staden am 6. April 1982 betonte Barzel, die Bundesregierung solle sicherstellen, dass es wegen der Zahlungen an die deutschen Firmen „keine Probleme mit den Koalitionsfraktionen gäbe". Er selbst würde dann dafür eintreten, dass auch die Opposition sich einverstanden erkläre. Offenbar wollte Barzel testen, ob die Abgeordneten der SPD und FDP beziehungsweise deren Mitglieder im Auswärtigen Ausschuss noch hinter der Regierung standen. Der Staatssekretär erreichte die Zustimmung zur Mittelzuweisung durch die Abgeordneten Helmut Schäfer (FDP) sowie Karsten Voigt (SPD) und Hans-Jürgen Wischnewski (SPD), die alle dem Auswärtigen Ausschuss angehörten. Daraufhin erklärte Barzel, dass auch er einverstanden sei, aber noch seine Fraktionskollegen Manfred Abelein und Alois Mertes hören wolle, die schließlich beide ihre Zustimmung gaben[137]. Der Vor-

---

[135] PA/AA, B 29, Ref. 209, Bd. 125515, Aufzeichnung von Ministerialdirektor Pfeffer vom 10.3.1982.
[136] PA/AA, B 29, Ref. 209, Bd. 125515, Aufzeichnung von Staatssekretär von Staden vom 6.4.1982; das folgende Zitat findet sich ebenda.
[137] PA/AA, B 29, Ref. 209, Bd. 125515, Aufzeichnung von Staatssekretär von Staden vom 13.4.1982. Mertes, Vorsitzender der Arbeitsgruppe Außenpolitik der CDU/CSU-Fraktion, gehörte dem Auswärtigen Ausschuss als stellvertretendes Mitglied an.

sitzende des Auswärtigen Ausschusses trieb die Bundesregierung vor sich her. Doch weder die SPD noch die FDP ließen sich auf sein Spiel ein. In der SPD gab es wachsende Vorbehalte gegenüber der Türkeihilfe; solange die Sozialdemokratie aber in Bonn regierte, schlugen sich diese Bedenken nicht in abweichendem Stimmverhalten nieder.

Als Beitrag der Bundesrepublik für die Hilfsaktion 1982 waren 413,5 Millionen DM vorgesehen (Projekthilfe: 130 Millionen; Soforthilfe: 264,5 Millionen; Reintegrationshilfe: 19 Millionen DM)[138]. Nach der Wahl Helmut Kohls zum Bundeskanzler am 1. Oktober 1982, die mit dem Wechsel vom sozial-liberalen zum christlich-liberalen Regierungsbündnis einherging, zeichnete sich in der SPD eine Zustimmung zur Projekthilfe ab, nicht aber zur Soforthilfe. Bei den Beratungen im Arbeitskreis I der Bundestagsfraktion im November 1982 dominierte die Vorstellung, eine Einwilligung zur Verwendung der Mittel mit der Vorlage des Türkeiberichts der Bundesregierung zu verknüpfen. Es gab nun die Alternative, diesem Wunsch der SPD stattzugeben mit dem wahrscheinlichen Ergebnis einer (Teil-)Zustimmung in den Ausschüssen, oder die SPD mit den Stimmen der Regierungskoalition zu überstimmen, was für die Zukunft eine völlige Ablehnung provozieren musste[139]. Gleichzeitig war das Stimmverhalten der FDP-Mitglieder in den Ausschüssen unklar, das möglicherweise den Ausschlag geben konnte[140]. So schlug die Abgeordnete Hildegard Hamm-Brücher (FDP), die seit dem 27. Oktober 1982 dem Auswärtigen Ausschuss angehörte, vor, die Soforthilfe vom Ergebnis eines weiteren Türkeiberichts Mitte 1983 abhängig zu machen[141].

Letztlich blieb der Regierung Kohl/Genscher nichts anderes übrig, als zuerst ihren Türkeibericht zu erstatten, der als Drucksache verteilt und an die zuständigen Ausschüsse überwiesen wurde. Die Bundesregierung brachte zum Ausdruck, dass die Erwartungen, die das Parlament am 5. Juni 1981 formuliert hatte, bislang nur teilweise erfüllt worden waren. Ansonsten plädierte sie für die Fortführung der Hilfsmaßnahmen und unterschied sich in ihrer Argumentation in nichts von der Regierung unter Bundeskanzler Schmidt. Für November 1983

---

[138] PA/AA, B 60, Ref. 420, Bd. 129994, Aufzeichnung von Ministerialdirigent Loeck vom 13.10.1982.
[139] PA/AA, B 26, Ref. 203, Bd. 124913, Aufzeichnung von Ref. 011 vom 30.11.1982.
[140] PA/AA, B 29, Ref. 209, Bd. 125516, Aufzeichnung von Ref. 011 vom 20.10.1982.
[141] PA/AA, B 60, Ref. 420, Bd. 129994, Aufzeichnung von Ministerialdirigent Loeck vom 3.12.1982.

kündigte sie einen weiteren Bericht und eine abschließende Bewertung an[142].

Die Erörterung der Türkeihilfe in den Ausschüssen verlief kontrovers, so auch in der Sitzung des Ausschusses für wirtschaftliche Zusammenarbeit am 8. Dezember 1982. Der SPD-Abgeordnete Thüsing legte dar, dass sich die Türkei mit ihrer neuen Verfassung lediglich eine „demokratische Fassade" gegeben habe. Er warnte eindringlich vor einem „Erkaufen der türkischen Zustimmung zur Aufhebung des Freizügigkeitsbeschlusses". Für den neuen Staatsminister im Auswärtigen Amt, Alois Mertes, gehörte die Türkei dagegen „nicht zu den schlimmsten Menschenrechtsverletzern". Ein Antrag der Regierung wurde am Ende mit 14 gegen 11 Stimmen angenommen. Die Mitglieder von CDU/CSU und FDP stimmten geschlossen dafür, die Sozialdemokraten einmütig dagegen (ihre Ablehnung bezog sich nach wie vor nur auf die Soforthilfe)[143]. Die Vorbehalte in der SPD, die sich seit September 1980 entwickelt und immer weiter zugenommen hatten, kamen erst dann deutlich zum Ausdruck, als die Partei nicht mehr in der Regierungsverantwortung stand.

Insgesamt kamen bei der vierten und letzten OECD-Sonderhilfsaktion 825 Millionen Dollar zusammen (USA: 350, Bundesrepublik: 171, Italien: 120, Japan: 80, Frankreich, obwohl Miteinbringer der Staatenbeschwerde: 73, Großbritannien: 24,3 Millionen Dollar). Die Schweiz, Österreich, die Niederlande, Norwegen, Schweden und Kanada beteiligten sich daran nicht mehr[144]. Für 1983 war Wirtschaftshilfe wieder, wie bereits von 1962 bis 1978, im bewährten Rahmen des Türkeikonsortiums der OECD vorgesehen (multilaterale Koordination von bilateralen Hilfsmaßnahmen). Somit bestand scheinbar keine Verpflichtung mehr, vor der Verwendung von Geldern die Einwilligung der Bundestagsausschüsse einzuholen[145].

---

[142] Vgl. Drucksache 9/2213 vom 2.12.1982, in: Verhandlungen des Deutschen Bundestages. 9. Wahlperiode, Drucksachen, Bd. 289, Bonn 1982.
[143] PA/AA, B 200, Ref. 410, Bd. 130293, Kurzprotokoll der Sitzung des Ausschusses für wirtschaftliche Zusammenarbeit am 8.12.1982. In der Sitzung des Auswärtigen Ausschusses an diesem Tag stellte der Abgeordnete Helmut Schäfer klar, dass die FDP die Bedenken der SPD teile, aber dennoch zustimme. So PA/AA, B 26, Ref. 203, Bd. 124913, Aufzeichnung von Ref. 203 vom 8.12.1982.
[144] PA/AA, B 52, Ref. 422, Bd. 140093, Aufzeichnung der Unterabteilung 42 vom 15.3.1983; vgl. auch Weick, Balance, S. 66–73.
[145] PA/AA, B 203, Ref. 413, Bd. 145104, Aufzeichnung von Ref. 420 vom 14.1.1983.

Doch so einfach war die Sache nicht, denn der Arbeitskreis I der SPD-Fraktion wünschte – auch bei neuer bilateraler Projekthilfe – weiterhin ein „reguläres parlamentarisches Verfahren für die Türkeihilfe"[146]. Die Ausschüsse neigten dazu, „die einmal gewonnene Mitwirkung nicht wieder aufzugeben, sondern eher noch auszubauen". Das lag nicht im Interesse der Bundesregierung:

„Wir sollten dieser Tendenz entgegenwirken. Unser Bestreben sollte sein, die Türkeihilfe der politischen Mitsprache der Ausschüsse, soweit dies möglich ist, allmählich wieder zu entziehen [...]. Wir geraten sonst immer mehr in einen kontinuierlichen Zwang, die Türkeihilfe [...] politisch rechtfertigen zu müssen."[147]

Nicht zuletzt war „finanzielle Manövriermasse" notwendig, um „politische Signalwirkung" erzielen zu können. Im Auswärtigen Amt wurden Überlegungen angestellt, die übliche Projekthilfe in Höhe von 130 Millionen trotz der schwierigen Haushaltslage auf 300 bis 400 Millionen DM aufzustocken. Die Finanzierung sollte möglichst über einen Nachtragshaushalt erfolgen[148].

Die SPD bestand beharrlich auf einer formellen Behandlung der Türkeihilfe in den Ausschüssen. Sie befürchtete nämlich auch, „in Sachen Türkei von den Grünen überholt zu werden", die nach den Wahlen am 6. März 1983 in den Bundestag eingezogen waren[149]. Am 3. Juni 1983 brachte die Fraktion der Grünen einen Antrag ein, der die Bundesregierung aufforderte, die Wirtschafts- und Verteidigungshilfe für die Türkei sofort auszusetzen. Die Wiederaufnahme von Hilfsmaßnahmen sollte an die Zustimmung des Bundestags und die weitere innere Entwicklung des Landes gebunden werden[150]. Als Reaktion auf diesen Antrag brachte die SPD-Fraktion am 15. Juni 1983 einen eigenen Entschließungsantrag ein, in dem sie sich für Projekthilfe, aber gegen Sofort- und Verteidigungshilfe aussprach. Im Gegensatz zu den Grünen

---

[146] PA/AA, B 60, Ref. 420, Bd. 129995, Aufzeichnung von Ref. 011 vom 18.5.1983.
[147] PA/AA, B 60, Ref. 420, Bd. 129995, Aufzeichnung des Vortragenden Legationsrats I. Klasse Fischer-Dieskau vom 25.5.1983.
[148] PA/AA, B 201, Ref. 411, Bd. 131104, Aufzeichnung von Ministerialdirigent Loeck vom 15.3.1983.
[149] PA/AA, B 60, Ref. 420, Bd. 129995, Aufzeichnung des Vortragenden Legationsrats I. Klasse Fischer-Dieskau vom 1.6.1983.
[150] Vgl. Drucksache 10/107 vom 3.6.1983, in: Verhandlungen des Deutschen Bundestages. 10. Wahlperiode, Drucksachen, Bd. 292, Bonn 1983; vgl. auch Refflinghaus, Türkeipolitik, S. 124 f., und PA/AA, B 60, Ref. 420, Bd. 129995, Aufzeichnung von Ref. 420 vom 14.6.1983.

forderte sie nicht die Aussetzung der völkerrechtlich verbindlich zugesagten, laufenden Hilfe[151].

Der Bundesregierung blieb unter diesen Umständen weiterhin nichts anderes übrig, als die Zustimmung der Ausschüsse einzuholen. Als letztes der drei zuständigen Gremien beschloss der Ausschuss für wirtschaftliche Zusammenarbeit am 22. Juni 1983, dass die Bundesregierung über die vorgesehenen Mittel für Projekthilfe (es blieb bei 130 Millionen DM) verfügen könne. Das Votum kam mit 13 gegen zehn Stimmen zustande, das heißt gegen die Stimmen der Mitglieder von SPD und Grünen. Die Sozialdemokraten hatten zuvor an die Bundesregierung appelliert, über die Projekthilfe erst nach Vorlage des Türkeiberichts im November 1983 zu entscheiden. Im Auswärtigen Amt wurde dazu festgehalten, dass das erforderliche Regierungsabkommen nun so schnell wie möglich und am besten in Ankara, nicht in Bonn, unterzeichnet werden sollte: „Damit dürfte am ehesten vermieden werden, daß sich [...] eine erneute öffentliche Diskussion entzündet."[152]

Das neue deutsch-türkische Abkommen über finanzielle Zusammenarbeit wurde schließlich am 3. November 1983 in Ankara unterzeichnet. Die Hilfsmittel sollten für Großprojekte des Energiesektors wie den Ausbau von Kohlekraftwerken und der Kohleförderung genutzt werden[153]. Wie sehr die SPD politisch unter Druck stand, zeigte ein weiterer Entschließungsantrag der Bundestagsfraktion vom Dezember, der auf den Beitritt der Bundesrepublik zur Staatenbeschwerde im Europarat zielte. Projekthilfe sollte auf überschaubare Vorhaben für die Bevölkerung beschränkt werden. Wie es die Grünen getan hatten, machte auch die SPD auf politisch Verfolgte aufmerksam, denen Asyl gewährt werden sollte[154].

Die Vorbehalte gegen die Türkeihilfe waren politisch folgenlos. Die Regierungen unter den Kanzlern Schmidt und Kohl konnten ihre Politik durchsetzen, auch wenn sie diese stärker rechtfertigen und einige

---

[151] Vgl. Drucksache 10/149 vom 15.6.1983, in: Verhandlungen des Deutschen Bundestages. 10. Wahlperiode, Drucksachen, Bd. 293, Bonn 1983; PA/AA, B 60, Ref. 420, Bd. 129995, weitere Aufzeichnung von Ref. 420 vom 14.6.1983.
[152] PA/AA, B 60, Ref. 420, Bd. 129995, Aufzeichnung von Ministerialdirigent Loeck vom 30.6.1983.
[153] PA/AA, B 201, Ref. 411, Bd. 131105, Aufzeichnung von Ref. 420 vom 5.12.1983.
[154] Vgl. Drucksache 10/753 vom 6.12.1983, in: Verhandlungen des Deutschen Bundestages. 10. Wahlperiode, Drucksachen, Bd. 298, Bonn 1983; PA/AA, B 60, Ref. 420, Bd. 129996, Aufzeichnung des Vortragenden Legationsrats I. Klasse Fischer-Dieskau vom 5.12.1983.

Hürden umschiffen mussten. Bis zum Regierungswechsel im Oktober 1982 formierte sich Widerstand in der SPD, der jedoch nicht zum Tragen kam, weil zumindest auf diesem Feld niemand die sozial-liberale Koalition aufs Spiel setzen wollte. Nach ihrem Einzug in den Bundestag im Frühjahr 1983 waren es die Grünen, die einen Konfrontationskurs einschlugen, der aber wirkungslos blieb, weil CDU/CSU und FDP ihre Reihen fest geschlossen hielten. Die SPD sah sich durch die Grünen unter Zugzwang gesetzt und hatte sichtlich Probleme, ihre Rolle als Opposition zu finden. Sie vollzog eine politische Kehrtwende, die wenig überzeugend wirkte.

Erfüllte die Türkeihilfe ihren Zweck? Zunächst bleibt festzuhalten, dass die Türkei „eines der größten Nehmerländer deutscher Entwicklungshilfe" war. Die vielen Leistungen wurden nur noch von den Hilfen an das weit bevölkerungsreichere Indien übertroffen. Vom Beginn der entwicklungspolitischen Kooperation 1960 bis Ende 1983 waren Zusagen über finanzielle und technische Zusammenarbeit in Höhe von mehr als 4,7 Milliarden DM zu verzeichnen (zwischen 1979 und 1982: mehr als 1,9 Milliarden DM)[155]. Rechnete man alle bilateralen Leistungen – finanzielle und technische Kooperation, Schuldenentlastung durch Umschuldung, Verteidigungs-, Material- und Rüstungssonderhilfen – und Leistungen im Rahmen der EG – vor allem mehrere Finanzprotokolle, Darlehen der Europäischen Investitionsbank und Sonderdarlehen – zusammen, ergab sich allein bis Ende 1981 ein Betrag von knapp zehn Milliarden DM[156].

Doch die wirtschaftliche Lage der Türkei blieb prekär. Die Botschaft in Ankara bilanzierte im Sommer 1984: „Erheblich gestiegene Inflation, besorgniserregende Haushaltsdefizite, durch monetaristische Geld- und Kreditpolitik strangulierte Binnenwirtschaft, Investitionsbereitschaft [der] Privatwirtschaft gleich Null." Entgegen offizieller Angaben liege die Arbeitslosenquote tatsächlich wohl zwischen 25 und 30 Prozent. Die schlechte Stimmung stehe im Gegensatz zu „euphorischer Lagebeurteilung durch internationale Organisationen und Banken"[157].

Auch die vage Hoffnung, mit finanziellen Leistungen zu einer Redemokratisierung beitragen zu können, erwies sich als trügerisch. In der

---

[155] PA/AA, B 60, Ref. 420, Bd. 129988, Bundesministerium für wirtschaftliche Zusammenarbeit an das Auswärtige Amt vom 23.8.1984.
[156] PA/AA, B 60, Ref. 420, Bd. 129993, Aufzeichnungen von Ref. 420 vom 1.3.1982.
[157] PA/AA, B 60, Ref. 420, Bd. 129990, Fernschreiben 1886 des Gesandten von Hassell vom 20.8.1984.

Sitzung des Ausschusses für wirtschaftliche Zusammenarbeit musste der Staatssekretär des Auswärtigen Amts, Andreas Meyer-Landrut, am 28. März 1984 einräumen, dass die Fortschritte „insgesamt vielleicht als gering" angesehen werden könnten[158]. Der Staatssekretär stellte den zweiten Türkeibericht der Bundesregierung vor. Auch wenn der Bericht das Gesamtfazit erbrachte, das man erwarten konnte, ließ er doch an vielen Stellen an Deutlichkeit nichts zu wünschen übrig. Für das Jahr 1983 müsse eine „mangelhafte Achtung der Menschenrechte" konstatiert werden. Für eine grundsätzliche Besserung sei zunächst die Aufhebung des Ausnahmerechts erforderlich. Das neue Parteiengesetz habe zwar die Rückkehr zu parteipolitischen Aktivitäten ermöglicht, enthalte aber auch „einschneidende Beschränkungen". Ob die Gewerkschaften angesichts der restriktiven Gesetzgebung in der Lage seien, die Arbeitnehmerinteressen wirkungsvoll zu vertreten, bleibe abzuwarten. Die Pressefreiheit sei weiter eingeschränkt und das Grundrecht auf politische Betätigung für bestimmte Gruppen früherer Politiker ausgesetzt[159].

Und die Verteidigungshilfe? Die Ständige Vertretung der Bundesrepublik bei der NATO in Brüssel notierte dazu mit skeptischem Unterton: „Ein endgültiger Nachweis, ob diese Hilfe die gemeinsame Widerstands- und Verteidigungskraft des Bündnisses stärkt, lässt sich nicht erbringen". Als positiv wertete sie nur, dass sich durch die jährliche Verteidigungserhebung der an der militärischen Integration beteiligten Bündnispartner eine „Einblicks- und Kontrollmöglichkeit mit kritischen Fragestellungen" ergebe[160]. Der griechisch-türkische Konflikt blieb ein Dauerthema und trug sicher nicht zur Stabilisierung der Südostflanke bei, auch wenn man davon ausgehen kann, dass die Hilfsgelder in Ankara und Athen zumindest eine gewisse disziplinierende Wirkung zur Folge hatten[161].

Konsequent war die Regierung Kohl/Genscher an einer Wiederbelebung der bilateralen Wirtschaftsbeziehungen interessiert. Im Februar 1983 beschloss der Interministerielle Ausfuhrgarantie-Ausschuss einen

---

[158] PA/AA, B 60, Ref. 420, Bd. 129996, Kurzprotokoll der Sitzung des Ausschusses für wirtschaftliche Zusammenarbeit am 28. 3. 1984.
[159] Drucksache 10/998 vom 10. 2. 1984, in: Verhandlungen des Deutschen Bundestages. 10. Wahlperiode, Drucksachen, Bd. 301, Bonn 1984.
[160] PA/AA, B 29, Ref. 209, Bd. 130046, Fernschreiben 315 des Gesandten Detlev Graf zu Rantzau (Brüssel, NATO) vom 14. 2. 1985.
[161] Vgl. Brenner, Achillesferse, S. 116 und S. 123.

Plafond von 200 Millionen DM für Kreditgeschäfte mit der Türkei. Die Orientierungsgröße für Einzelgeschäfte wurde auf 20 Millionen DM festgesetzt und ein schon im Vorjahr eingerichteter Plafond von 50 Millionen DM für kurzfristige Geschäfte beibehalten[162]. Die frühzeitige Wiedereröffnung eines risikopolitisch nicht unbedenklichen Plafonds war als ein politisches Signal für andere Staaten gedacht[163]. Allerdings steckten vor allem eigene wirtschaftliche Interessen hinter dieser Maßnahme. Es ging um die Festigung der westdeutschen Position auf dem türkischen Markt und um gute Chancen für Unternehmen aus der Bundesrepublik bei Neuinvestitionen[164]. Das Engagement lohnte sich. Die Bundesrepublik war 1983 der wichtigste westliche Handelspartner der Türkei, wenn auch auf vergleichsweise bescheidenem Niveau[165].

Im letzten Jahr der Militärherrschaft zeichnete sich ein besonders spektakuläres Projekt ab. Schon 1981 hatte die türkische Regierung angefragt, ob die Lieferung eines Kernkraftwerks möglich sei. Im August 1983 unterbreitete ein Konsortium unter der Führung der Kraftwerk Union AG (KWU) ein verbindliches Angebot für ein schlüsselfertiges Kernkraftwerk mit Druckwasserreaktor von 1000 Megawatt Leistung. Der Auftragswert lag bei 2,3 Milliarden DM, der deutsche Lieferteil bei 1,4 Milliarden DM. Bedingung für die Finanzierung war die Gewährung einer Ausfuhrbürgschaft, für die sich das Bundesministerium für Wirtschaft einsetzte, um Arbeitsplätze im Großanlagenbau zu erhalten, während das Bundesministerium der Finanzen auf Haushaltsrisiken hinwies[166].

Das Auswärtige Amt war an einem Abschluss höchst interessiert, weil der Türkei der Einstieg in die friedliche Nutzung der Kernenergie möglicherweise auch auf anderem Wege gelingen konnte. Die Sowjetunion unterbreitete im September 1983 nämlich auch ein Angebot für den Bau eines Kernkraftwerks in Akkuyu am Mittelmeer. Eine nukleare Zusammenarbeit musste eine „wesentliche Ausweitung der politischen

---

[162] PA/AA, B 52, Ref. 422, Bd. 140093, Weisung an die Botschaft in Ankara vom 24.2.1983.
[163] PA/AA, B 60, Ref. 420, Bd. 129989, Aufzeichnung von Ref. V C 4 des Bundeswirtschaftsministeriums vom 19.4.1984.
[164] PA/AA, B 52, Ref. 422, Bd. 140093, Aufzeichnung von Ministerialdirektor Fischer vom 27.1.1983.
[165] PA/AA, B 60, Ref. 420, Bd. 129988, Aufzeichnung von Ref. 420 vom 30.9.1983.
[166] PA/AA, B 52, Ref. 422, Bd. 148895, Aufzeichnung von Ministerialdirektor Fischer vom 6.9.1983.

Gesamtbeziehungen" zwischen der Türkei und der UdSSR mit sich bringen und hätte den sowjetischen Bestand an Plutonium erhöht, wenn sich die UdSSR zur Wiederaufarbeitung der verbrauchten Brennelemente bereitgefunden hätte[167].

Die Bundesregierung setzte nun alles daran, ihre politischen und wirtschaftlichen Interessen zur Geltung zu bringen und erteilte eine Deckungszusage. Es handelte sich angesichts eingeschränkter Möglichkeiten um eine Ausnahmeentscheidung, die ein erhebliches Entgegenkommen darstellte. Zudem lockte sie mit dem „Angebot einer engen deutsch-türkischen Zusammenarbeit in Forschung und Entwicklung auf dem Gebiet der Kernenergie für den Fall einer Vergabe an KWU"[168]. In einem Schreiben an Ministerpräsident Bülend Ulusu hob Bundeskanzler Kohl das außerordentlich große Interesse seiner Regierung an einer deutsch-türkischen Kooperation beim Bau dieses Kernkraftwerks hervor und betonte die Anstrengungen, um die Finanzierung durch Gewährung von Ausfuhrgarantien sicherzustellen[169].

Kurz danach gab die türkische Regierung drei Absichtserklärungen ab, sogenannte Letters of intent: für die KWU (Akkuyu I), für die kanadische Firma Candu (Akkuyu II) und die amerikanische Firma General Electric (für Sinop). Es blieb jedoch unklar, welches Unternehmen tatsächlich einen Auftrag erhalten würde. Anfang Mai 1984 wurde in Ankara ein Rahmenabkommen über die deutsch-türkische Zusammenarbeit bei der friedlichen Nutzung der Kernenergie paraphiert, das über ein Verhandlungsprotokoll die Verbindung zur Erteilung des Bauauftrags an die deutsche Nuklearindustrie herstellte[170]. Doch alle Bemühungen waren umsonst, weil die Türkei ein solches Großvorhaben aus finanziellen Gründen gar nicht bewältigen konnte. Es ist eine Ironie der Geschichte: Mit dem Bau des ersten Kernkraftwerks in der Türkei begann kürzlich, im April 2015, der russische Konzern Rosatom in Akkuyu.

---

[167] PA/AA, B 52, Ref. 422, Bd. 148895, Aufzeichnung des Vortragenden Legationsrats Günther Dahlhoff (Ref. 413) vom 12.9.1983.
[168] PA/AA, B 72, Ref. 413, Bd. 129508, Weisung an die Botschaft in Ankara vom 5.10.1983.
[169] PA/AA, B 52, Ref. 422, Bd. 148895, Schreiben Kohls an Ulusu, das mit Weisung vom 26.10.1983 an die Botschaft in Ankara übermittelt wurde.
[170] PA/AA, B 52, Ref. 422, Bd. 148896, Aufzeichnung von Ref. 413 vom 27.8.1984.

IV. Ausländer- und Asylpolitik 1981 bis 1983

1. Westdeutsche Kontroversen um die Ausländerpolitik

Das Interesse der Bundesregierung an einer Fortsetzung der bi- und multilateralen Hilfen beruhte immer auch auf der Hoffnung, die Türkei zu Zugeständnissen in der Frage der Freizügigkeit veranlassen zu können. Bei der Sitzung des Assoziationsrats EG/Türkei am 30. Juni und 1. Juli 1980 in Brüssel konnte die Regierung Schmidt/Genscher eine ausdrückliche Bestätigung der umstrittenen Freizügigkeitsregelung abwehren, und doch war damals schon klar, dass dieses Problem auf der Tagesordnung bleiben würde. Keine türkische Regierung, ob demokratisch gewählt oder vom Militär eingesetzt, konnte aus innenpolitischen Gründen einen vollständigen Verzicht auf die Freizügigkeit vertreten[1].

Ende September 1981 lebten in der Bundesrepublik bereits 4.629.779 Ausländer, unter ihnen 1.546.311 Türken, gefolgt von Jugoslawen (637.313) und Italienern (624.505). Der Ausländeranteil an der Gesamtbevölkerung betrug 7,5 Prozent[2]. Welche Maßnahmen boten sich an, um auf diese Entwicklung zu reagieren? Das Bundesministerium für Arbeit unter Herbert Ehrenberg (SPD) wollte die Freizügigkeitsbestimmungen ein für allemal ablösen und schlug den Abschluss eines ratifikationsbedürftigen Vertrags vor. Der Staatssekretär im Auswärtigen Amt, Hans Werner Lautenschlager, vermerkte dazu: „Die Linie des BMA ist unrealistisch u[nd] außenpolitisch höchst problematisch." Das Außenministerium plädierte für ein weiteres Zusatzprotokoll, das die Frist zur Herstellung der Freizügigkeit verlängern sollte, gegebenenfalls „sine die". Zugleich wurden finanzielle Leistungen zur Schaffung von Arbeitsplätzen in der Türkei angeboten. Das Auswärtige Amt war sich darüber im Klaren, dass auch dieser Vorschlag nur schwer durchzusetzen sein würde[3].

---

[1] PA/AA, B 201, Ref. 411, Bd. 131102, Aufzeichnung von Ministerialdirektor Fischer vom 20.1.1982.
[2] PA/AA, B 201, Ref. 411, Bd. 131103, Aufzeichnung von Ministerialdirigent Franz Josef Bertele (Abteilung 5) vom 21.9.1982; Bertele wurde im Januar 1983 Leiter der Rechtsabteilung, seit dem 18.7.1983 im Rang eines Ministerialdirektors.
[3] PA/AA, B 200, Ref. 410, Bd. 121942, Aufzeichnung von Ministerialdirektor Fischer vom 2.1.1981 mit handschriftlichen Bemerkungen Lautenschlagers.

Nach dem Auftrag des Kabinetts vom 2. Juli 1980, sich um eine Revision der Freizügigkeitsvereinbarungen zu bemühen, kamen die für Europafragen zuständigen Staatssekretäre am 6. März 1981 zusammen, um abschließend zu beraten. Sie trafen eine Entscheidung, die als „innen- wie wirtschaftspolitisch einschneidender und unter Bündnispartnern kaum zumutbarer Verzicht für die Türkei" gewertet werden musste:

„Der Türkei wird die Gleichbehandlung in den Lebens- und Arbeitsbedingungen mit den Staatsangehörigen der EG-Mitgliedstaaten für die Türken zugestanden, die bereits in einem Mitgliedstaat sind. Zugang zum Arbeitsmarkt wird Familienangehörigen dieser Türken nach Wartezeiten eröffnet, wie sie für Griechen gelten, das Höchstalter für den Nachzug der Kinder ist 18 Jahre. Wenn Mitgliedstaaten den Anwerbestopp aufheben, werden mit Vorrang Türken eingestellt (sogenannte 2. Priorität)."[4]

Ferner wurden finanzielle Leistungen zur Stützung des Landes zugesagt, auch um Arbeitsplätze in der Türkei zu schaffen. Die übrigen EG-Mitgliedstaaten und die EG-Kommission sollten für eine solche Regelung gewonnen werden. Das Bundesministerium für Arbeit konnte sich mit seiner Maximalposition also nicht durchsetzen, und doch handelte es sich um Beschlüsse, die in Ankara auf strikte Ablehnung stoßen mussten. Im Übrigen war die Zusicherung der „2. Priorität" wegen des EG-Beitritts Griechenlands und des in Aussicht genommenen Beitritts Spaniens und Portugals nichts als eine „leere Geste". Der Konflikt zwischen außenpolitischen Interessen und innenpolitischen Notwendigkeiten schien kaum lösbar zu sein[5]. Kostenneutral, aber wenig erfolgversprechend war der Vorschlag, „türkisches Wohlwollen [...] durch Verzicht auf Kritik an der innenpolitischen Situation in der Türkei zu erkaufen". Zudem unternahm die Bundesregierung nach Auffassung des Auswärtigen Amts „jetzt schon alles, um die innenpolitische Situation in der Türkei zu entdramatisieren".

Eine andere mögliche Maßnahme war die Steuerung des Nachzugs von Ehepartnern und Kindern. Für Botschafter Oncken stand fest, dass das „Nachziehen von Ehepartnern" nicht mehr zugelassen werden könne, gerade auch bei der „zweiten Generation". Die Türken seien „schon als solche von Sorgen über mangelnden Nachwuchs nicht geplagt". Es sei nicht hinnehmbar, dass „unsere auf humanitären Grün-

---

[4] PA/AA, B 200, Ref. 410, Bd. 121942, Aufzeichnung von Ministerialdirektor Fischer vom 16.3.1981.
[5] PA/AA, B 200, Ref. 410, Bd. 121998, Aufzeichnung von Ref. 410 vom 10.12.1981; das folgende Zitat findet sich ebenda.

den beruhende, nachgiebige [...] Haltung die Tür nach Deutschland einem jeden, der sich auch nur einigermaßen geschickt anstellt, weit öffnet"[6]. Das Bundesministerium für Arbeit erachtete es als unerlässlich, die „Möglichkeiten einer sozialverantwortlichen Steuerung des Familiennachzugs" zu prüfen[7].

Intensiv diskutiert wurde der Ausschluss 16- bis 18-jähriger Kinder vom Nachzug, weil sie als schwer integrierbar galten. Dabei wurden Meinungsverschiedenheiten zwischen den Bundesministerien erkennbar. Das Bundesministerium für Wirtschaft unter Otto Graf Lambsdorff (FDP) hielt einen solchen Ausschluss nicht für vereinbar mit dem Geist des Assoziationsabkommens. Ein solches Vorgehen widerspreche der Entscheidung der Staatssekretäre vom 6. März 1981 und gefährde das vorrangige Ziel, eine tragfähige endgültige Regelung mit der Türkei zu finden[8]. In der Bundesregierung setzte sich allerdings die harte Position durch. Mit den Kabinettsbeschlüssen vom 11. November 1981 vollzog sie die „Wende zu einer eindeutigen Begrenzungspolitik"[9]. Die Bundesrepublik Deutschland sei „kein Einwanderungsland" und solle es auch nicht werden. Ein weiterer Zuzug von Ausländern aus Nicht-EG-Staaten sollte „unter Ausschöpfung aller rechtlichen Möglichkeiten" verhindert werden[10]. Mit ihren Beschlüssen vom 2. Dezember 1981 setzte die Regierung Schmidt/Genscher dieses Vorhaben um. Sie bat die Bundesländer, vor allem folgende Personengruppen vom Nachzug auszuschließen: 16- und 17-jährige ausländische Jugendliche sowie Ehegatten von Ausländern, es sei denn, der Ehepartner war bereits mindestens acht Jahre in der Bundesrepublik ansässig und die Ehe hatte schon ein Jahr Bestand[11].

Die Ausländerpolitik war darauf gerichtet – so ein weiterer Beschluss vom 3. Februar 1982 –, die weitere Zuwanderung von Auslän-

---

[6] PA/AA, B 85, Ref. 513, Bd. 1610, Schriftbericht 1092 von Botschafter Oncken vom 18.5.1981.
[7] PA/AA, B 85, Ref. 513, Bd. 1610, Bundesarbeitsministerium an das Auswärtige Amt vom 26.6.1981.
[8] PA/AA, B 85, Ref. 513, Bd. 1610, Bundeswirtschaftsministerium an das Bundesarbeitsministerium vom 2.6.1981.
[9] Herbert, Ausländerpolitik, S. 247.
[10] Ausländerpolitische Beschlüsse der Bundesregierung vom 19. März 1980, 11. November 1981, 2. Dezember 1981 und 3. Februar 1982, hrsg. vom Bundesminister für Arbeit und Sozialordnung, o. O. o. J.
[11] Vgl. ebenda, sowie Herbert, Ausländerpolitik, S. 247, und Hunn, Nächstes Jahr, S. 461 f.

dern „wirksam zu begrenzen", die Rückkehrbereitschaft zu stärken sowie die wirtschaftliche und soziale Integration der in der Bundesrepublik lebenden Ausländer zu verbessern. Der „Anwerbestopp" wurde „uneingeschränkt aufrechterhalten"[12]. Bezeichnenderweise stand das Ziel der Begrenzung an erster, das der Integration an letzter Stelle. Heftig diskutiert wurde weiter die Frage des Familiennachzugs, insbesondere, ob das Nachzugsalter für Jugendliche ein weiteres Mal (von 16 auf sechs Jahre) herabgesetzt werden solle. Genscher sprach sich entschieden dagegen aus, sowohl vor als auch nach dem Regierungswechsel im Oktober 1982. In einem Schreiben an Bundeskanzler Schmidt legte er im Juli 1982 dar, dass zur Frage der Freizügigkeit intensive Gespräche mit der EG-Kommission stattfänden, „um diese zu veranlassen, ihr Verhandlungskonzept nach den deutschen Vorstellungen auszurichten". Es wäre angezeigt, zunächst Erfahrungen über die Auswirkungen der Senkung des Zuzugsalters auf 16 Jahre zu sammeln, bevor über eine weitere Herabsetzung entschieden werde:

„Bei voller Anerkennung innenpolitischer Notwendigkeiten sollten wir es vermeiden, in eine Lage zu kommen, in der wir uns nicht nur erheblichen verfassungs- und menschenrechtlichen Einwänden aussetzen, sondern auch unsere Verhandlungsposition gegenüber der Kommission und der Türkei tendenziell weiter erschweren und unsere Beziehungen zu den Beitrittskandidaten Portugal und Spanien belasten würden. [...] Zugleich meine ich, daß bei der Fortentwicklung unserer Ausländerpolitik der außenpolitischen Komponente erhöhte Aufmerksamkeit geschenkt werden sollte."[13]

Im November 1982 notierte der stellvertretende Leiter der Rechtsabteilung des Auswärtigen Amts, Franz Josef Bertele, er habe Genscher auf diese Problematik angesprochen:

„Ich habe darauf aufmerksam gemacht, daß mit Sicherheit alle Bundesressorts für die Herabsetzung des Nachzugsalters eintreten würden. Der Herr Bundesminister hat dann entschieden, daß sich die Vertreter des Auswärtigen Amts auch in Zukunft gegen die Herabsetzung des Nachzugsalters wenden sollten. Auf meine Frage, mit welcher Härte wir diese Position vertreten sollten, antwortete der Herr Bundesminister: ‚Ganz hart.'"[14]

Hatten SPD und FDP bis 1980 keine großen Schwierigkeiten gehabt, in der Ausländer- und Asylpolitik eine gemeinsame Linie zu finden,

---

[12] Bulletin des Presse- und Informationsamts der Bundesregierung Nr. 11 vom 5.2.1982, S. 88.
[13] PA/AA, B 201, Ref. 411, Bd. 131103, Genscher an Schmidt vom 8.7.1982.
[14] AAPD 1982/II, Dok. 314: S. 1631–1638, hier S. 1635f. Anm. 23.

so wurden in der Endphase der sozial-liberalen Regierung stärkere Differenzen deutlich, auch wenn bei diesem Thema kein Bruch der Koalition drohte. Nach der Ablösung der sozial-liberalen durch die christlich-liberale Regierung war die FDP intensiver darum bemüht, ihr Profil zu schärfen. Die Ausländerfrage entwickelte sich zu einem der heftigsten Streitpunkte in der neuen Koalition: „Während die CDU und vor allem die CSU auf eine harte Rückführungs- und Abgrenzungspolitik setzten, war die FDP zu derartig rigiden Maßnahmen nicht bereit." Genscher drohte mit seinem Rücktritt, sollte das Nachzugsalter für ausländische Jugendliche auf sechs Jahre herabgesetzt werden. Als Protagonist einer harten Gangart trat insbesondere der neue Bundesinnenminister Friedrich Zimmermann (CSU) hervor, während sich die Beauftragte der Bundesregierung für die Integration der ausländischen Arbeitnehmer und ihrer Familienangehörigen, Liselotte Funcke (FDP), als seine Gegenspielerin etablierte[15]. Für Genscher spielten neben parteipolitischen und koalitionstaktischen natürlich auch außenpolitische Gründe eine wichtige Rolle, zumal er eine Verschlechterung der deutsch-türkischen Beziehungen befürchtete.

Trotz aller Konflikte blieb es das gemeinsame Ziel der Koalitionspartner, zu einer Revision der Freizügigkeitsbestimmungen zu kommen. Daran ließ auch Genscher keinen Zweifel, wie sich bei einer Besprechung des Ministers mit den Staatssekretären Lautenschlager und von Staden, Botschafter Oncken und anderen hohen Beamten am 20. Oktober 1982 im Auswärtigen Amt zeigte. Als Ergebnis hielt man fest, dass „an oberster Stelle" die Einschränkung der Freizügigkeit stehe:

„Unser Ziel muß sein, im Einvernehmen mit den Türken eine Lösung zu erzielen, die einen weiteren Zuzug von Türken ausschließt. Eine solche Lösung soll noch mit der Türkei verabredet werden, solange die Militärs an der Macht sind. [...] Für die Zukunft soll verabredet werden, daß nun ein zeitlich nicht begrenzter ‚standstill' eintritt und daß eine Änderung des ‚standstill' der Zustimmung beider Seiten bedarf."

Das zweite Ziel war die „Reduzierung der Zahl der bei uns lebenden Türken" durch Anreize zur Rückkehr von Ausländern in ihre Heimat. Genscher bemerkte dazu, dass man hier „kreativ sein solle, von einer Kapitalisierung des Arbeitslosengeldes bis hin zur Kapitalisierung von

---

[15] Vgl. Herbert, Ausländerpolitik, S. 249–253, Zitat S. 251; Hunn, Nächstes Jahr, S. 473; Wirsching, Provisorium, S. 300 ff.

Kindergeldleistungen"[16]. Mochte die Ausländerpolitik der FDP, gerade angesichts des Konflikts mit der CSU, moderat erscheinen und es in einigen Punkten auch sein: So gering war der Grad an Übereinstimmung zwischen „Liberalen" und „Hardlinern" oft gar nicht.

Die Rechtsabteilung des Auswärtigen Amts wies darauf hin, der Ausdruck „sich leiten lassen" in Artikel 12 des Assoziationsabkommens von 1963 bedeute, dass die Freizügigkeit für türkische Arbeitnehmer „nicht notwendigerweise die gleiche wie in der Gemeinschaft" sein müsse; wohl aber müsse der Zugang zum EG-Arbeitsmarkt ab dem 1. Dezember 1986 in einem gewissen Maße geöffnet werden. Eine einvernehmliche Vertragsänderung schied aus, weil unter keinen Umständen mit der Zustimmung der türkischen Regierung zu rechnen war. Als beste Lösung sah man daher eine einschränkende Vertragsinterpretation in beiderseitigem Einvernehmen an, die aber natürlich ebenso von der türkischen Seite abhängig war[17]. Es lagen auch „Anhaltspunkte" dafür vor, dass sich die Gemeinschaft angesichts der veränderten Wirtschaftslage auf die *clausula rebus sic stantibus* berufen könnte, doch wegen der strengen Anforderungen des allgemeinen Völkerrechts an Ausnahmen von der Grundnorm *pacta sunt servanda* war dieser Weg nicht aussichtsreich[18].

Mit diesen Erkenntnissen reiste Genscher im November 1982 zum zweiten Mal während der Militärherrschaft nach Ankara. Im Gespräch mit Evren am 20. November betonte der Minister, den gegenwärtigen „standstill" über das Jahr 1986 hinaus zu verlängern werde sehr hilfreich sein bei dem Bemühen, „einen Beitrag zur Entwicklung der Beziehungen zu leisten". Evren antwortete, die Türkei könne nicht auf das Recht der Freizügigkeit verzichten, aber es müsse nach Wegen gesucht werden, „um dieses Recht nicht zu Lasten Deutschlands anzuwenden". Genscher interpretierte diese Feststellung so, dass „keine Erhöhung der Zahl der Türken in Deutschland durch Zuzug eintreten solle"[19].

In der Kabinettssitzung am 1. Dezember 1982 verkündete Genscher, dass es ihm gelungen sei, die am 1. Dezember 1986 in Kraft tretende

---

[16] PA/AA, B 26, Ref. 203, Bd. 124915, Aufzeichnung von Ministerialdirigent Bertele vom 20.10.1982.
[17] PA/AA, B 200, Ref. 410, Bd. 130293, Aufzeichnung von Ref. 501 vom 5.8.1982.
[18] PA/AA, B 85, Ref. 513, Bd. 1614, Aufzeichnung der Abteilung 5 vom 16.9.1982.
[19] AAPD 1982/II, Dok. 314, S. 1637 f.

Freizügigkeitsregelung „praktisch zu entschärfen"[20]. Die Rechtsabteilung des Auswärtigen Amts versuchte krampfhaft, diese These zu untermauern. Die türkische Seite sei eine „zumindest politische" Verpflichtung eingegangen. Es stelle sich die Frage, ob ihr „eine grundsätzliche Verbindlichkeit auch in einem rechtlichen Sinn" zukomme. Auch einseitige mündliche Zusicherungen könnten völkerrechtlich verbindlich sein; es wurde auf den „Ost-Grönland-Fall" zwischen Dänemark und Norwegen von 1919 verwiesen[21].

Überzeugend war all das nicht, und die Türkei schlug bald einen ganz anderen Weg ein, wie sich spätestens 1984 zeigte. Bei seinem Besuch in der Bundesrepublik im September 1984 wies Ministerpräsident Özal darauf hin, dass die „Stundung und Verschiebung der Freizügigkeit [...] nur bei globalen Verhandlungen mit der Europäischen Gemeinschaft gelöst werden" könne. Mit anderen Worten: Die Türkei wollte EG-Vollmitglied werden. Genscher war perplex und erklärte, dass dies „ein ganz neuer Vorschlag" sei. Die Freizügigkeit sei nur im Rahmen des Assoziationsabkommens zu regeln: „Darum ginge es, und um nichts anderes."[22] Im April 1987 stellte die Türkei schließlich den Antrag auf einen Beitritt zur EG.

Im Übrigen war die Regierung Kohl/Genscher zeitweilig gar nicht in der Lage, ihre Anliegen gegenüber der EG-Kommission wirksam zu vertreten. Es handelte sich um eine „offene Entscheidungslage innerhalb der Bundesregierung", wie Bundesminister Zimmermann dem Kanzler mitteilte[23]. Am 7. Oktober 1983 konnten die für Europafragen zuständigen Staatssekretäre kein Einvernehmen über die Position der Bundesrepublik in Brüssel erzielen. Eine „Verlängerung des Status quo" war konsensfähig, aber das Innenministerium wollte zusätzlich einen Vorbehalt einbauen, um die spätere Gesetzgebung nicht zu präjudizieren und das Nachzugsalter doch noch auf sechs Jahre herabsetzen zu können. Das stieß auf den Widerstand des Auswärtigen Amts[24].

---

[20] PA/AA, B 85, Ref. 513, Bd. 1614, Aufzeichnung von Ref. 011 vom 6.12.1982.
[21] PA/AA, B 26, Ref. 203, Bd. 124915, Aufzeichnung von Ministerialdirigent Bertele vom 23.11.1982.
[22] Akten zur Auswärtigen Politik der Bundesrepublik Deutschland 1984, Bd. II: 1. Juli bis 31. Dezember 1984, bearb. von Daniela Taschler und Tim Szatkowski, München 2015, Dok. 229: S. 1057–1071, hier S. 1061.
[23] PA/AA, B 201, Ref. 411, Bd. 131108, Zimmermann an Kohl vom 11.10.1983.
[24] PA/AA, B 201, Ref. 411, Bd. 131108, Aufzeichnung von Ministerialdirigent Ungerer vom 10.10.1983.

Einig war sich die Regierung immerhin darin, dass die Zahlung von Rückkehrprämien ein gutes Mittel zur Verringerung der Ausländerzahl sein könnte. Erste Ansätze zu solchen Maßnahmen hatte es schon zu Zeiten der sozial-liberalen Regierung gegeben. In einem Gespräch mit dem türkischen Ministerpräsidenten Ulusu am 9. Juni 1982 am Rande der NATO-Ratstagung in Bonn hatte Bundeskanzler Schmidt betont, die Gastarbeiter müssten vor die Wahl gestellt werden, „sich oder wenigstens ihre Kinder in unsere Lebensgemeinschaft mit allen Konsequenzen zu integrieren oder in die Heimat zurückzukehren". Beides konnte nicht erzwungen werden, und ein Beamter des Auswärtigen Amts notierte auf der Gesprächsaufzeichnung: „Diese Auffassung ignoriert, daß es ohne Gastarbeiter auch künftig nicht gehen wird und daß Integration bzw. Rückkehrförderung nur an den Rändern helfen können."[25]

Es konnte sich immer nur um Maßnahmen handeln, die auf eine freiwillige Rückkehr hinausliefen. Schon am 14. Juli 1982 befürwortete das Bundeskabinett folgende Rückkehranreize: Auszahlung der Arbeitnehmeranteile aus der Rentenversicherung nach einer halbjährigen Wartezeit, prämienunschädliche vorzeitige Auszahlung von entsprechend geförderten Sparguthaben und Lebensversicherungen, vorzeitige Auszahlung von betrieblichen Alterssicherungen. Eine Rückkehrprämie lehnte die Regierung Schmidt/Genscher ausdrücklich ab[26]. Die Rückkehrhilfe stand aber nach dem Koalitionswechsel sofort auf der Agenda der Regierung von CDU/CSU und FDP. Ferner wurden weitere Anreize diskutiert wie die Auszahlung kapitalisierten Arbeitslosengelds nach einer Rückkehr in die Türkei. Diese Pläne bedeuteten für die türkische Seite „erhebliche Zumutungen". Ein Rückgang an Deviseneinnahmen aus den Überweisungen der „Gastarbeiter" wäre nur eine nachteilige Folge gewesen[27].

Am 22. Juni 1983 lag ein Gesetzentwurf vor, kurz bevor der Bundesminister für Arbeit, Norbert Blüm (CDU), und sein Kabinettskollege Zimmermann im Juli nach Ankara reisten. Es wurde mehr als deutlich, dass die türkische Regierung aus wirtschaftlichen Gründen an einer Rückkehr ihrer Landsleute kein Interesse hatte[28]. Das Gesetz zur För-

---

[25] PA/AA, B 200, Ref. 410, Bd. 130293, Aufzeichnung von Ministerialdirigent Dröge vom 10.6.1982.
[26] PA/AA, B 26, Ref. 203, Bd. 124915, Aufzeichnung von Ref. 513 vom 19.10.1982.
[27] PA/AA, B 60, Ref. 420, Bd. 129994, Aufzeichnung von Ref. 203 vom 22.10.1982.
[28] PA/AA, B 82, Ref. 510, Bd. 1476, Aufzeichnung der Vortragenden Legationsrätin I. Klasse Steffler vom 25.7.1983.

derung der Rückkehrbereitschaft von Ausländern – kurz Rückkehrhilfegesetz – trat schließlich am 1. Dezember 1983 in Kraft. Die Zahlung einer Rückkehrhilfe hatte zur Voraussetzung, dass der Zurückkehrende durch Konkurs oder Betriebsstillegung arbeitslos geworden oder seit einem halben Jahr von Kurzarbeit betroffen war. Die Höhe der Leistung betrug 10.500 DM zuzüglich 1500 DM für jedes zurückkehrende Kind, sie konnte bis Juni 1984 in Anspruch genommen werden, und die Ausreise mit der gesamten Familie musste bis Ende September 1984 erfolgen. Außerdem waren jeweils für einen bestimmten Personenkreis und unter bestimmten Voraussetzungen folgende Leistungen vorgesehen: vorzeitige Verfügung über staatlich begünstigte Sparleistungen ohne Verlust der staatlichen Vergünstigungen (Laufzeit: unbefristet); Erstattung des Arbeitnehmeranteils zur gesetzlichen Rentenversicherung ohne Wartezeit (Laufzeit: bis Juni, Ausreise bis Ende September 1984); Abfindungen von Anwartschaften in der betrieblichen Altersversorgung (Laufzeit: unbefristet)[29].

Bis Ende Januar 1984 gingen 3200 Anträge auf Rückkehrprämie ein (rund 2600 von Türken); man rechnete mit 20.000 Anträgen. Ferner zählte man zu diesem Zeitpunkt circa 18.000 Anträge auf Erstattung des Arbeitnehmeranteils an der Rentenversicherung; Schätzungen zufolge sollten es 50.000 werden[30]. Bewilligt wurden insgesamt 13.700 Anträge auf Rückkehrhilfe (12.000 Türken) und 120.000 Anträge auf Erstattung von Beiträgen zur Rentenversicherung (93.000 Türken). Nach Angaben der Bundesregierung sollen etwa 300.000 ausländische Arbeitnehmer und Familienangehörige die Bundesrepublik verlassen haben. Wenn man berücksichtigt, dass die jährliche Zahl der Rückkehrer stets hoch war (1982: 86.852, 1983: 75.614 Türken[31]), wurde das Ziel, die Ausländerzahl signifikant zu senken, verfehlt[32].

Die Ausländerpolitik glich einem Scherbenhaufen, und von Integration wurde nur wenig gesprochen. Die Freizügigkeitsregelungen, die ab Ende 1986 gelten sollten, konnten trotz intensiver Bemühungen nicht abgebaut werden; mündliche Zusagen von türkischer Seite

---

[29] PA/AA, B 60, Ref. 420, Bd. 129989, Aufzeichnung des Bundesinnenministeriums zur Ausländerpolitik und zum Ausländerrecht vom April 1984. Für den Wortlaut vgl. Bundesgesetzblatt 1983, Teil I, S. 1377–1380.
[30] PA/AA, B 82, Ref. 510, Bd. 1476, Aufzeichnung von Ref. 513 vom 22.2.1984.
[31] PA/AA, B 82, Ref. 510, Bd. 1476, Aufzeichnung von Ref. 513 vom 21.2.1984.
[32] Vgl. Hunn, Nächstes Jahr, S. 470–491, hier vor allem S. 485 ff.; Herbert, Ausländerpolitik, S. 253–256.

waren wertlos. Die Türkei zeigte sich an der Lösung dieser Probleme nicht interessiert. Einschränkungen beim Nachzug von Ehepartnern und Kindern belasteten die deutsch-türkischen Beziehungen, Rückkehranreize blieben weitgehend wirkungslos. Über ausländerpolitische Fragen kam es zu heftigen Spannungen in der christlich-liberalen Koalition, die das öffentliche Bild dominierten, etwa wenn es um eine weitere Herabsetzung des Zuzugsalters für ausländische Jugendliche ging. Doch das Bild täuschte bisweilen, denn so uneins war man sich in der Regierung bei einigen besonders heiklen Themen (Beschränkungen der Freizügigkeit und Rückkehrhilfe) gar nicht. Wie abwehrend die türkische Regierung reagierte, zeigte sich bei der Einbürgerungsfrage. Eine Einbürgerung war in der Regel nur möglich, wenn der Bewerber seine frühere Staatsangehörigkeit ablegte. Türken – deren Einbürgerungsbereitschaft ziemlich gering war – hatten allerdings wegen Änderungen am Staatsangehörigkeitsgesetz 1981 häufig Schwierigkeiten, ihre „Entlassung" zu erreichen. So wurden Einbürgerungen nicht selten unter (vorübergehender) Hinnahme von Mehrstaatlichkeit vollzogen. Die Regierung in Ankara verfolgte offensichtlich das Ziel, „Türken, die sich im Ausland niedergelassen haben, den Erwerb der fremden Staatsangehörigkeit zu ermöglichen, ohne daß sie deshalb die türkische Staatsangehörigkeit aufgeben müssen". Sie versuchte bewusst, „die Verfügungsgewalt auch über ihre Auslandstürken zu behalten"[33].

2. Die Lage der Minderheiten in der Türkei und Asylverfahren in der Bundesrepublik

Kurz nach der Machtübernahme durch das Militär unterrichtete das Auswärtige Amt die Botschaft in Ankara, dass das Bundesamt für die Anerkennung ausländischer Flüchtlinge erst einmal keine Entscheidungen über Asylanträge von Türken mehr treffe. Damit verbunden war die Frage, „ob sich wegen des Regimewechsels eine Änderung unserer bisherigen Haltung zum Tatbestand der politischen Verfolgung in der Türkei ergibt"[34]. Botschafter Oncken antwortete, dass sich die Beruhigung der Sicherheitslage positiv auswirken werde. Angesichts der vielen „in Schutzhaft genommenen Partei- und Gewerkschafts-

---

[33] PA/AA, B 82, Ref. 510, Bd. 1446, Aufzeichnungen von Ref. 510 vom 17.1.1983.
[34] PA/AA, B 82, Ref. 510, Bd. 1286, Drahterlass des Vortragenden Legationsrats I. Klasse Kastrup vom 16.9.1980.

funktionäre" könne aber eine „Kategorie neuer Asylbewerber" entstehen. Man müsse damit rechnen, dass „diese neuen Asylbewerber nicht unglaubhaft versichern können, wegen im Grunde rein politisch zu wertender Straftaten verfolgt worden zu sein"[35]. In Bonn las man offensichtlich nur den ersten Teil der Antwort. Dem Innenministerium wurde umgehend mitgeteilt: „Die Installierung der Militärregierung hat keine weiteren Asylgründe geschaffen, eher [...] bestehenden Asylgründen die Überzeugungskraft genommen."[36]

Rein quantitativ bedeuteten die türkischen Asylbewerber nach der Einführung der Sichtvermerkspflicht 1980 kein Problem; 1981 stellten 49.391 Menschen in der Bundesrepublik einen Antrag auf Asyl (genauer: 39.555 Anträge für 49.391 Personen); darunter waren 6302 Türken. Als asylberechtigt anerkannt wurden 51 türkische Staatsangehörige[37]. 1982 und 1983 stellten nur 4365 beziehungsweise 1548 Personen aus der Türkei einen Asylantrag[38]. Problematisch waren nur die Anträge auf Erteilung eines Sichtvermerks. Von Januar bis Juni 1981 erteilten die Botschaft in Ankara sowie die Generalkonsulate in Istanbul und Izmir 34.008 Sichtvermerke; 19.343 Anträge wurden abgelehnt. Die Sichtvermerkspflicht hatten mittlerweile auch andere westeuropäische Staaten eingeführt[39]. Mit den Fluggesellschaften wurden Absprachen getroffen, bei (Zwischen-)Landungen in der Bundesrepublik nur Türken zu befördern, die ein gültiges Visum besaßen. Fluggesellschaften, die dagegen verstießen, wurden mit einem Bußgeld belegt[40]. Zunehmend sorgte sich die Bundesregierung allerdings darum, dass die Art und Weise, in der die Visa erteilt wurden, Anlass zu öffentlicher Kritik geben könne. Diese Praxis sollte zumindest nicht in Widerspruch zu den Bestimmungen der Schlussakte von Helsinki stehen (Förderung

---

[35] PA/AA, B 82, Ref. 510, Bd. 1286, Fernschreiben 1150 von Botschafter Oncken vom 17.9.1980.
[36] PA/AA, B 82, Ref. 510, Bd. 1286, Mitteilung von Staatssekretär van Well an Staatssekretär Fröhlich vom 19.9.1980.
[37] PA/AA, B 82, Ref. 510, Bd. 1447, Aufzeichnung von Ref. 510 vom 17.5.1982; vgl. auch Hans-Ingo von Pollern, Die Entwicklung der Asylbewerberzahlen im Jahre 1981, in: ZAR 2 (1982) H. 2, S. 93.
[38] Vgl. die Beiträge von Hans-Ingo von Pollern: Die Entwicklung der Asylbewerberzahlen im Jahre 1982, in: ZAR 3 (1983) H. 2, S. 84, und Die Entwicklung der Asylbewerberzahlen im Jahre 1983, in: ZAR 4 (1984) H. 2, S. 110.
[39] PA/AA, B 82, Ref. 510, Bd. 1474, Aufzeichnung von Ref. 510 vom 29.10.1981.
[40] PA/AA, B 82, Ref. 510, Bd. 1344, Bundesinnenministerium an das Auswärtige Amt vom 25.1.1982.

menschlicher Kontakte und Zusammenführung von Familien), weil sie ein Kernstück der Ostpolitik bildeten. Die Vertretungen in der Türkei wurden angewiesen, „kleinere Korrekturen" vorzunehmen und bei Familienbesuchen keine Härte zu zeigen. Bei den Antragstellern sollte, außer bei konkreten Anhaltspunkten für eine „Übersiedlungsabsicht", die Besuchsabsicht „bona fide unterstellt" werden[41].

Die türkischen Asylbewerber fielen also zahlenmäßig kaum ins Gewicht, aber trotzdem ergab sich ein großes Konfliktpotential. Heftige Kritik entzündete sich an der Berichterstattung der Botschaft, die durch Indiskretionen an die Presse gelangte. So zitierte die „Stuttgarter Zeitung" am 23. Dezember 1980 aus Onckens Schriftbericht Nummer 2194 vom 5. Dezember, in dem sich der Botschafter zur Lage der Menschenrechte in der Türkei geäußert hatte[42]. Wenig später wurde ein „in Bonn ‚durchgeleckter' Bericht" Onckens im „Spiegel" kritisch kommentiert[43]. Einige Tage zuvor hatte Oncken ein Schreiben des Journalisten Jürgen Roth aus Frankfurt erhalten. Roth gab an, es sei befremdlich, dass der Botschafter Berichte über Folterungen als „Propaganda von Linksradikalen" bezeichne. Oncken wertete dieses Schreiben als Versuch, „auf die Berichterstattung der Botschaft indirekt einzuwirken". Roths Hinweis auf die Bedeutung der Berichte für laufende Asylverfahren komme dem „Tatbestand der Druckausübung" nahe[44].

Der Konflikt um die „Lecks" im Auswärtigen Amt schwelte weiter. Überraschend war das nicht, denn wie sich herausstellte, fanden die Auskünfte beim Bundesamt für die Anerkennung ausländischer Flüchtlinge Eingang in eine Dokumentation, zu der alle Verfahrensbeteiligten Zugang hatten. Der Kreis der Personen, die Einsicht nehmen durften, war „praktisch unbegrenzt". Aber erst im August 1983 erhielt die Botschaft in Ankara die Mitteilung, dass künftig ein strengerer Maßstab bei der Weiterleitung von Berichten angelegt werde[45].

---

[41] PA/AA, B 82, Ref. 510, Bd. 1475, Ministerialdirigent Bertele an die Botschaft in Ankara sowie die Generalkonsulate in Istanbul und Izmir vom 2.9.1982.
[42] PA/AA, B 83, Ref. 511, Bd. 1415, Schriftbericht 71 von Botschafter Oncken vom 9.1.1981.
[43] PA/AA, B 26, Ref. 203, Bd. 123301, Fernschreiben 146 von Botschafter Oncken vom 4.2.1981; vgl. auch Der Spiegel vom 2.2.1981: „Kollektiver Mief".
[44] PA/AA, B 26, Ref. 203, Bd. 123301, Roth an Oncken vom 27.1.1981 und Schriftbericht 272 Onckens vom 3.2.1981.
[45] PA/AA, B 82, Ref. 510, Bd. 1482, Weisung 310 an die Botschaft in Ankara vom 15.8.1983.

Die Frage nach dem Umgang mit türkischen Asylbewerbern war auch deshalb brisant, weil viele einer Minderheit angehörten. Seit Ende der 1970er Jahre beschäftigten sich die diplomatischen Missionen intensiver mit den ethnischen und religiösen Minoritäten in der Türkei, besonders der kurdischen Bevölkerung und den Christen[46]. Die Minderheitenfrage galt als „eines von verschiedenen Elementen zur Erklärung der Terrorszene". Für die Diplomaten war die erste Frage, „ob sich hinter den Terror- und Gewaltakten [...] neben sozialen und politischen Motiven auch Minderheitenprobleme verbergen, oder ob diese gar Triebfeder der Terrorszene sind"[47].

Sowohl vor als auch nach dem 12. September 1980 wurde meistens mit Sympathie für die türkische Sicht der Dinge berichtet – und kritisch vor allem über linksextremistische kurdische Aktivitäten. Die Kurden im Osten des Landes würden „den Ausbau einer moderneren Gesellschaft behindern und der türkischen Volkswirtschaft [...] erheblich schaden", so Botschafter Sahm, der auch die fragwürdige Auffassung vertrat, dass wegen „der amtlichen Ignorierung eines ‚Kurdenproblems' [...] von einer aktiven Repression nicht eigentlich gesprochen werden" könne[48]. Aufschlussreich waren auch die Berichte, die sein Nachfolger Oncken übermittelte. In den 21 ost- und südostanatolischen Provinzen lebten mehr als 9,2 Millionen Menschen, darunter ein großer Teil der fünf bis acht Millionen Kurden in der Türkei. Auffällig sei das wirtschaftliche und soziale West-Ost-Gefälle. Äußerungen von führenden PKK-Mitgliedern belegten, dass „partikularistische oder separatistische Tendenzen mit marxistisch-leninistischen Theorien vom Volksbefreiungskampf" einhergingen; das sei „der gefährlichste Sprengsatz für den Zusammenhalt des türkischen Staatsgebiets". Die UdSSR habe den kurdischen Partikularismus oder Separatismus von jeher unterstützt; deshalb bedeute eine „Aufsplitterung des türkischen Ostens" auch eine „Aufweichung der NATO-Südostflanke bei gleichzeitiger politischer Indoktrinierung der Bewohner". Die kurdischen Gastarbeiter und Studenten in der Bundesrepublik seien „meist linksextremistisch

---

[46] Zur Kurdenfrage und zur Lage der Minderheiten in der Türkei vgl. Strohmeier/Yalçın-Heckmann, Kurden, vor allem S. 92–116; Kesen, Kurdenfrage; Akpınarlı/Scherzberg, Völker; Künnecke, Umgang mit Minderheiten.
[47] PA/AA, B 26, Ref. 203, Bd. 115907, Schriftbericht 126 von Botschafter Sahm vom 23.1.1979.
[48] PA/AA, B 26, Ref. 203, Bd. 115908, Schriftbericht 567 von Botschafter Sahm vom 18.4.1978.

ausgerichtet und Moskau-orientiert"[49]. Die Kurdenfrage wurde fast ausschließlich unter dem Blickwinkel des Ost-West-Konflikts betrachtet; das Verständnis für den Wunsch nach staatlicher Unabhängigkeit und kultureller Autonomie der größtenteils in der Türkei, im Irak und Iran sowie in Syrien lebenden Kurden tendierte gegen Null.

Konsequent gab Oncken die „Empfehlung einer sehr behutsamen Behandlung kurdischer Probleme". Fühle sich das türkische Volk in seiner nationalen Integrität bedroht, dann werde es „zuzupacken verstehen". Die „armenische[n] Vorgänge im ersten Drittel dieses Jahrhunderts" hätten gezeigt, „was ein zu starkes Engagement des Auslands in dieser Welt auslösen kann, der der Begriff des Genozids noch nicht fremdgeworden ist"[50]. Das führte auch zu einer bestimmten Sicht auf kurdische Asylbewerber in der Bundesrepublik. Im Juli 1980 gab die Botschaft dazu folgende Informationen: In den Hauptsiedlungsgebieten der Kurden werde Kurdisch gesprochen. Kurdische Volkstänze und das Singen kurdischer Lieder seien nicht verboten. Verordnungen aus den 1920er Jahren, die den Gebrauch der kurdischen Sprache und kurdische Publikationen untersagten, seien nie offiziell aufgehoben werden, würden aber nur theoretisch fortgelten. An den Schulen und Hochschulen dürfe Kurdisch nicht gelehrt und nicht als Unterrichtssprache verwendet werden. Der Ausnahmezustand gelte in 20 der 67 türkischen Provinzen, bringe aber „keine Sondervorschriften speziell zu den Kurden" mit sich. Verboten seien nur, nach Anordnungen der Ausnahmezustandskommandanturen, kurdische Zeitschriften, die sich für die Bildung eines freien Kurdistan einsetzten. Ein Ministerratsbeschluss von 1967 untersage die Einfuhr im Ausland veröffentlichter Druckerzeugnisse, Schallplatten et cetera in kurdischer Sprache. Als Fazit wurde festgehalten: Niemand müsse Repressalien staatlicher Organe fürchten, weil er sich öffentlich als Kurde zu erkennen gebe[51].

Diese Meinung wurde auch nach dem 12. September 1980 durchgängig vertreten. Die Angabe von Asylbewerbern, die kurdische Volkszugehörigkeit reiche aus, um verfolgt zu werden, entspreche „nicht der rechtlichen und politischen Wirklichkeit", so Oncken:

---

[49] PA/AA, B 26, Ref. 203, Bd. 123297, Schriftbericht 1115 von Botschafter Oncken vom 25.5.1981.
[50] PA/AA, B 26, Ref. 203, Bd. 124914, Schriftbericht 1496 von Botschafter Oncken vom 3.8.1982.
[51] PA/AA, B 82, Ref. 510, Bd. 1286, Schriftbericht 1315 des Gesandten von Alten vom 28.7.1980.

„Verschärfte polizeiliche Einsätze und intensive Maßnahmen der Strafverfolgung haben [...] gerade auch in den vornehmlich durch Kurden besiedelten Gebieten [...] stattgefunden. Dies findet seinen Grund aber nicht darin, daß der türkische Staat die Kurden als solche entrechten und unterdrücken will. Extremistische, anarchistische und separatistische Bestrebungen [...] waren vielmehr gerade auch in diesen Gebieten besonders verwurzelt und verbreitet, so daß der türkische Staat hier in seinem Bemühen, geordnete Zustände wiederherzustellen, teilweise gezielt einschreiten mußte."[52]

Anderes gelte, wenn sich ein Kurde „dezidiert für kurdische Autonomie- oder Unabhängigkeitsbestrebungen" einsetze: „Die türkischen Sicherheits- und Strafverfolgungsbehörden greifen dann stets ein, wobei sie gelegentlich zu Überreaktionen neigen." In diesem Fall sei die „Gefahr ‚versteckter oder indirekter Verfolgung' nicht von vornherein auszuschließen"[53]. Natürlich war die Bundesrepublik gut beraten, „in Ländern, mit denen sie diplomatische Beziehungen unterhält, keine separatistischen Bestrebungen [zu] unterstützen"[54]. Aber konnte bei kurdischen Asylbewerbern pauschal eine politische Verfolgung verneint werden?

Der Druck auf das Auswärtige Amt, diese Frage differenzierter zu beantworten, nahm zu. Im April 1982 wandte sich Paul Wilhelm, der für die CSU im bayerischen Landtag saß, an Genscher. Er habe kürzlich eine von *Amnesty International* veranstaltete Podiumsdiskussion besucht. Verschiedene Teilnehmer hätten erklärt, die Botschaft in Ankara habe politische Verfolgung verneint. Diplomaten würden ein solches „Unwerturteil" scheuen: „Da sich sowohl das Bundesamt in Zirndorf als auch die Verwaltungsgerichte [...] auch auf Auskünfte des Auswärtigen Amts stützen, wäre es verhängnisvoll, wenn die geschilderten Annahmen zutreffen sollten".[55] Der Außenminister wies das als unzutreffend zurück. Es gebe keine politische Verfolgung der Kurden wegen ihrer Volkszugehörigkeit. Nachteile, die sie „wie zahlreiche andere Minderheiten in aller Welt" erdulden müßten, stellten allein noch keine Verfolgung dar. Das war allerdings nur im Entwurf zu

---

[52] PA/AA, B 82, Ref. 510, Bd. 1287, Schriftbericht 702 von Botschafter Oncken vom 27.3.1981.
[53] PA/AA, B 82, Ref. 510, Bd. 1447, Auswärtiges Amt an das Justizministerium vom 4.8.1983.
[54] PA/AA, B 82, Ref. 510, Bd. 1447, Vortragender Legationsrat Klaus Heinemann (Ref. 510) an den Bund Evangelisch-Freikirchlicher Gemeinden in Deutschland vom 7.6.1982.
[55] PA/AA, B 82, Ref. 510, Bd. 1345, Wilhelm an Genscher vom 5.4.1982.

lesen. In der Endfassung hieß es nur noch, das „entscheidende Element" sei die „Absicht einer Regierung, gegen eine Minderheit als solche gezielt vorzugehen". Hieran fehle es in den Fällen von asylsuchenden Kurden, für die das Auswärtige Amt um Auskunft gebeten worden sei[56].

Die Kritik an der Qualität der Auskünfte aus dem Auswärtigen Amt nahm jedoch kein Ende. Der „vorläufige Höhepunkt" war eine Sendung des Magazins „Panorama" in der ARD am 7. Juni 1983. Auch einige Verwaltungsgerichte (Berlin, Wiesbaden, Hamburg) übten scharfe Kritik an den Informationen aus Bonn, die als unglaubhaft und nicht verwertbar bezeichnet wurden. In der Rechtsabteilung des Ministeriums wies man darauf hin, dass die Kritik von der großen Mehrheit der Gerichte nicht geteilt werde. Rechtlich sei die Möglichkeit der Einschränkung der Auskunftserteilung gegeben. Der „gravierende Nachteil" liege darin, dass dieses Prozedere insbesondere bei Asylverfahren, in denen die Antragsteller auf den Grundsatz *in dubio pro reo* plädieren könnten, zu einer wachsenden Zahl positiver Entscheidungen führen müsse. Es sei daher besser, an der bisherigen Praxis festzuhalten[57].

Viele westdeutsche Gerichte folgten in der Tat der Ansicht des Auswärtigen Amts, aber bei weitem nicht alle. Typisch war ein Urteil des Verwaltungsgerichtshofs Baden-Württemberg vom April 1982, das die Berufung eines klagenden Mitglieds der PKK gegen ein Urteil des Verwaltungsgerichts Karlsruhe vom Oktober 1980 zurückwies. Verfolgung liege nur dann vor, „wenn der Staat seine Machtmittel unter Mißachtung der [...] unantastbaren Menschenrechte gegen den einzelnen einsetzt". Das sei nicht zu erkennen. Die Kurden seien „in mancher Hinsicht benachteiligt", aber nicht wesentlich in ihrer persönlichen Entfaltung beschnitten und nicht in ihrer Identität bedroht oder gar einer Zwangsassimilation unterworfen. Eine Bestrafung auf der Grundlage der Paragraphen 125, 141 und 142 sowie 146 und 149 des türkischen Strafgesetzbuchs[58] rechtfertige nicht die Anerkennung als Asylberechtigter.

---

[56] PA/AA, B 82, Ref. 510, Bd. 1447, Genscher an Wilhelm (mit Vermerk „ab 21.5.1982") und Entwurf.

[57] PA/AA, B 82, Ref. 510, Bd. 1482, Aufzeichnung von Ministerialdirigent Bertele vom 5.7.1983.

[58] Hier ging es etwa um die Zerstörung der Einheit des Staates, die Absicht, die politische und rechtliche Ordnung des Staates zu beseitigen beziehungsweise die Propaganda dafür, den gewaltsamen Versuch der Änderung oder Auf-

Unter dem Gewand des Strafrechts könne sich politische Verfolgung verbergen, aber im konkreten Fall handele es sich um Sanktionen für begangenes Unrecht, denen kein politischer Charakter anhafte. Es gehöre zu den „legitimen staatlichen Selbsterhaltungsinteressen", schützenswerte Rechtsgüter gegen Verletzungen zu sichern. Die PKK strebe unter Einsatz von Waffengewalt die Schaffung eines autonomem Kurdistan auf marxistisch-leninistischer Grundlage an, und die Aktivitäten des Klägers – er hatte Flugblätter verteilt, Bücher verkauft und Propaganda verbreitet – gingen über bloße Sympathiebekundungen hinaus[59].

In einem Gutachten stellte Guido Hildner von der Zentralen Dokumentationsstelle der Freien Wohlfahrtspflege für Flüchtlinge in Bonn im April 1983 fest, dass sich die Gründe für die Asylantragstellung seit der Machtübernahme durch das Militär geändert hätten. Häufig würden seitdem direkte staatliche Verfolgungsmaßnahmen genannt. Die Frage sei, ob diese als politische Verfolgung im Sinne von Artikel 16 des Grundgesetzes bewertet werden könnten, insbesondere, inwieweit eine Strafe nach den Bestimmungen des türkischen Strafgesetzbuchs so einzuschätzen sei. Die deutschen Gerichte urteilten „sehr unterschiedlich". Es handele sich um eine „widersprüchliche und uneinheitliche Rechtsprechung". Für viele Gerichte stellte *strafrechtliche* Verfolgung nach dem türkischen Strafgesetzbuch keine *politische* Verfolgung dar. Es müsse jedem Staat erlaubt sein, Angriffe auf seine Grundordnung zu ahnden. Viele andere Gerichte werteten die strafrechtliche Verfolgung gewaltloser Aktivitäten dagegen als politische Verfolgung, weil diese im – Gegensatz zu Gewalttaten – die Existenz eines Staates nicht bedrohten. Einige Gerichte sahen sogar eine strafrechtliche Verfolgung von gewaltfreien wie gewalttätigen Handlungen als politische Verfolgung an. Sie argumentierten, dass man es in beiden Fällen mit rechtsstaatswidrigen Verfahren zu tun habe: Kritisiert wurden Verfahren vor Militärgerichten, die fehlende Garantie des gesetzlichen Richters, die Verwendung von Geständnissen nach Folter, Massenprozesse oder eingeschränkte Verteidigungsmöglichkeiten[60].

hebung der Verfassung oder die Bewaffnung der Bevölkerung zum Zweck eines Aufstands gegen die Regierung.
[59] PA/AA, B 82, Ref. 510, Bd. 1448, Beschluss des Verwaltungsgerichtshofs Baden-Württemberg in der Verwaltungsrechtssache des türkischen Staatsangehörigen M. S. C. gegen die Bundesrepublik Deutschland vom 26.4.1982.
[60] PA/AA, B 82, Ref. 510, Bd. 1447, Gutachten Guido Hildners (mit Schreiben des Justizministeriums vom 16.5.1983 an das Auswärtige Amt übermittelt) vom April 1983; das Folgende nach diesem Gutachten.

Hildner hielt sich mit einem eigenen Urteil zurück, machte aber deutlich, dass Paragraph 125 des türkischen Strafgesetzbuchs, der die Todesstrafe vorsah, dem Richter ein „breites, unbegrenztes Ermessen bei der Auslegung" lasse. Bei Kurden, die sich für die Autonomie einsetzten, werde Paragraph 125 seit 1980 verstärkt angewandt – erstmals seit der Niederschlagung des kurdischen Dersim-Aufstands 1937/38. Unter Paragraph 125 würden auch Taten gefasst, „die nach deutschem Recht als straflose Vorbereitungshandlungen anzusehen sind". Außerdem machte Hildner deutlich, dass es sich bei den Folterungen in türkischen Gefängnissen nicht um Einzelfälle handele, sondern dass Folter „vielmehr systematisch, auf breiter Basis und allgemein angewandt wird", und dass dies „unter Duldung, ja sogar Förderung des Staates geschieht". Einige Gerichte in der Bundesrepublik urteilten daher, dass Folterungen bei politischen Straftätern „aus politischen Motiven erfolgen und deshalb eine asylrechtsbegründende politische Verfolgung darstellen". Einige wenige Gerichte gingen sogar so weit, Folter in jedem Fall als politische Verfolgung zu werten, unabhängig von der Motivation der Staatsorgane.

In der Berichterstattung der diplomatischen Missionen wurde nicht wahrgenommen, dass die Zeit der Militärherrschaft einen „Wendepunkt in der Entwicklung des kurdischen Widerstands" mit weiterer Radikalisierung und Militarisierung bildete – und dass hierfür auch die repressive Politik des türkischen Staates ursächlich war. So wurden die Paragraphen 141 und 142 des Strafgesetzbuchs so weit ausgelegt, dass „jede politische Äußerung als ‚kurdische und sezessionistische Propaganda' bezeichnet und verfolgt werden konnte"[61]. Artikel 3 der Verfassung vom November 1982 beseitigte den Begriff Amtssprache; Türkisch war nun die Sprache des Staates. Auf der Grundlage von Artikel 26, Absatz 3 sowie Artikel 28, Absatz 2 der Verfassung galt seit Oktober 1983 ein Sprachengesetz, das auf das Verbot der kurdischen Sprache zielte[62]. Die dominierende, fast einhellige Meinung in der bundesdeutschen Rechtsprechung lautete, dass Kurden allein wegen ihrer Volkszugehörigkeit keine politische Verfolgung erlitten[63]; so stand es oft auch in den Berichten der Botschaft in Ankara. Das war aber nicht der entscheidende Punkt. Eine politische Verfolgung erfolgte natürlich

---

[61] Daase, Kleine Kriege, S. 190.
[62] Vgl. Rumpf, Kurdenfrage, S. 206 und S. 213.
[63] PA/AA, B 82, Ref. 510, Bd. 1447, Gutachten Hildners vom April 1983.

meistens wegen politischer Betätigung, aber die Spannweite war groß, und das erforderte bei Asylfällen einen viel differenzierteren Blick.

Als besonders problematisch erwiesen sich die (Vor-)Urteile über Kurden jesidischen Glaubens, wie Aussagen von Botschafter Oncken zeigen. Die Jesiden, Anhänger einer synkretistischen Religionsgemeinschaft, seien im 19. Jahrhundert nachweisbar von der muslimischen Bevölkerung verfolgt worden. Die damalige Verfolgung sei „die einzig belegte und belegbare", was ein Hinweis darauf sein könne, „wie sehr sich wahrscheinlich bis auf den heutigen Tag die jesidische Minderheitengruppe Pressionen aller Art seitens der Muslims ausgesetzt sehen mag". Der Botschaft seien keine Fälle von Benachteiligung oder Verfolgung bekannt. Eine staatliche Verfolgung wegen Zugehörigkeit zu dieser Minorität sei „ausgeschlossen"[64].

Im Sommer 1983 bereiste ein Angehöriger der Botschaft, Legationssekretär Holger Michael, den Südosten der Türkei, um die Lage ethnischer und religiöser Minderheiten zu erkunden. Er zeichnete ein weit realistischeres Bild und machte deutlich, dass physische Bedrohung nicht selten durch jeweils andere Minderheiten erfolge, wobei die Motivation „in einer Verquickung religiöser Antipathien mit handfesten Wirtschaftsinteressen wie Agrarland und Wasseraufteilung" zu sehen sei. Dahinter stehe eine Feudalordnung mit einem Großgrundbesitzer an der Spitze, der mehrere Dörfer besitze, die ihm tributpflichtig seien. Die Jesiden charakterisierte Michael als „weitgehend unbekannte und sehr zurückgezogen lebende Außenseiter", die geradezu prädestiniert seien für Übergriffe. Sie siedelten in den Städten Midyat und Mardin sowie in abgelegenen Dörfern in der Provinz Mardin. Jesiden hätten ihm mitgeteilt, dass vor dem 12. September 1980 häufig gewalttätige Übergriffe und Landenteignungen erfolgt, dann aber „relative Ruhe und Sicherheit" eingekehrt seien. In dem Dorf Çilesir hätten sie gleichwohl den „deprimiertesten und zukunftspessimistischsten Eindruck" von allen besuchten Gruppen gemacht. Michael räumte ein, dass dem durchreisenden Beobachter, der momentan eine gewisse Stabilität erblicke, „unterschwellige Spannungen und die täglichen Nadelstiche zwischen den Gruppen entgehen müssen"[65].

---

[64] PA/AA, B 82, Ref. 510, Bd. 1285, Schriftbericht 796 von Botschafter Oncken vom 8.5.1980. Zur Geschichte der Jesiden vgl. Franz, Yeziden.
[65] PA/AA, B 82, Ref. 510, Bd. 1482, Schriftbericht 1261 des Gesandten von Hassell vom 6.7.1983 mit einer Aufzeichnung von Legationssekretär Michael vom 5.7.1983 im Anhang.

Aus Michaels Bericht wurde deutlich, dass es nicht genügte, nur die Frage nach staatlicher Verfolgung zu stellen. Entscheidend war vielmehr, dass die Staatsorgane nicht fähig und vor allem auch nicht willens waren, die Jesiden vor Übergriffen zu schützen; von einer nachhaltigen Verbesserung seit Herbst 1980 wird man kaum sprechen können. Viele Jesiden flüchteten nach Westeuropa, insbesondere in die Bundesrepublik; die Einführung der Sichtvermerkspflicht im Oktober 1980 setzte hier schließlich Grenzen. Erstmals erkannte am 1. September 1982 das Verwaltungsgericht Stade einen Jesiden als asylberechtigt an – auf der Grundlage eines Gutachtens des an der Universität Göttingen lehrenden Religionswissenschaftlers Gernot Wießner. Das Urteil setzte sich in der Rechtsprechung aber zunächst nicht durch[66]. Viele Verwaltungs- und Oberverwaltungsgerichte vertraten noch Ende der 1980er Jahre den Standpunkt, dass Jesiden in aller Regel kein Asyl erhalten könnten. In der Türkei bestehe für sie eine Fluchtalternative im eigenen Land[67].

Ab 1989 bereitete das Bundesverfassungsgericht den Weg für die Anerkennung von Jesiden als verfolgte Gruppe. Nach mehreren Verfassungsbeschwerden beschäftigten sich die Richter zunächst mit der Frage, ob für sie eine innertürkische Fluchtalternative vorhanden sei. Mit Beschluss vom 10. November 1989 gab das Verfassungsgericht den Beschwerden statt. Für Jesiden sei das Zusammenleben in einer „Religionsfamilie" eine unverzichtbare Voraussetzung für die Ausübung ihrer Religion; das „religiöse Existenzminimum" gehöre zum „unentziehbaren Kern der Privatsphäre". In diesem Zusammenhang kritisierte das Bundesverfassungsgericht die Auskünfte des Auswärtigen Amts vom April 1980 und August 1982 scharf, die primär die Frage (aktiver) staatlicher Verfolgung thematisiert und nur allgemeine Mutmaßungen über die Behandlung von Jesiden am Arbeitsplatz enthalten hatten, denen keine konkreten Erkenntnisse zugrunde lagen. Die Möglichkeit eines Zusammenlebens in Religionsfamilien werde nicht erörtert[68]. Mit Beschluss vom 23. Januar 1991 legte das Bundesverfassungsgericht

---

[66] Vgl. Affolderbach/Geisler, Yeziden, S. 24; Deckmann, Recht auf Asyl, S. 22 f.; Monheim, Asyl, S. 68 ff.
[67] Vgl. Die Zeit vom 10.6.1988: „Doppelt verfolgt". Der Titel des Artikels verwies darauf, dass sich viele Jesiden einer doppelten Verfolgung ausgesetzt sahen: ethnisch als Kurden und religiös, weil sie keine (sunnitischen) Muslime waren.
[68] Entscheidungen des Bundesverfassungsgerichts, Bd. 81, Tübingen 1990, S. 66 und S. 68 f.

dar, dass eine „Gruppengerichtetheit der Verfolgung" dazu führen könne, dass in einem Verfolgerstaat jedes Mitglied eines bestimmten Personenkreises jederzeit mit Repressalien zu rechnen habe. Verfolgungen durch Dritte seien dem jeweiligen Staat anzulasten, wenn dieser nicht mit den ihm an sich zur Verfügung stehenden Kräften Schutz gewähre[69].

Zur christlichen Minderheit in der Türkei gehörten hauptsächlich die Anhänger der altorientalischen (orientalisch-orthodoxen) Armenischen Apostolischen Kirche, die Gläubigen der Griechisch-Orthodoxen Kirche unter dem Ökumenischen Patriarchat von Konstantinopel und die Mitglieder der Syrisch-Orthodoxen Kirche. Ihre Lage sahen das Auswärtige Amt und die diplomatischen Missionen als schwierig an – doch oft erweckten Aufzeichnungen und Berichte den Eindruck, als hätten sie sich das selbst zuzuschreiben. Man schätzte die Zahl der Christen Ende der 1970er Jahre auf 165.000 (75.000 griechisch-orthodoxe Christen, 60.000 armenische und 30.000 syrisch-orthodoxe). Durch Auswanderung verringere sich diese Zahl ständig; dadurch würden sie „weniger widerstandsfähig". Ihre „strenggläubige Lebensart" stehe „im starken Gegensatz zu ihrer Umgebung, in der diese Art wenig Verständnis und Respekt findet". Durch eine „gewisse Selbstghettoisierung" wirkten sie wie ein Fremdkörper. Es gebe eine „Reihe von Schikanen", die aber nicht als Verfolgung zu qualifizieren seien[70]. Dass „nichtmuslimische Minderheiten" (als solche organisierten sich Griechen, Armenier und Juden) nach dem Lausanner Vertrag vom Juli 1923 Minderheitenschutz genossen, fand kaum Erwähnung.

Die christlichen Gemeinden in der Türkei führten „in einer intoleranten Umwelt ein beschwerliches Dasein". Ursächlich seien neben der Abwanderung die schwache Staatsgewalt im Osten des Landes, die Wandlung des Osmanischen Reiches zum türkischen Nationalstaat und das Weiterbestehen von Gewalt begünstigenden feudalistischen Strukturen. Die „vielfachen Benachteiligungen und zum Teil auch Bedrohungen" resultierten jedoch nicht aus einer offiziellen Regierungspolitik; staatliche Verfolgung dürfte ausgeschlossen sein. Die „zum

---

[69] Entscheidungen des Bundesverfassungsgerichts, Bd. 83, Tübingen 1991, S. 231 f. und S. 235.
[70] PA/AA, B 26, Ref. 203, Bd. 115907, Aufzeichnung des Vortragenden Legationsrats I. Klasse Heibach vom 31.5.1979. Vor allem die Zahl der griechisch-orthodoxen Christen dürfte aber weit niedriger gewesen sein; vgl. Leuteritz, Rechtsstatus, S. 80; Spuler, Religiöse Minderheiten, S. 617.

Teil rigorosen Verbote und Strafbestimmungen zur Aufrechterhaltung der unitarischen und laizistisch-nationalistischen Staatsordnung" dienten sogar dem Schutz der Christen: „Was mit den christlichen Minderheiten geschähe, wenn die Türkei ungehemmt zum Tummelplatz innerislamischer Auseinandersetzungen und islamistischer Sonderbestrebungen würde, läßt sich ja wohl ausmalen."[71] Es bestünden nur „regional De-facto-Diskriminierungselemente im administrativen Bereich, insbesondere was die Chancengleichheit im Erziehungswesen und den Zugang zu öffentlichen Ämtern anlangt"[72].

Der Rat der Evangelischen Kirche in Deutschland setzte sich dagegen mit Nachdruck dafür ein, Christen aus der Türkei Asyl zu gewähren, und versuchte sogar, einen kollektiven Verfolgungstatbestand zu belegen[73]. Diesen Punkt hielt man im Auswärtigen Amt gar nicht erst für diskussionswürdig; es blieb nur die Frage nach Einzelverfolgungen. Doch auf der Grundlage von Auskünften der Botschaft war der Ausgang von Asylverfahren schon vorgezeichnet. Einen bezeichnend einseitigen Bericht schickte Botschafter Oncken Anfang Juli 1980. Die Christen hätten „besonders zu leiden", seien aber nicht Gegenstand systematischer Verfolgung. Sie hätten ihre „soziale Sonderstellung", die den Intentionen des Staates zuwiderlaufe, im Grunde „selbst gewollt". Christliche Asylsuchende seien „weitgehend durch die Verfolgung wirtschaftlicher Vorteile motiviert". Im Übrigen müsse man sich die Frage nach dem „cui bono" stellen. Wem komme eine Diskussion über politische oder religiöse Verfolgung zugute? Gerade mit den Berichten über „Linksverfolgung" gehe ein „spezifisch sowjetisches Interesse" einher: „Die Stoßrichtung: Störung der westlichen Hilfsbereitschaft für die Türkei."[74] Die Propagandamaschine der UdSSR lief natürlich auf Hochtouren, doch das durfte nicht der Maßstab bei der Beurteilung der Asylverfahren von Christen sein.

Die größte Gruppe unter den Christen in der Türkei stellten die Armenier. Das Generalkonsulat in Istanbul gab ihre Zahl im Mai 1980 – auf der Grundlage eines Gesprächs mit dem Patriarchen der Armeni-

---

[71] PA/AA, B 26, Ref. 203, Bd. 115908, Schriftbericht 2008 des Gesandten von Alten vom 4.12.1979.
[72] PA/AA, B 26, Ref. 203, Bd. 123297, Aufzeichnung von Ref. 203 vom 31.3.1981.
[73] PA/AA, B 26, Ref. 203, Bd. 115907, Aufzeichnung des Vortragenden Legationsrats I. Klasse Graf Finck von Finckenstein vom 10.12.1979.
[74] PA/AA, B 26, Ref. 203, Bd. 115908, Schriftbericht 1093 von Botschafter Oncken vom 1.7.1980.

schen Apostolischen Kirche in Istanbul, Shnork Kalustian – mit 70.000 an. 45.000 orthodoxe monophysitische Armenier lebten in Istanbul, wo auch noch eine römisch-katholische armenische Gemeinde mit 5000 Personen und eine kleine protestantische armenische Gemeinde existierten. Die Zahl der Armenier weltweit bezifferte der Patriarch auf sechs Millionen, davon lebten viereinhalb Millionen in der UdSSR. Die armenischen Gemeinden in der Türkei hatten ständig unter der Abwanderung vor allem in die USA und nach Kanada, aber auch in westeuropäische Staaten zu leiden. Der Patriarch gab an, dass die freie Religionsausübung gewährleistet sei und es Verfolgungen mit Gefahr für Leib und Leben nicht gebe. Die Probleme resultierten vielmehr aus einer konsequenten Türkisierungspolitik, welche die Erhaltung einer eigenständigen armenischen Kultur zunehmend behinderte. Administrative Beschränkungen und zahlreiche bürokratische Hürden erschwerten den armenischen Schulbetrieb. Zudem wurden die Armenier von den Quellen ihrer Einkünfte abgeschnitten, indem Grundstücksschenkungen verboten oder rückgängig gemacht wurden[75].

Auch Botschafter Oncken führte im Juli 1982 ein Gespräch mit dem armenischen Patriarchen: „Von Lebensfreude oder Optimismus war wenig zu spüren, dafür ein unterschwelliger Hauch steter Bedrücktheit." In einer Atmosphäre, die von „Ängsten der Vergangenheit" und Angst vor der Zukunft geprägt sei, könne von voller Chancengleichheit nicht die Rede sein[76]. Für die Lage der Armenier fanden die diplomatischen Vertretungen angemessene Worte, und doch beschäftigten sie sich zu Beginn der 1980er Jahre nicht nur deshalb intensiver mit dieser christlichen Minderheit: Sie rückte vor allem wegen der Attentate armenischer Terroristen in den Vordergrund. Diesen Anschlägen durch die Armenische Geheimarmee zur Befreiung Armeniens (ASALA) fielen von Anfang 1973 bis Mitte 1982 insgesamt 22 Angehörige des türkischen Auswärtigen Diensts beziehungsweise Familienangehörige zum Opfer. Die Attentate ereigneten sich überwiegend in westlichen Staaten wie den USA, Frankreich, Spanien oder Griechenland[77]. Zahlenmäßig waren die Armenier in der Türkei nicht in der Lage, dort „gefährliche autonomisti-

---

[75] PA/AA, B 82, Ref. 510, Bd. 1285, Schriftbericht 429 von Generalkonsul Gaerte vom 30.5.1980.
[76] PA/AA, B 26, Ref. 203, Bd. 124914, Schriftbericht 1472 von Botschafter Oncken vom 3.8.1982.
[77] PA/AA, B 26, Ref. 203, Bd. 124918, Schriftbericht 1246 von Botschafter Oncken vom 28.6.1982.

sche Tendenzen entfalten zu können". Der Terror der ASALA konnte der armenischen Frage aber womöglich „Virulenz verleihen"[78].

Die mit den terroristischen Aktionen verbundenen Forderungen – Anerkennung des Genozids von 1915 durch den türkischen Staat und die internationale Staatengemeinschaft, Wiedergutmachung des Unrechts, Gebietsabtretungen durch die Türkei in den früheren Siedlungsgebieten und Errichtung eines armenischen Staates – riefen im Auswärtigen Amt große Sorgen hervor. Wegen seiner politischen Implikationen galt der armenische Terrorismus als „besonders gefährlich (Vorbild: PLO)". Weiter hieß es dazu: „Eine Internationalisierung der Armenierfrage heute könnte auf die verbündete Türkei und die Region destabilisierend wirken. Sie würde auch Nachahme-Effekte bei anderen ethnischen Gruppen auslösen". Dem armenischen Terrorismus sei die „Rechtfertigung durch politische Motive zu versagen". Es bestehe kein Anlass, zu den Ereignissen von 1915 offiziell Stellung zu nehmen, „zu entscheiden, ob es sich um einen Völkermord handelte, oder die Ereignisse von damals heute noch zu kommentieren"[79].

Natürlich waren Gewaltakte zu verurteilen. Der Umgang des Auswärtigen Amts mit den Deportationen der Armenier 1915 war jedoch fragwürdig. Das zeigte sich an keiner Stelle deutlicher als in den Berichten von Botschafter Oncken, der dazu tendierte, einfach die türkische Lesart zu übernehmen. Die Verfolgungen seien „auch durch eine armenische Aktion ausgelöst worden", nämlich durch den „armenischen Aufstand im Rücken der türkischen Front, als die Russen in der Osttürkei im Vorrücken begriffen waren". Die „Grenzen zwischen Ursache und folgender Tat (und Untat)" ließen sich „nicht immer leicht ziehen"[80]. Bei seinem Gespräch mit Patriarch Kalustian im Juli 1982 konnte Oncken „keine Reaktion in den Gesichtern" feststellen, als er eine kürzliche Dienstreise in die Stadt Van erwähnte, „wo 1915 der Armenieraufstand im Rücken der türkischen Armee niedergeschlagen worden war, ein Vorgang, der dann die Massendeportationen auslöste"[81]. Sollte er dies so vorgetragen

---

[78] PA/AA, B 26, Ref. 203, Bd. 115908, Schriftbericht 1258 des Gesandten von Alten vom 23.8.1978.
[79] PA/AA, B 46, Ref. 515, Bd. 195667, Aufzeichnung der Vortragenden Legationsrätin I. Klasse Steffler vom 18.8.1983.
[80] PA/AA, B 26, Ref. 203, Bd. 123297, Schriftbericht 1078 von Botschafter Oncken vom 19.5.1981.
[81] PA/AA, B 26, Ref. 203, Bd. 124914, Schriftbericht 1472 von Botschafter Oncken vom 3.8.1982.

haben, waren seine Gesprächspartner vielleicht einfach nur höflich – oder tief erschüttert. Die Deutung der Ereignisse könnte unterschiedlicher kaum sein:

„Während die Türken von einem gefährlichen, weitverzweigten Aufstand und dem Hochverrat der Armenier sprechen, hat sich aus armenischer Sicht die Bevölkerung der Stadt gegen einen mörderischen Gouverneur und marodierende türkische Milizen zur Wehr gesetzt und lediglich das Leben und den Besitz der armenischen Gemeinde verteidigt."[82]

Oncken legte mit seinen Berichten nahe, dass es die Armenier selbst gewesen seien, die die Vernichtungsaktion ausgelöst hätten. Das lässt sich schon damit widerlegen, dass die Deportationen bereits im März, vor den Kämpfen in Van im April 1915, begannen. Die Kampfhandlungen in Van mögen dann der letzte Auslöser für die Entscheidung der Jungtürken zur umfassenden Deportation der Armenier gewesen sein – auch angesichts einer Kriegslage, die eine koordinierte Aktion zwischen den Westalliierten an den Dardanellen und den russischen Truppen an der Ostfront befürchten ließ. Der Genozid an den Armeniern war zu dieser Zeit aber längst geplant. Außen- und sicherheitspolitische Gründe brachten Oncken dazu, sich der türkischen Deutung anzuschließen. Mit dem Bemühen um historische Wahrheit hatte das wenig zu tun[83].

3. Der Selbstmord des Asylbewerbers Cemal Altun im August 1983

Über Anträge von türkischen Asylbewerbern zu entscheiden, die einer Minderheit angehörten, erwies sich als überaus schwierig. Während der Militärherrschaft bis Dezember 1983 rückte jedoch ein Fall in den Mittelpunkt des politischen und öffentlichen Interesses, der damit nichts zu tun hatte. Es handelte sich um die tragische Geschichte des

---

[82] Gottschlich, Beihilfe, S. 128; zum Folgenden vgl. ebenda, S. 131 f.
[83] Im April 1983 äußerte sich der Leiter des Politischen Archivs des Auswärtigen Amts, Vortragender Legationsrat I. Klasse Nikolaus Weinandy, zum deutsch-türkischen Verhältnis „im Zeichen der Armenier-Problematik 1915". Er verwies darauf, dass das Auswärtige Amt in Berlin „bei seinen Weisungen naturgemäß die militärische Gesamtlage während des Weltkrieges" berücksichtigen musste, „der einen politischen Druck auf die Türkei, den militärischen Verbündeten, nur in begrenztem Ausmaß erlaubte". Die deutschen Diplomaten vor Ort hätten, soweit möglich, „Schutz und Beistand" gewährt und das Thema „fortlaufend" zur Sprache gebracht. PA/AA, B 14, Ref. 201, Bd. 125656, Aufzeichnung Weinandys vom 26.4.1983.

1960 in Samsun geborenen Cemal Altun[84]. Cemal Altun fand über seinen Bruder Ahmet – dieser war dem „extrem linke[n] Flügel" der Republikanischen Volkspartei zuzuordnen – den Weg in die Politik und gehörte in Ankara zu den Mitbegründern des Vereins Revolutionärer Gymnasiasten. Nach der Machtübernahme durch das Militär entschloss er sich, die Türkei zu verlassen, weil er politische Verfolgung befürchtete. Über Rumänien, Bulgarien, Ungarn und die Tschechoslowakei kam er nach Ost-Berlin. Am 10. Januar 1981 reiste er am Übergang Friedrichstraße mit der U-Bahn in den Westteil der Stadt und fand dort Unterkunft bei seiner Schwester. Einen Asylantrag stellte er erst am 7. September 1981, weil er annahm, dass sein Aufenthaltsort den türkischen Behörden mittlerweile bekannt sei[85].

Zur Unterstützung seines Asylbegehrens trug Altun im April 1982 vor, er werde in der Türkei zu Unrecht der Beteiligung am Mord an Gün Sazak beschuldigt. Der stellvertretende Vorsitzende der MHP und frühere Zoll- und Monopolminister Sazak war am 27. Mai 1980 in Ankara erschossen worden. Um die Richtigkeit dieser Behauptung zu überprüfen, fragte das Bundeskriminalamt bei Interpol Ankara nach dort vorliegenden Erkenntnissen. Am 20. Mai 1982 teilte Interpol Ankara mit, dass gegen Altun ein Haftbefehl des 2. Militärgerichts Ankara bestehe. Offenbar führte erst die Anfrage der bundesdeutschen Behörden zur Ausstellung des Haftbefehls, denn dieser datierte vom 18. Mai 1982. Am 28. Juni 1982 teilte Interpol Ankara weiter mit, dass das türkische Justizministerium die Auslieferung beantragen werde.

Nach dem Ersuchen um vorläufige Verhaftung auf der Grundlage von Artikel 16 des Europäischen Auslieferungsübereinkommens vom 13. Dezember 1957[86] nahmen Sicherheitskräfte Altun am 5. Juli 1982 fest. In einem zweiten Haftbefehl vom 5. Juli 1982 wurde er beschuldigt, die Mörder Sazaks mit ihren Waffen in seiner Wohnung versteckt zu haben. Nach deutschem Recht handelte es sich um (versuchte oder vollendete) Strafvereitelung nach Paragraph 258 Strafgesetzbuch. Nach türkischem Recht kam ein Verbrechen nach Paragraph 296 des türkischen Strafgesetzbuches in Betracht, der keine Todesstrafe vor-

---

[84] Zum Fall Altun vgl. Arendt-Rojahn, Ausgeliefert; Quaritsch, Recht auf Asyl, S. 152–159; Seibert, Vergessene Proteste, S. 181–189; Weick, Balance, S. 312–317.
[85] PA/AA, B 83, Ref. 511, Bd. 1721, Klaus Kinkel (Staatssekretär im Justizministerium) an Genscher vom 21.7.1983; abgedruckt in: Arendt-Rojahn, Ausgeliefert, S. 174–181. Das Folgende nach dieser Quelle.
[86] Vgl. Bundesgesetzblatt 1964, Teil II, S. 1377.

sah. Das Kammergericht Berlin sah „keine politische Straftat" und ordnete am 22. Juli – nach dem Auslieferungsersuchen vom 19. Juli – die vorläufige Auslieferungshaft an[87].

Eine wichtige Frage war, wie das türkische Auslieferungsersuchen zustande kam und ob deutsche Behörden es selbst in Gang gesetzt hatten. Für das Bundesministerium der Justiz handelte es sich um das übliche Verfahren, wenn ein Asylbewerber sich selbst einer Straftat bezichtigte (beziehungsweise angab, einer Straftat verdächtig zu sein). Das Polizeipräsidium Berlin habe dem Bundeskriminalamt berichtet und um Interpolanfrage in Ankara zu folgenden vier Fragen gebeten: „1) Wird Altun in der Türkei einer Straftat verdächtigt? 2) Besteht gegen ihn ein nationaler Haftbefehl? 3) Wird gegebenenfalls ein Auslieferungsersuchen gestellt? 4) Kann erkennungsdienstliches Material zur Identifizierung übersandt werden?" Der Fragenkatalog wurde nach Prüfung durch das Bundesjustizministerium in vollem Umfang nach Ankara übermittelt. Außenminister Genscher zeigte sich mit dieser Auskunft in keiner Weise zufrieden und notierte dazu:

„M[eines] E[rachtens] kann die Auskunft BMJ mindestens in dieser Form nicht richtig sein, denn ganz sicher ist z. B. das Verfahren gegenüber kommunistischen Staaten ein anderes. Welches also sind die Kriterien? Was ist mit Information durch BND?"[88]

Die Rechtsabteilung des Auswärtigen Amts informierte den Minister, dass von dem beschriebenen Verfahren lediglich bei Staaten abgesehen werde, mit denen kein Auslieferungsverkehr bestehe, also etwa bei Warschauer-Pakt-Staaten. In allen anderen Fällen, so auch im Falle der Türkei, würden die „Richtlinien für den Verkehr mit dem Ausland in strafrechtlichen Angelegenheiten" gelten[89]. Botschafter Oncken versicherte, dass keine Daten türkischer Asylbewerber durch den BND an türkische Stellen weitergegeben worden seien. Dies habe ein „örtlicher Mitarbeiter" der „befreundete[n] Dienststelle" ihm gegenüber erklärt[90].

---

[87] PA/AA, B 83, Ref. 511, Bd. 1720, Beschluss des 4. Strafsenats des Kammergerichts Berlin vom 22.7.1982.
[88] PA/AA, B 83, Ref. 511, Bd. 1721, Aufzeichnung des Vortragenden Legationsrats I. Klasse Detlev Graf zu Rantzau (Abteilung 5) vom 31.3.1983 mit handschriftlichen Bemerkungen Genschers.
[89] PA/AA, B 83, Ref. 511, Bd. 1721, Aufzeichnung von Ministerialdirigent Bertele vom 6.4.1983.
[90] PA/AA, B 83, Ref. 511, Bd. 1721, Fernschreiben 621 von Botschafter Oncken vom 31.3.1983.

Doch starke Zweifel an Onckens Auskunft blieben. In der Presse wurde behauptet, dass das Bundesamt für die Anerkennung ausländischer Flüchtlinge „in Bezug auf Geheimhaltung der zugigste Ort sei, den man sich vorstellen könne". Sowohl das Bundesamt für Verfassungsschutz als auch der BND unterhielten Außenstellen in Zirndorf, bei denen sich die Asylbewerber vorstellen mussten. Die Erkenntnis des Auswärtigen Amts lautete: „Die gewonnenen Informationen können im üblichen Austauschverfahren an befreundete Dienste weitergeleitet werden." Das Außenministerium wollte, „daß der Informationsaustausch mit den Diensten überprüft wird". Es konnte „ihm nicht daran gelegen sein [...], daß ein sogenannter Nachfluchtgrund geschaffen wird, der zur Anerkennung als Asylbewerber führt und damit die bilateralen Beziehungen belasten kann". Genscher notierte dazu unmissverständlich: „Es ist sicherzustellen, daß im Austausch mit ‚befreundeten Diensten' aus nichtrechtstaatlichen Ländern nicht Verfolgungsgründe geschaffen werden."[91] In der Sitzung der Parlamentarischen Kontrollkommission des Bundestags am 26. April 1983 gab das Innenministerium daraufhin folgende Erklärung ab:

„Es ist sichergestellt, daß personenbezogene Angaben, die den Sicherheitsbehörden aus dem Asylverfahren zur Kenntnis gelangen, weder direkt noch indirekt an Behörden, Sicherheitsdienststellen oder sonstige Stellen des Landes, in dem der asylsuchende Ausländer nach seiner Behauptung eine politische Verfolgung befürchtet, weitergegeben werden."[92]

Auf diese Weise sollte vermieden werden, dass sogenannte Nachfluchtgründe entstanden, also Umstände, die erst während des Aufenthalts in der Bundesrepublik zum Tragen kamen und Asylansprüche begründeten. Hinter den erfolgreichen Interventionen von Genscher steckten also nicht nur humanitäre Gründe. Es ging auch darum, die bilateralen Beziehungen zu anderen Staaten nicht durch Übermittlung nachrichtendienstlicher Informationen zu belasten, die Verfassungsschutz und BND gesammelt hatten. Gerade Auslieferungsfälle stellten eine solche Belastung dar. Nicht zuletzt ging es darum, die Zahl von Asylanerkennungen zu senken, denn für einen Bewerber, der Nachfluchtgründe geltend machen konnte, mussten die Chancen auf Asylanerkennung

---

[91] PA/AA, B 82, Ref. 510, Bd. 1481, Aufzeichnung von Ministerialdirigent Bertele vom 5.4.1983 mit handschriftlichen Bemerkungen Genschers.
[92] PA/AA, B 82, Ref. 510, Bd. 1481, Aufzeichnung von Ministerialdirigent Bertele vom 27.4.1983.

steigen. Ob der BND im Falle Altuns Informationen weitergegeben hat, lässt sich nicht mit Sicherheit sagen. In seinem Fall genügten wohl die Anfragen von Interpol Wiesbaden, um die Ausstellung des Haftbefehls und das Auslieferungsersuchen in Gang zu bringen. In den Jahren der Militärherrschaft stellten Auslieferungsfälle ein besonderes Problem dar:

„Ursächlich für diese Schwierigkeiten waren zunächst die Verhängung und Vollstreckung von Todesurteilen in der Türkei nach dem politischen Machtwechsel im September 1980, was zu der Befürchtung Anlass gab, dass die von der Bundesregierung bis dahin im Auslieferungsverkehr [...] geäusserte Erwartung, eine gegen den Verfolgten verhängte Todesstrafe werde nicht vollstreckt, nicht mehr ausreichend sei. Die Bundesregierung hat von der Türkei daraufhin eine förmliche Zusicherung über die Nichtverhängung bzw. Nichtvollstreckung einer etwaigen Todesstrafe verlangt. Zur Abgabe einer derartigen Zusicherung hat sich die türkische Regierung nicht in der Lage gesehen."[93]

In den Fällen, in denen Verfolgte in der Türkei mit der Todesstrafe rechnen mussten, lehnte die Bundesregierung daher eine Auslieferung ab. Es handelte sich um einen „Stillstand des Auslieferungsverkehrs"; dies stand in Einklang mit Artikel 11 des Europäischen Auslieferungsübereinkommens von 1957. Bei den Fällen, in denen um Auslieferung wegen Straftaten ersucht wurde, für die das türkische Recht die Todesstrafe nicht vorsah, bei denen aber im Laufe des Verfahrens durch Änderungen des Tatvorwurfs die Todesstrafe drohen konnte, wollte es die Bundesregierung nicht bei der Berufung auf Artikel 14 des Auslieferungsübereinkommens (Grundsatz der Spezialität) belassen. Sie führte am 10./16. Dezember 1981 einen Notenwechsel herbei, in dem die türkische Seite bestätigte, dass solche Fälle ausgeschlossen seien. Fälle, in denen die Türkei den Spezialitätsgrundsatz trotzdem nicht zweifelsfrei einhielt, konnten angeblich im Sinne der Bundesregierung geklärt werden[94]. Im Juli 1983 wies das Justizministerium darauf hin, dass die Bundesregierung seit September 1980 mit Zustimmung des Auswärtigen Amts in 28 Fällen die Auslieferung türkischer Staatsangehöriger bewilligt und vollzogen habe; 15 Personen seien trotz laufender Asylverfahren ausgeliefert worden[95].

---

[93] PA/AA, B 83, Ref. 511, Bd. 1722, Aufzeichnung von Ministerialdirektor Fleischhauer vom 15.10.1982.
[94] Vgl. ebenda, und Weick, Balance, S. 310 f.
[95] PA/AA, B 83, Ref. 511, Bd. 1721, Kinkel an Genscher vom 21.7.1983.

Im Falle Altuns erhob das Auswärtige Amt zunächst keine Einwände gegen eine Auslieferung. Die Bundesregierung stellte fest, dass dem Auslieferungsersuchen „ausschließlich Straftaten zugrunde liegen, die nach türkischem Strafrecht nicht mit der Todesstrafe bedroht sind. Daher findet der deutsch-türkische Notenwechsel vom 10./16. Dezember 1981 Anwendung". Dies wurde der türkischen Botschaft in Bonn am 21. Februar 1983 mitgeteilt[96]. Die Überstellung an die Türkei sollte am 15. März 1983 in Frankfurt am Main durchgeführt werden. Einen Tag zuvor erfolgte dann aber eine telefonische Intervention des französischen Botschafters in Bonn, Henri Froment-Meurice, bei Staatssekretär von Staden. Der Botschafter wies auf ein mögliches Todesurteil für Altun hin[97]. Dessen Bruder Ahmet, der sich in Frankreich aufhielt, hatte „französische Kreise bis hinauf zu Mitterrand" alarmiert, wie Botschafter Oncken einige Tage später aus Ankara berichtete[98]. Am 15. März 1983 teilte das Auswärtige Amt dem Justizministerium mit, dass sich Genscher seine Entscheidung vorbehalte[99]. Auch in der Bundesrepublik formierten sich die Kritiker einer Auslieferung. Im Namen der Alternativen Türkeihilfe übersandten die Bundestagsabgeordneten Renate Schmidt (SPD) und Klaus Kirschner (SPD), die Europa-Abgeordnete Heidemarie Wieczorek-Zeul (SPD) und der Journalist Jürgen Roth am 16. März einen Aufruf an Genscher, der Auslieferung nicht zuzustimmen[100].

Unterdessen ließ Altun über seinen Anwalt Wolfgang Wieland[101] am 14. März 1983 eine Individualbeschwerde bei der Europäischen Kommission für Menschenrechte (EMRK) in Straßburg einreichen, um die Auslieferung zu verhindern. Die Bundesregierung schob die Auslieferung daher zunächst auf und beantragte eine Dringlichkeitssitzung der Europäischen Menschenrechtskommission[102]. Diese berief aber keine

---

[96] PA/AA, B 83, Ref. 511, Bd. 1720, Verbalnote des Auswärtigen Amts vom 21.2.1983.
[97] PA/AA, B 83, Ref. 511, Bd. 1720, Aufzeichnung von Staatssekretär von Staden vom 14.3.1983.
[98] PA/AA, B 83, Ref. 511, Bd. 1720, Fernschreiben 576 von Botschafter Oncken vom 25.3.1983.
[99] PA/AA, B 83, Ref. 511, Bd. 1720, Aufzeichnung von Staatssekretär von Staden vom 15.3.1983.
[100] PA/AA, B 83, Ref. 511, Bd. 1720, Telegramm vom 16.3.1983.
[101] Wolfgang Wieland war Mitbegründer der Alternativen Liste in Berlin, Landtags- und Bundestagsabgeordneter für Bündnis 90/Die Grünen und 2001/02 Berliner Justizsenator.
[102] PA/AA, B 83, Ref. 511, Bd. 1720, Irene Maier (Verfahrensbevollmächtigte der Bundesregierung) an die EMRK vom 17.3.1983.

Sondersitzung ein, sondern wollte erst, wie vorgesehen, am 2. Mai 1983 über den Fall verhandeln. Das Justizministerium neigte deshalb Ende März dazu, Altun vor dem nächsten Haftprüfungstermin am 10. April auszuliefern – unter der Bedingung, dass die Türkei zusätzliche Garantien gebe. Die Leitung des Auswärtigen Amts hielt diesen Weg nicht für gangbar. Staatssekretär von Staden notierte:

„Eine Auslieferung bei unentschiedenem Asylverfahren (was rechtlich, wie man mir sagt, zulässig sei) und bei schwebendem Verfahren vor der Menschenrechtskommission (was rechtlich ebenfalls zulässig sei) würde uns schwerer Kritik mit humanitärer Begründung aussetzen. [...] Ich komme deshalb zu dem Schluß, daß wir das weitere Verfahren [...] ohne Interventionen abwarten sollten und die Gefahr in Kauf nehmen, daß Altun sich absetzt. [...] Allerdings ist dem Justizminister zuzugeben, daß wir Gefahr laufen, ein Präjudiz zu schaffen, das unseren Auslieferungsverkehr nicht nur mit der Türkei praktisch lahmlegt bzw. von der jeweiligen Entscheidung der Menschenrechtskommission abhängig macht."[103]

Am 30. März fand ein Gespräch zwischen Genscher und dem Staatssekretär im Justizministerium, Klaus Kinkel, statt. Die Meinungen konnten unterschiedlicher kaum sein. Genscher ließ durchblicken, dass er der Auslieferung selbst dann nicht zustimmen werde, wenn die EMRK die Eingabe Altuns für unzulässig erklären sollte. Um nicht den Vorwurf der Mitwirkung an einer Freiheitsentziehung auf sich zu ziehen, wollten Kinkel und Justizminister Hans Engelhard (FDP) umgehend das Kammergericht Berlin über diesen Sachverhalt informieren. Sie nahmen an, dass das Gericht Altun dann sofort auf freien Fuß setzen werde[104].

Mit Verbalnote vom 30. März 1983 wies die türkische Regierung nachdrücklich auf die Verpflichtung zur Auslieferung Altuns hin. Das Justizministerium brachte Verhandlungen über weitere Zusicherungen (etwa Besuche von Angehörigen der Botschaft in der Haftanstalt) ins Gespräch, während das Auswärtige Amt davon ausging, dass solche Verhandlungen nicht erfolgreich sein würden[105]. Hinzu kam, dass das Bundesverfassungsgericht den Auslieferungsverkehr mit der Türkei am 23. Februar 1983 durch einen Beschluss erschwerte, indem es

---

[103] PA/AA, B 83, Ref. 511, Bd. 1720, Aufzeichnung von Staatssekretär von Staden vom 30.3.1983.
[104] PA/AA, B 83, Ref. 511, Bd. 1721, Aufzeichnung von Staatssekretär von Staden vom 31.3.1983 und Aufzeichnung des Vortragenden Legationsrats I. Klasse Graf zu Rantzau vom selben Tag.
[105] PA/AA, B 83, Ref. 511, Bd. 1721, Aufzeichnung von Ministerialdirigent Bertele vom 7.4.1983.

eine genaue Einzelprüfung forderte. Eine allgemeine Zusicherung der Spezialität genüge nicht, um die Gefahr politischer Verfolgung auszuschließen[106]. Für Botschafter Oncken wäre eine Auslieferung Altuns nicht problematisch gewesen. Unter Hinweis auf das Urteil des Militärgerichts Ankara vom 6. April – lebenslange Haft für den Mörder Sazaks und Freiheitsstrafen von drei beziehungsweise sechs Jahren für die Mittäter – meinte er, dass Altun „keine extrem harte Strafe" zu erwarten hätte[107]. Immerhin sicherte die türkische Regierung mit Verbalnote vom 26. April ausdrücklich zu, dass sie im Falle der Auslieferung Altuns den Grundsatz der Spezialität einhalten werde. Außer dieser fallbezogenen Spezialitätszusicherung gab die Türkei später, am 8. Juli, entgegen der Erwartung des Auswärtigen Amts auch die Zusicherung, dass einem Angehörigen der Botschaft nach einer Auslieferung Altuns ein Besuchsrecht in der Haftanstalt eingeräumt werde[108].

Am 2. Mai 1983 erklärte die EMRK die Beschwerde Altuns für zulässig, soweit dieser eine Verletzung von Artikel 3 der Europäischen Menschenrechtskonvention von 1950 (Verbot der Folter) geltend gemacht habe[109]. Mit Bescheid vom 6. Juni 1983 wurde Altun schließlich als Asylberechtigter anerkannt. Das Bundesamt für die Anerkennung ausländischer Flüchtlinge stützte seine Entscheidung auf Nachfluchtgründe. Dem Schicksal Altuns sei ohne sein Zutun breiter Raum in den Medien eingeräumt worden, was die türkischen Behörden zu Maßnahmen der politischen Verfolgung veranlassen könnte[110]. Die Entschei-

---

[106] Vgl. Entscheidungen des Bundesverfassungsgerichts, Bd. 63, Tübingen 1983, S. 197–215. Das Gericht nahm Bezug auf den Fall des türkischen Staatsangehörigen Levent Begen, gegen den nach seiner Auslieferung Ende Juni 1980 in der Türkei ein Ermittlungsverfahren eingeleitet wurde, das mit der Auslieferungsbewilligung nicht im Einklang stand. Nach Ansicht der Bundesregierung konnte die Verletzung des Grundsatzes der Spezialität geheilt werden. PA/AA, B 83, Ref. 511, Bd. 1721, weitere Aufzeichnung von Ministerialdirigent Bertele vom 7.4.1983.
[107] PA/AA, B 83, Ref. 511, Bd. 1721, Fernschreiben 658 von Botschafter Oncken vom 7.4.1983.
[108] PA/AA, B 83, Ref. 511, Bd. 1722, Ministerialdirektor Bertele an das Bundeskanzleramt vom 31.8.1983.
[109] PA/AA, B 83, Ref. 511, Bd. 1721, Pressemitteilung der EMRK vom 3.5.1983.
[110] PA/AA, B 83, Ref. 511, Bd. 1721, Aufzeichnung von Ministerialdirigent Bertele vom 29.6.1983. Quaritsch wies darauf hin, dass es problematisch gewesen wäre, in solchen Fällen generell Nachfluchtgründe geltend zu machen: „Die Asylbewilligung hinge von der Fähigkeit des Asylbewerbers und seiner Freunde ab, den Einzelfall in die Medien zu bringen." Quaritsch, Recht auf Asyl, S. 156 Anm. 371.

dung war noch nicht rechtskräftig, und es galt als sicher, dass der Bundesbeauftragte für Asylangelegenheiten Rechtsmittel einlegen werde. Im Übrigen war die Unabhängigkeit von Asyl- und Auslieferungsverfahren in Paragraph 18 des Asylverfahrensgesetzes vom 16. Juli 1982 festgeschrieben[111]. Die Anhängigkeit eines Asylverfahrens stand einem Vollzug der Auslieferung nicht entgegen.

Am 14. Juni 1983 beschloss das Kammergericht Berlin die Fortdauer der Auslieferungshaft, und am 29. Juni erhob der Bundesbeauftragte Klage beim Verwaltungsgericht Berlin. In dieser Situation plädierte die Rechtsabteilung des Auswärtigen Amts nachdrücklich für die Auslieferung Altuns: „Im Fall der Verweigerung der Auslieferung würden wir vertragsbrüchig werden." Genscher lehnte das ab: „1) Die Asylentscheidung schafft eine neue Lage. 2) Wer hat zur Klageerhebung ermächtigt? Waren wir beteiligt? 3) Meine Bedenken gegen die Auslieferung sind größer denn je."[112] Der Konflikt zwischen dem Minister und der Rechtsabteilung war unübersehbar.

Am 15. Juli 1983 teilte Staatssekretär Kinkel dem Auswärtigen Amt telefonisch mit, dass die Bundestagsabgeordnete der Grünen, Petra Kelly, an der Pforte seines Ministeriums „Krawall geschlagen" habe. Er habe zunächst ein Telefongespräch mit ihr geführt, bei dem sie „sehr erregt" gewesen sei, sie dann persönlich empfangen und ihr den Grundsatz der Spezialität erläutert. Danach habe sie sein Büro „ganz friedlich verlassen". Am gleichen Tag ketteten sich Kelly, der Liedermacher Wolf Biermann und der Bundesgeschäftsführer der Grünen, Lukas Beckmann, in einem Käfig am Zaun des Bundeskanzleramts fest und forderten die Freilassung Altuns[113]. In der Sitzung der beamteten Staatssekretäre am 18. Juli 1983 machte Kinkel einmal mehr deutlich, dass die Auslieferung nach der Rechtslage nicht zu umgehen sei. Es werde dann einen „politische[n] Sturm in Teilen der Öffentlichkeit" geben[114].

---

[111] Vgl. Bundesgesetzblatt 1982, Teil I, S. 949; ferner PA/AA, B 83, Ref. 511, Bd. 1722, Ministerialdirektor Bertele an das Bundeskanzleramt vom 31.8.1983.
[112] PA/AA, B 83, Ref. 511, Bd. 1721, Aufzeichnung von Ministerialdirigent Bertele vom 13.7.1983 mit handschriftlichen Bemerkungen Genschers.
[113] PA/AA, B 83, Ref. 511, Bd. 1721, Aufzeichnung von Ministerialdirigent Bertele vom 15.7.1983.
[114] PA/AA, B 83, Ref. 511, Bd. 1721, Aufzeichnung des Büros Staatssekretäre vom 18.7.1983.

Kinkel legte Genscher am 21. Juli 1983 in einem elfseitigen Schreiben nochmals alle Gründe dar und bat um Zustimmung zum Vollzug der Auslieferung gemäß Paragraph 74 des Gesetzes über die internationale Rechtshilfe in Strafsachen vom 23. Dezember 1982[115]. Die Rechtsabteilung des Auswärtigen Amts teilte dessen Ansichten „in vollem Umfang". Sie verwies auch darauf, dass sich Innenminister Zimmermann am 21. Juli – kurz nach der Rückkehr von seinem Besuch in Ankara – in einem Schreiben an Engelhard „persönlich für einen Vollzug der Auslieferung eingesetzt" habe. Für eine Belastung des deutsch-türkischen Verhältnisses trage anderenfalls allein der Bundesminister des Auswärtigen die Verantwortung, so Zimmermann. Der Leiter des Ministerbüros, Hans-Friedrich von Ploetz, notierte dazu, dass sich Genscher nicht in der Lage sehe, „eine Entscheidung ja oder nein über Auslieferung jetzt zu treffen". Er, Genscher, wolle die endgültige Entscheidung der EMRK und die deutsch-türkischen Verhandlungen über Einsichtnahme in die türkischen Akten abwarten[116].

Der Abgeordnete Karsten Voigt ersuchte Genscher als Obmann der SPD-Fraktion im Auswärtigen Ausschuss des Bundestags dringend darum, Altun nicht vor einer Entscheidung der EMRK auszuliefern. Faktisch wäre eine Auslieferung wohl kaum rückgängig zu machen, falls die EMRK im Sinne Altuns entscheiden sollte. Voigt bat um eine entsprechende Zusicherung Genschers:

„Er sitzt seit über einem Jahr in Auslieferungshaft und lebt z. Zt. wieder in der ständigen Furcht, daß jedes Mal, wenn sich seine Tür öffnet, dies auch deshalb geschehen kann, weil er zur Vollziehung der Auslieferung abgeholt werden soll. Solche zusätzlichen psychischen Belastungen [...] sollten im Interesse der Menschlichkeit nach Möglichkeit vermieden werden."[117]

---

[115] PA/AA, B 83, Ref. 511, Bd. 1721, Kinkel an Genscher vom 21.7.1983. Die Regelung lautete: „Über ausländische Rechtshilfeersuchen [...] entscheidet der Bundesminister der Justiz im Einvernehmen mit dem Auswärtigen Amt". Bundesgesetzblatt 1982, Teil I, S. 2086.
[116] PA/AA, B 83, Ref. 511, Bd. 1721, Aufzeichnung von Ministerialdirektor Bertele vom 25.7.1983 mit handschriftlichen Bemerkungen des Vortragenden Legationsrats I. Klasse von Ploetz. Das Schreiben Zimmermanns an Engelhard ist abgedruckt in: Arendt-Rojahn, Ausgeliefert, S. 182. Zimmermann betonte das Interesse an einer Fortführung der „nach wie vor guten Zusammenarbeit mit der Türkei auf polizeilichem Gebiet".
[117] PA/AA, B 83, Ref. 511, Bd. 1722, Voigt an Genscher, im Ministerbüro eingegangen am 27.7.1983.

Eine solche Zusicherung konnte Genscher öffentlich kaum geben. Er blieb aber bei seiner Entscheidung, Altun nicht auszuliefern. Unterdessen scheiterten die Bemühungen, einem ausländischen Rechtsanwalt bei einem Verfahren gegen Altun in der Türkei die Möglichkeit zur Akteneinsicht zu verschaffen. Die türkische Seite schlug aber vor, dass ein deutscher Anwalt einem türkischen Kollegen eine Untervollmacht erteile. Letzterer könne dann die Verfahrensakten einsehen[118].

Am 25. August 1983 begann die Verhandlung vor dem Verwaltungsgericht Berlin, die tragisch enden sollte. Am 30. August sprang Altun – der seine Lage wohl als aussichtslos ansah und keinen anderen Ausweg mehr wusste – aus dem 6. Stock des Gerichtsgebäudes und erlag kurz darauf seinen Verletzungen[119]. Im türkischen Außenministerium reagierte man in menschenverachtender Weise auf diesen Selbstmord. Beim Gespräch mit Botschafter Oncken erklärte der Leiter der Rechtsabteilung: „I am very happy." Oncken erwiderte, dass er „einer solchen Argumentation in diesem Augenblick und überhaupt nicht folgen könne"[120]. Auch später zeigte sich die türkische Seite keinen Deut sensibler. Anfang Februar 1984 demarchierte der türkische Gesandte im Auswärtigen Amt, um sein Befremden darüber auszudrücken, dass in Kassel eine Straße nach Altun benannt werden sollte: „Er fragte, wie wohl die deutsche Öffentlichkeit reagieren würde, wenn türkische Gemeinden Straßen oder Plätze nach der Baader-Meinhof-Gruppe benennen würden. [...] Altun sei für die Türkei ein Mörder".[121]

Ein Mörder war Altun nachweislich nicht. War er ein Mittäter beim Mord an Sazak? Das legt zumindest eine Analyse des Urteils des Militärgerichts Ankara vom 6. April 1983 nahe, die das Justizministerium erarbeitete. Auch wenn der genaue Tatverlauf nicht feststehe, hätten sich die Altun im Auslieferungsersuchen zur Last gelegten Vorwürfe bestätigt. Es gebe „keine Anhaltspunkte für eine ‚Inszenierung' der Polizei" – wohl aber Hinweise darauf, dass Altun sogar an der Vorbereitung des Mordes mitgewirkt habe[122]. Die Rechtsabteilung des Aus-

---

[118] PA/AA, B 83, Ref. 511, Bd. 1722, Fernschreiben 1568 des Gesandten von Hassell vom 11.8.1983.
[119] PA/AA, B 83, Ref. 511, Bd. 1722, Aufzeichnung von Ministerialdirektor Bertele vom 30.8.1983.
[120] PA/AA, B 83, Ref. 511, Bd. 1722, Fernschreiben 1749 von Botschafter Oncken vom 1.9.1983.
[121] PA/AA, B 83, Ref. 511, Bd. 1723, Aufzeichnung von Ref. 511 vom 22.2.1984.
[122] PA/AA, B 83, Ref. 511, Bd. 1723, Justizministerium an das Auswärtige Amt vom 2.9.1983.

wärtigen Amts griff diese Analyse auf und machte deutlich, dass die Türkei rechtlich nicht gehindert gewesen sei, das Auslieferungsersuchen auf den Vorwurf der Strafvereitelung zu beschränken. Genscher vermerkte dazu: „Der Vorgang bestätigt meine Befürchtung, daß beschränktes Auslieferungsersuchen Auslieferung bewirken sollte, um seiner überhaupt habhaft zu werden."[123]

Unabhängig von der Frage der Mittäterschaft setzte sich Genscher konsequent für Altun ein. Waren es aber nur humanitäre Gründe, die ihn dazu veranlassten? In der Rechtsabteilung des Auswärtigen Amts hielt man fest, dass sich bis zur Bewilligung der Auslieferung durch das Auswärtige Amt am 21. Februar 1983 „keine Institution oder politische Persönlichkeit für Altun verwandt" hatte[124]. Außerdem bleibt festzuhalten, dass die Bundesregierung während der Militärherrschaft in der Türkei zwar recht hohe Hürden bei Auslieferungen aufbaute, diese Art von Rechtshilfe aber nicht völlig zum Erliegen kam. Türkische Staatsangehörige wurden weiter ausgeliefert, darunter auch Asylbewerber; für viele setzte sich niemand ein[125]. Der Fall Altun erreichte aber eine hohe Publizität[126]. Genscher sah daher wohl eine Möglichkeit, sich in der Bundesregierung vor und nach den Bundestagswahlen vom 6. März 1983 zu profilieren, die dem Regierungs- und Koalitionswechsel von 1982 Legitimität verschaffen sollten. Auch Genschers Position als FDP-Vorsitzender war im Zuge der „Wende" zeitweilig wackelig geworden – der Konflikt um Altun bot sich an, diesem Eindruck entgegenzuwirken. Der Selbstmord Altuns zeigte einer breiten Öffentlichkeit exemplarisch die Schwierigkeiten auf, die das Asylrecht und die Asylpolitik mit sich brachten. Die Opposition versuchte, den Fall für ihre Zwecke zu nutzen. So sprach

---

[123] PA/AA, B 83, Ref. 511, Bd. 1723, Aufzeichnung von Ministerialdirigent Helmut Redies (Abteilung 5) vom 27. 2. 1984 mit handschriftlichen Bemerkungen Genschers.

[124] PA/AA, B 83, Ref. 511, Bd. 1722, Aufzeichnung von Ministerialdirektor Bertele vom 30. 8. 1983.

[125] Vgl. Frankfurter Allgemeine Zeitung vom 20. 7. 1983: „Humanismus oder politische Einäugigkeit?" Wolfgang Günter Lerch vertrat in diesem Artikel die Meinung, dass in der Bundesrepublik häufig zwischen „guten" und „schlechten" Terroristen unterschieden werde: „Die guten stehen politisch links und dürfen nicht ausgeliefert werden; um die schlechten, die rechten, kümmert man sich besser nicht."

[126] Zu Altuns Unterstützern vgl. Kantemir/Boehncke, Zuflucht, S. 35 f. und S. 38 f.; Wieland, Anwalt, S. 53.

Joschka Fischer am 8. September 1983 im Bundestag unter heftigem Protest der CDU/CSU von „bürokratische[r] Vertreibungspolitik" und einer „Aushöhlung und Verfälschung des Asylrechts in ein Asylverweigerungsrecht"[127].

---

[127] Stenographischer Bericht über die 19. Sitzung des Deutschen Bundestags am 8.9.1983, S. 1313 und S. 1316.

V. Bilanz

Zieht man eine Bilanz der deutschen Türkeipolitik Ende der 1970er Jahre und in den mehr als drei Jahren der Militärherrschaft von September 1980 bis Dezember 1983, stellt sich unweigerlich die Frage: Ging es nur darum, „Bruchlandungen in Sachen unserer Sicherheit und Freiheit" zu vermeiden, wie es Botschafter Oncken formulierte[1]? War lediglich das Bestreben von Bedeutung, „die Kirche oder Moschee im Dorf zu belassen, schon um dem W[arschauer] P[akt] nicht politische Terraingewinne frei Haus zu liefern"[2]?

Allein die unzähligen bilateralen und multilateralen Hilfsmaßnahmen für die Türkei – Wirtschafts-, Finanz- und Verteidigungshilfen – vor September 1980 legen diese Auffassung nahe. Angesichts der krisenhaften Entwicklung im Mittleren Osten und der Zuspitzung des Ost-West-Konflikts ging es darum, den NATO-Partner Türkei politisch und wirtschaftlich zu stabilisieren. Die verteidigungs- und sicherheitspolitische Funktion der Türkei an der Südostflanke der NATO hatte einen hohen Stellenwert für die Regierung Schmidt/Genscher. Die politische und militärische Lage dort war besorgniserregend, wobei zahlreiche ungünstige Faktoren zusammenkamen: die Landgrenze der Türkei mit der UdSSR; der hohe Modernisierungsbedarf der türkischen Streitkräfte; der griechisch-türkische Konflikt; Probleme, die sich aus der Reintegration Griechenlands in die NATO ergaben; die eskalierende innere Krise der Türkei, die das Land an den Rand des wirtschaftlichen Ruins und zu bürgerkriegsähnlichen Zuständen führte.

In dieser Situation galt es, ein Zeichen zu setzen und der UdSSR – die der Türkei nicht unerhebliche Wirtschaftshilfe leistete – zu verdeutlichen, dass sie in Ankara nicht weiter an Einfluss gewinnen könne. Türkeipolitische Maßnahmen waren also immer eine Antwort auf bestimmte Entwicklungen des Ost-West-Konflikts. Dieser übergeordnete Konflikt dominierte die außen- und sicherheitspolitischen Überlegungen der Diplomaten vor Ort und in der Bonner Zentrale. Alle anderen Interessen waren nachrangig, deshalb aber nicht unbedeutend. So

---

[1] PA/AA, B 83, Ref. 511, Bd. 1415, Schriftbericht 71 von Botschafter Oncken vom 9.1.1981.
[2] PA/AA, B 14, Ref. 201, Bd. 125638, Schriftbericht 1657 von Botschafter Oncken vom 30.8.1982.

erbrachte die Bundesrepublik mit ihrer Türkeihilfe – bei den multilateralen Hilfsaktionen übernahm sie zeitweilig sogar die Pilotfunktion – den Beweis, dass sie die Forderungen der USA nach Arbeits- und Lastenteilung im Bündnis ernst nahm. Das Engagement der Bundesregierung erfüllte damit auch eine wichtige Funktion in den deutsch-amerikanischen Beziehungen. Gerade der Einsatz für die Türkei zeigte Westdeutschland in einer neuen Rolle: als nicht nur wirtschaftlich, sondern auch politisch potente Macht in Westeuropa und bedeutendstes europäisches NATO-Mitglied.

Zudem hatten die Hilfsmaßnahmen einen innenpolitischen Hintergrund: Mit ihnen verband sich die Hoffnung, zu einer Ablösung der Freizügigkeitsbestimmungen für türkische Arbeitnehmer zu kommen, die das Assoziationsabkommen zwischen der Türkei und der EWG von 1963 beziehungsweise das Zusatzprotokoll von 1970 enthielt. Die Hoffnung der Regierungen Schmidt/Genscher und Kohl/Genscher, über finanzielle Leistungen entsprechende Zugeständnisse von türkischer Seite zu erhalten, war stark ausgeprägt – und erwies sich als trügerisch.

Es war angesichts der weltpolitischen Ereignisse und der krisenhaften Entwicklung der Türkei keine Überraschung, dass Politik und Diplomatie die Machtübernahme durch das Militär am 12. September 1980 insgesamt positiv bewerteten. Auch die bundesdeutschen Medien zeichneten kein allzu negatives Bild. Sie kommentierten die Ausschaltung der zivilen Regierung selten ganz kritisch, teilweise skeptisch, teilweise mit Wohlwollen; oft galt sie als notwendiges Übel. Das Versagen der führenden Politiker und des politischen Systems, die Aushöhlung der Demokratie, das Erstarken radikaler politischer Kräfte wie MHP und MSP, eine zunehmende Reislamisierung, die heftige Polarisierung des politischen und gesellschaftlichen Lebens, alltägliche Morde und die schwere wirtschaftliche Krise waren Gründe, die dafür sprachen, die Auswirkungen dieses Machtwechsels erst einmal abzuwarten und den Umsturz nicht von vornherein zu verurteilen.

Für die sozial-liberale Bundesregierung und die Diplomaten in Ankara, Istanbul und Izmir war der 12. September 1980 kein Tag der Trauer, sondern geradezu der Erleichterung. Das Militär garantierte, in der Tradition Atatürks, die Westbindung der Türkei; eine Annäherung an die UdSSR galt als ausgeschlossen. Als einzig noch intaktes staatliches Organ schienen die Streitkräfte in der Lage zu sein, der inneren Krise Herr zu werden. So erwartete man in Bonn unter anderem die konsequente Durchführung der wirtschaftlichen Reformen, die Özal eingeleitet hatte. Der neue Mann an der Spitze des Staates, General Evren, wurde wohlwollend beurteilt: als zwar autoritär und paternalistisch, aber sachlich, solide und vor allem eindeutig prowestlich orientiert. Folgerichtig gab es keine Überlegungen, die seit längerem geplante Rüstungssonderhilfe auszusetzen oder gar zu annullieren. Die türkischen Streitkräfte zu unterstützen, die außenpolitisch Kontinuität und innenpolitisch Stabilität versprachen, lag auf dieser Linie.

Unweigerlich stellte sich die Frage nach der Achtung der Menschenrechte. Zunächst konnte man in Bonn argumentieren, dass das Militärregime schnelle Erfolge bei der Wiederherstellung der inneren Sicherheit erzielte, die der Bevölkerung zugutekamen. Auch war Folter keine Erfindung der Militärs, sondern eine lange bekannte Praxis bei Ermittlungsverfahren. Vor dem 12. September 1980 hatte sich in der Bundesrepublik kaum jemand darüber beklagt; nach dem Motto, dass dort, wo gehobelt wird, auch Späne fallen, rechtfertigte Botschafter Oncken das Vorgehen der Junta.

Doch je länger die Militärherrschaft dauerte, desto unglaubwürdiger wurde die Einschätzung, dass es sich um Maßnahmen zur Abwehr des Terrorismus handele. Auch Oncken fragte im Laufe des Jahres 1982 immer häufiger, ob das Ziel nicht vielmehr die Ausschaltung politisch Missliebiger sei. Die weiterhin hohe Zahl von Verhafteten sowie Massenprozesse und Verfahren vor Militärgerichten ließen die Türkei immer weniger als Rechtsstaat erscheinen. Verfolgungen aus Gründen der Gesinnung waren an der Tagesordnung. Die Ansicht, dass die Türkei unter diesen Umständen nicht länger zur Wertegemeinschaft der NATO beziehungsweise des Westens gehöre, war gleichwohl falsch – sie hatte immer nur formal dazugehört.

Gegenüber der türkischen Führung brachte die Bundesregierung die Missstände bisweilen deutlich zur Sprache, so bei den Besuchen Genschers in Ankara 1981 und 1982. Der Außenminister drängte bei diesen Gelegenheiten auf eine Rückkehr zur Demokratie und die Sicherung von Menschenrechten. War Genscher der erste Außenminister eines westlichen Staates, der Evren besuchte, so war er auch der erste, der in dieser Hinsicht klare Worte fand. Allerdings war er in besonderer Weise auf Zugeständnisse der türkischen Seite angewiesen, denn der große Vertrauensvorschuss, den die Bundesregierung gewährt hatte, schmolz zusehends dahin. Türkeipolitik ließ sich kaum nur noch als Realpolitik betreiben; der öffentliche und politische Druck, die Frage der Menschenrechte einzubeziehen, war viel größer geworden.

Die Bundesregierung erreichte ein respektables Ergebnis, zumindest oberflächlich betrachtet. Die Militärführung stellte einen Zeitplan für die Wiederherstellung der Demokratie auf und hielt sich daran. Es wurde eine Verfassung erarbeitet, es fanden Parlamentswahlen statt, und Ende 1983 ging die Macht auf eine zivile Regierung über. Aber das war nur die halbe Wahrheit. Der Ausschluss früherer Politiker von der politischen Mitbestimmung, die Auflösung der Parteien (selbst der Republikanischen Volkspartei, also der Partei Atatürks), die Zusammensetzung der Verfassunggebenden Versammlung und die neue Verfassung mit ihren Möglichkeiten zur Einschränkung von Grundrechten weckten starke Zweifel am demokratischen Charakter des türkischen Staates. Die neuen Parteien-, Wahl- und Gewerkschaftsgesetze und die alles andere als freien Parlamentswahlen schufen nicht viel Vertrauen. Das Militär wollte die bestimmende politische Kraft bleiben.

Die neue Verfassung war auch eine Reaktion auf den Missbrauch von Freiheitsrechten durch die Politiker und Parteien der 1980 vom Militär beendeten Ära. Dass die türkischen Vorstellungen von Demokratie nicht den westdeutschen beziehungsweise westeuropäischen entsprechen würden, war von vornherein klar. Die Türkei als islamisch geprägtes Land gehörte vor 1980 nicht zur Wertegemeinschaft der NATO beziehungsweise des Westens und auch nach 1983 nicht. Ebenso mussten sich Außenstehende davor hüten, moralische Überlegenheit ins Feld zu führen. Doch genügten diese Argumente, um die Entwicklung zu rechtfertigen? Sicher nicht, denn das Ziel Evrens und seiner Mitstreiter war es, den Staat und die Gesellschaft auf eine neue Grundlage zu stellen. Sie wollten kontrollieren, oktroyieren, Menschen politisch erziehen und die Fehler der Vergangenheit um jeden Preis vermeiden. Deshalb bedeutete ihre mehr als dreijährige Herrschaft einen Einschnitt in der türkischen Geschichte nach 1945. Was sie als Redemokratisierung präsentierten, war nicht eine politische und gesellschaftliche Ordnung nach überkommenen türkischen Vorstellungen, sondern der bisher nicht bekannte Versuch einer weitreichenden Erziehungsdiktatur.

Die Türkeipolitik der Regierung Schmidt/Genscher änderte sich nicht; alle Hilfsmaßnahmen wurden ohne Abstriche fortgeführt, und auch nach dem Machtwechsel im Oktober 1982 blieb der Kurs der gleiche. In der SPD-Bundestagsfraktion – vereinzelt auch unter den FDP-Abgeordneten – wuchs jedoch der Widerstand. Die parlamentarischen Vorbehalte führten zum einstimmigen Entschließungsantrag des Bundestags vom Juni 1981, der aber keine großen Hindernisse für die Bundesregierung aufbaute. Schwerer wog die unumgängliche Verpflichtung, die Türkeihilfe im Einvernehmen mit den zuständigen Ausschüssen des Bundestags durchzuführen. Das bedeutete einen Zwang zu kontinuierlicher Rechtfertigung. Das Endergebnis entsprach allerdings immer den Wünschen der Bundesregierung, denn solange SPD und FDP in Bonn regierten, wagten die Abgeordneten der Koalition kein abweichendes Votum. Der Erhalt des fragilen sozial-liberalen Bündnisses war das übergeordnete Ziel. Nach dem Koalitions- und Regierungswechsel hielten dann CDU/CSU und FDP ihre Reihen fest geschlossen.

Mit den Grünen zog im März 1983 eine Partei in den Bundestag ein, die auf Konfrontation setzte und die Türkeipolitik in ihrer bisherigen Form attackierte. Sie veränderte auch das Verhalten der SPD, die als Oppositionspartei um neues Profil rang. Ihre Aufforderung an die Bundesregierung, der Staatenbeschwerde gegen die Türkei im Europarat beizutreten, kam freilich zu spät. Erst hatten die sozialdemokratischen Abgeordneten keinen Mut, entscheidend Einfluss auf das Regierungshandeln zu nehmen, und als sie ihn endlich fanden, war die SPD in Bonn nicht mehr an der Macht.

Viel stärker als in der Heimat geriet die Bundesregierung mit ihrer Türkeipolitik in Brüssel beziehungsweise Straßburg unter Druck. In den europäischen Institutionen waren Staaten und Parlamentarier mit sehr unterschiedlichen politischen Interessen verbunden, im Europarat noch mehr als in den EG-Organen. Das Europäische Parlament und die Parlamentarische Versammlung des Europarats entwickelten sich zu Kritikern der türkischen Militärführung. In dieser unübersichtlichen Lage gelang es der Bundesregierung nicht, einen moderaten Kurs durchzusetzen. Sie befand sich bald in einer Außenseiterposition; selbst die sozialistische Regierung in Frankreich unter Staatspräsident Mitterrand fiel als Verbündete aus. Die EG-Kommission fror die Finanzhilfen an die Türkei ein, und fünf Mitgliedstaaten des Europarats, darunter Frankreich, strengten eine Staatenbeschwerde an. Die EG-Mitgliedstaaten sprachen nicht mit einer Stimme und zeigten sich wenig solidarisch, die Mitglieder des Europarats erst recht nicht. Die Frage, ob es ihnen auf diese Weise gelang, die Redemokratisierung in der Türkei zu fördern, lässt sich klar verneinen.

Hat sich das Engagement der Regierungen Schmidt/Genscher und Kohl/Genscher für die Türkei gelohnt? Hier gibt es kein klares Ja oder

Nein. Die Behauptung, man habe zur Stabilisierung der Südostflanke der NATO beigetragen, lässt sich nicht widerlegen – aber eben auch nicht belegen. Eher sind Zweifel angebracht, schon allein wegen des griechisch-türkischen Dauerzwists. Im Konfliktfall hätte sich der enorme Modernisierungsstau in den türkischen Streitkräften wohl schnell und unvorteilhaft bemerkbar gemacht. Verteidigungshilfen dienten offenbar dem Zweck zu verhindern, dass die Armee noch weiter ins Hintertreffen geriet. Auch die wirtschaftliche Lage der Türkei blieb trotz aller Wirtschafts- und Finanzhilfen sowie Özals neuem Kurs angespannt, eine nachhaltige Gesundung trat nicht ein. Die deutsch-türkischen Wirtschaftsbeziehungen entwickelten sich wieder besser, doch die groß angelegte Zusammenarbeit im Bereich der friedlichen Nutzung der Atomenergie kam nicht zustande, weil die türkische Seite Vorhaben wie den Bau eines Kernkraftwerks finanziell gar nicht stemmen konnte.

Leistete die Bundesregierung einen Beitrag zur Redemokratisierung der Türkei? Der türkischen Militärführung war bewusst, dass sie der Kritik aus dem Westen durch einige Zugeständnisse beggnen musste. Sie tat das, indem sie beispielsweise einen Zeitplan für die Rückkehr zur Demokratie aufstellte und diesen abarbeitete. Doch im Ergebnis glich vieles eher einer Maske, die man als Demokratie bezeichnete. Die Türkei war auch in dieser Hinsicht weiterhin kein westlicher Staat. Positiv schlug für die Bundesregierung sicher zu Buche, dass sie nie die Brücken abbrach und die Türkei nicht brüskierte oder gar isolierte. Sie gewährte nicht nur Vertrauen, sie erwarb es sich auf diese Weise auch selbst. Die bilateralen Beziehungen konnten daher Ende 1983 ohne Bruch fortgeführt werden.

Ein besonderes Kennzeichen der deutschen Türkeipolitik war die enge Verzahnung von außen- und innenpolitischen Fragen. Die Bundesrepublik hatte ein aufrichtiges Interesse daran, der Türkei zu helfen und sie zu stabilisieren – das aber auch, um eigenen Bedürfnissen Rechnung zu tragen. Das Ziel bestand darin, die Regelungen zur Freizügigkeit für türkische Arbeitnehmer zu revidieren, am besten zu eliminieren. Die Zahl der türkischen Staatsangehörigen in der Bundesrepublik war wegen der „Gastarbeiter" schon hoch, und der Zustrom von Asylsuchenden verschärfte diese Situation Ende der 1970er Jahre noch. Die vielfältigen Integrationsprobleme, die Menschen aus dem islamischen Kulturkreis in Westdeutschland hatten, schienen nur schwer lösbar zu sein. Zudem übertrugen sich innertürkische Konflikte auf die Bundesrepublik, gerade zu einer Zeit, in der im Herkunftsland bürgerkriegsähnliche Zustände herrschten.

Der Islam entwickelte sich zur drittstärksten Religionsgemeinschaft der Bundesrepublik, und damit stieg der Organisationsgrad der Muslime, die den Wunsch hatten, ihren Glauben angemessen ausüben zu können. Doch die islamischen Gruppierungen, die in den 1970er Jahren wie Pilze aus dem Boden schossen, waren teilweise extremistisch orientiert, auch infolge der Reislamisierung in der Türkei. Islamistische Organisationen stellten in der Türkei die Trennung von Staat und Religion beziehungsweise die staatlich beaufsichtigte Religionsausübung und in Westdeutschland die freiheitlich-demokratische Ordnung infrage. Die beiden Regierungen hatten das gemeinsame Interesse, dieser Gruppen Herr zu werden. Allerdings verfolgte die türkische Seite noch ein anderes Ziel, nämlich über das Präsidium für Religiöse Angelegenheiten selbst religiösen und politischen Einfluss auf die Auslandstürken zu nehmen. Die Bundesrepublik räumte dem türkischen Staat mit der Gründung der DİTİB leichtfertig erhebliche Einflussmöglichkeiten auf einen großen Teil der Muslime im eigenen Land ein.

Die sozial-liberale Regierung setzte, auch wegen der krisenhaften wirtschaftlichen Entwicklung in der Bundesrepublik, auf eine Politik der Eindämmung. Zu großen Spannungen zwischen den Koalitionspartnern führten diese Maßnahmen nicht; SPD und FDP waren sich weitgehend einig. Die Asylproblematik ließ sich durch die Einführung der Sichtvermerkspflicht für türkische Staatsangehörige ziemlich leicht in den Griff bekommen. Die Zahl derer, die ihre Heimat primär aus wirtschaftlichen Gründen verlassen wollten, sank seit dem Herbst 1980 drastisch. Auch beim Versuch der Steuerung des Familiennachzugs konnten sich die Regierungsparteien auf eine gemeinsame Linie verständigen; das Zuzugsalter für Jugendliche wurde auf 16 Jahre herabgesetzt. Doch eine weitere Absenkung der Altersgrenze auf sechs Jahre war mit Genscher als Außenminister und FDP-Chef nicht zu erreichen. Außenpolitisch fürchtete er eine zusätzliche Belastung des deutsch-türkischen Verhältnisses, und in der Endphase der sozial-liberalen Koalition und Regierung war er zunehmend darauf bedacht, seine Partei von der Sozialdemokratie abzusetzen.

Ein offener Konflikt in Fragen der Ausländerpolitik brach erst unter der neuen christlich-liberalen Regierung aus. Die CSU mit ihren harten Positionen und die FDP, welche die politische Wende erst ermöglicht hatte und danach besonders auf ein eigenständiges Profil bedacht sein musste, standen sich scheinbar unversöhnlich gegenüber. Doch so gering war der Grad an Übereinstimmung gar nicht. Über die Schaffung von Rückkehranreizen brach kein Koalitionsstreit aus; das Rückkehrförderungsgesetz von 1983 verfehlte jedoch sein Ziel. Einig waren sich die Koalitionspartner auch in dem Bestreben, mindestens zu einer Revision der Freizügigkeitsbestimmungen zu gelangen. Aber trotz aller Leistungen der Bundesrepublik vor und nach dem 12. September 1980 blieb die erhoffte Gegenleistung aus. In diesem Punkt scheiterte die Türkeipolitik der Regierungen Schmidt/Genscher und Kohl/Genscher. Auch auf dem Verhandlungsweg konnte kein Erfolg verbucht werden. Die Zusagen Evrens bei Genschers Besuch im November 1982, die der Minister triumphierend verkündete, waren ebenso schöne wie leere Worte. Keine türkische Regierung rückte von den Vereinbarungen von 1963 und 1970 ab. Dieses wertvolle Pfand wollten die Türken behalten und nicht für ein wenig Verteidigungshilfe einlösen.

Auf den ersten Blick war zumindest die Asylpolitik der Bundesregierung ein Erfolg. Nach der Einführung der Sichtvermerkspflicht im Oktober 1980 stellten türkische Asylbewerber quantitativ kein Problem mehr dar. Es wurden – wie im Übrigen schon vor 1980 – auch kaum Asylanträge aus diesem Personenkreis anerkannt. Trotz der erheblich verringerten Zahl von Bewerbern löste die Asylpolitik heftige politische und öffentliche Kontroversen aus, denn unter ihnen befanden sich nicht ausschließlich „Wirtschaftsflüchtlinge", sondern auch politisch Verfolgte, erst recht nach dem 12. September 1980. Oft handelte es sich um Angehörige einer ethnischen oder religiösen Minderheit. Die Berichterstattung der Botschaft in Ankara, der bei laufenden Asylverfahren eine große Bedeutung zukam, geriet in das Kreuzfeuer medialer Kritik. In der Tat waren diese Berichte über die Lage von Minderheiten höchst problematisch, weil staatliche Verfolgung in der Türkei grundsätzlich negiert wurde. Das allein war in vielen Fällen fragwürdig – und in anderen Fällen nicht die entscheidende Frage.

Die Forderungen der Kurden nach Autonomie oder gar Unabhängigkeit wurden auch dann misstrauisch beäugt, wenn sie gewaltfrei vorgetragen wurden. Man befürchtete eine Aufsplitterung der Osttürkei, die Aufweichung der Südostflanke der NATO, politischen Einflussgewinn der UdSSR und zugleich weitere Gefahren für die innere Sicherheit der Bundesrepublik. Das hatte auch eine bestimmte Sicht auf kurdische Asylbewerber zur Folge, die stets linksextremistischer

Aktivitäten verdächtigt wurden. In der Rechtsprechung wurde die Frage der politischen Verfolgung von Kurden dagegen ganz unterschiedlich bewertet. Eine strafrechtliche Verfolgung gewaltloser Aktivitäten nach bestimmten Paragraphen des türkischen Strafgesetzbuchs galt bundesdeutschen Gerichten nicht selten als politische Verfolgung. Politik und Rechtsprechung kamen in solchen Fällen auf keinen gemeinsamen Nenner. Dass das repressive Vorgehen der Militärs gegen die kurdische Bevölkerung nicht nur etwas mit der Bekämpfung von Terrorismus zu tun hatte, zeigte sich daran, dass sich der kurdische Widerstand gerade in dieser Zeit besonders radikalisierte.

Geradezu fatal wirkte sich die Berichterstattung westdeutscher Diplomaten im Falle der ethnischen und religiösen Minderheit der Jesiden aus. Auch wenn sie durch den türkischen Staat nicht verfolgt wurde, war doch offenkundig, dass staatliche Organe nicht fähig oder nicht willens waren, sie vor Übergriffen zu schützen. Das Bundesverfassungsgericht erklärte sie später zu einer verfolgten Gruppe und sparte dabei nicht mit Kritik an den Berichten, die in Bonn eintrafen und die Lebensumstände der Jesiden in der Türkei nicht annähernd erfassten. Die Lage christlicher Minderheiten in der Türkei wurde ebenfalls beschönigt. Mochte auch hier keine gezielte staatliche Verfolgung vorliegen, so war doch klar, dass die schwierige Lage der Christen nicht allein die Folge einer Selbstisolierung war. Die Armenier erhielten besonders viel Aufmerksamkeit, weil der armenische Terrorismus große Sorgen hervorrief. Die Furcht vor einer Destabilisierung der Region ging sogar so weit, dass sich Botschafter Oncken in der heiklen Frage des Völkermords an den Armeniern 1915/16 der türkischen Deutung der Ereignisse anschloss.

Für viele Beobachter ließ vor allem der Selbstmord Cemal Altuns im August 1983 das Scheitern der westdeutschen Asylpolitik erkennen. Das war insoweit Zufall, als die Frage der Auslieferung Altuns im Gegensatz zu anderen Verfahren erhebliche Publizität erlangte. Altun hatte Unterstützer, die nicht locker ließen und über die Medien Einfluss ausübten. Dass sich insbesondere Genscher für ihn verwandte, dürfte darauf zurückzuführen sein. Für andere Asylbewerber, denen die Auslieferung drohte und die nicht im linken politischen Spektrum zu verorten waren, setzte sich niemand ein. Der schwere Konflikt führte zu einer Frontstellung zwischen dem Justizministerium, dem Innenministerium und der Rechtsabteilung des Auswärtigen Amts auf der einen Seite und der Leitung des Außenministeriums um

Genscher auf der anderen Seite. Der Fall Altun zeigte beispielhaft das Spannungsverhältnis zwischen Asyl- und Auslieferungsverfahren. Aber es ging um noch viel mehr. Genscher sah, dass seine Türkeipolitik zunehmend mit Menschenrechtsfragen kollidierte, und versuchte zu punkten, indem er sich einer Auslieferung Altuns entgegenstellte. Bundesminister Zimmermann dagegen dachte gar nicht daran, das deutsch-türkische Verhältnis auf diese Weise zu belasten, und war gewillt, im innenpolitischen Kampf um Fragen der Ausländer- und Asylpolitik Härte zu demonstrieren. Dabei kam ihm die Haltung von Bundesminister Engelhard und Staatssekretär Kinkel zugute, die konsequent die rechtliche, aber kaum die humanitäre Dimension des Auslieferungsverfahrens im Blick hatten.

Auf der Konsularkonferenz im Mai 1984 in Ankara vertrat Botschafter Oncken die Meinung, dass im deutsch-türkischen Verhältnis eine „Ideallösung unerreichbar" sei; es könne nur ein „optimaler archimedischer Punkt" angestrebt werden. Eine „überhöhte moralische Anspruchshaltung bei uns und überhöhte materialistische Anspruchshaltung bei [den] Türken" verhindere die Ideallösung[3]. Das war einerseits richtig. Auf die politische und gesellschaftliche Entwicklung des islamisch geprägten Staates konnten westliche Wertvorstellungen nur eingeschränkt übertragen werden. Andererseits sprach Oncken nur die halbe Wahrheit aus, denn bundesdeutsche Türkeipolitik war in erster Linie Realpolitik, die mit Moral wenig zu tun hatte. Daran änderte sich auch während der türkischen Militärherrschaft von 1980 bis 1983 nicht allzu viel. Die Regierungen Schmidt/Genscher und Kohl/Genscher fanden so zu keiner Zeit das optimale Mischungsverhältnis von Realpolitik und Menschenrechten.

---

[3] PA/AA, B 60, Ref. 420, Bd. 129988, Aufzeichnung über die Konsularkonferenz vom 21. bis 23.5.1984 in Ankara.

Abkürzungen

AAPD	Akten zur Auswärtigen Politik der Bundesrepublik Deutschland
a.d.	außer Dienst
ADÜTDF	Avrupa Demokratik Ülkücü Türk Dernekleri Federasyonu (Föderation der Türkisch-Demokratischen Idealistenvereine in Europa)
AKP	Adalet ve Kalkınma Partisi (Partei für Gerechtigkeit und Entwicklung)
ARD	Arbeitsgemeinschaft der öffentlich-rechtlichen Rundfunkanstalten der Bundesrepublik Deutschland
ASALA	Armée secrète arménienne de libération de l'Arménie
BMA	Bundesministerium für Arbeit und Sozialordnung
BMJ	Bundesministerium der Justiz
BND	Bundesnachrichtendienst
CDU	Christlich Demokratische Union Deutschlands
COMECON	Council for Mutual Economic Assistance
CSU	Christlich-Soziale Union
DDR	Deutsche Demokratische Republik
DGB	Deutscher Gewerkschaftsbund
DİB	Diyanet İşleri Başkanlığı (Präsidium für Religiöse Angelegenheiten)
DİSK	Türkiye Devrimci İşçi Sendikaları Konfederasyonu (Konföderation der Revolutionären Arbeitergewerkschaften der Türkei)
DİTİB	Diyanet İşleri Türk İslam Birliği (Türkisch-Islamische Union der Anstalt für Religion e.V.)
DM	Deutsche Mark
EG	Europäische Gemeinschaft(en)
EMRK	Europäische Menschenrechtskommission
EPZ	Europäische Politische Zusammenarbeit
ERE	Europäische Rechnungseinheit
e.V.	eingetragener Verein
EWG	Europäische Wirtschaftsgemeinschaft
FDP	Freie Demokratische Partei

FİDEF	Federal Almanya İşçi Dernekleri Federasyonu (Föderation der türkischen Arbeitervereine in der Bundesrepublik Deutschland)
IKZ	Islamisches Kulturzentrum
IWF	Internationaler Währungsfonds
KPdSU	Kommunistische Partei der Sowjetunion
KWU	Kraftwerk Union AG
MHP	Milliyetçi Hareket Partisi (Partei der Nationalistischen Bewegung)
Milan	Missile d'infanterie léger antichar
MSP	Millî Selamet Partisi (Nationale Heilspartei)
NATO	North Atlantic Treaty Organization
OECD	Organization for Economic Co-operation and Development
OEEC	Organization for European Economic Co-operation
PA/AA	Politisches Archiv des Auswärtigen Amts
PKK	Partiya Karkerên Kurdistan (Arbeiterpartei Kurdistans)
PLO	Palestine Liberation Organization
Ref.	Referat
RVP	Republikanische Volkspartei
SALT	Strategic Arms Limitation Talks
SPD	Sozialdemokratische Partei Deutschlands
TKP	Türkiye Komünist Partisi (Türkische Kommunistische Partei)
Türk-İş	Türkiye İşçi Sendikaları Konfederasyonu (Konföderation der Türkischen Arbeitergewerkschaften)
UdSSR	Union der Sozialistischen Sowjetrepubliken
UNO	United Nations Organization
US(A)	United States (of America)
VIKZ	Verband der Islamischen Kulturzentren e.V.
ZAR	Zeitschrift für Ausländerrecht und Ausländerpolitik

Zitierte und weiterführende Literatur

Fikret Adanir, Geschichte der Republik Türkei, Mannheim u. a. 1995.
Martin Affolderbach/Ralf Geisler, Die Yeziden, Berlin 2007.
Feroz Ahmad, The making of modern Turkey, London/New York 1993.
Neyire Akpınarlı/Arno Scherzberg, Die Lage der nicht türkischen Völker und Volksgruppen in der Türkei vor dem Hintergrund der EU-Standards zum Minderheitenschutz, Münster 2013.
Veronika Arendt-Rojahn (Hrsg.), Ausgeliefert. Cemal Altun und andere, Reinbek bei Hamburg 1983.
Canan Atılgan, Türkische Diaspora in Deutschland. Chance oder Risiko für die deutsch-türkischen Beziehungen, Hamburg 2002.
Andreas Blätte, Einwandererverbände in der Migrations- und Integrationspolitik 1998–2006. Zugang, Normen und Tausch, Wiesbaden 2014.
Stefan M. Brenner, Die Achillesferse der NATO: Die Nordatlantische Allianz und der griechisch-türkische Binnenkonflikt 1952–1989. Ein Überblick zum Stand der Forschung, in: Militärgeschichtliche Zeitschrift 71 (2012), S. 108–127.
Gabriele Bucher-Dinç, Die Türkei und die Sowjetunion 1945–1990. Beziehungen im Zeichen von Konfrontation und Kooperation, in: Zeitschrift für Türkeistudien 9 (1996), S. 61–74.
Matthes Buhbe, Türkei. Politik und Zeitgeschichte, Opladen 1996.
Kadir Can, 12 Eylül 1980. Akıl Tutulması, Istanbul 2011.
Sena Ceylanoglu, Europäische Wirtschaftsgemeinschaft, Griechenland und die Türkei. Die Assoziationsabkommen im Vergleich (1959–1963), Baden-Baden 2004.
Christopher Daase, Kleine Kriege – Große Wirkung. Wie unkonventionelle Kriegführung die internationale Politik verändert, Baden-Baden 1999.
Werner Deckmann, Gibt es noch ein Recht auf Asyl in der Bundesrepublik? Yezidische Flüchtlinge aus Türkisch-Kurdistan, in: Robin Schneider (Hrsg.), Die kurdischen Yezidi. Ein Volk auf dem Weg in den Untergang, Göttingen 1984, S. 21–30.
Ekkehard Eickhoff, Brücke über den Bosporus. Beobachtungen zum deutsch-türkischen Verhältnis, in: Hartmut von Hentig/August Nitschke (Hrsg.), Was die Wirklichkeit lehrt. Golo Mann zum 70. Geburtstag, Frankfurt a. M. 1979, S. 81–104.
Regine Erichsen, Türkei, in: Claus-Dieter Krohn u. a. (Hrsg.), Handbuch der deutschsprachigen Emigration 1933–1945, Darmstadt 1998, Sp. 426–434.
Friedrich-Wilhelm Fernau, Die politischen Parteien der Zweiten Türkischen Republik. Eine Übersicht über ihre Entwicklung, in: Orient 18 (1977), S. 87–114.
Erhard Franz (Hrsg.), Yeziden – Eine alte Religionsgemeinschaft zwischen Tradition und Moderne, Hamburg 2004.
Tim Geiger, Die Bundesrepublik Deutschland und die NATO in den Siebziger- und Achtzigerjahren, in: Oliver Bange/Bernd Lemke (Hrsg.), Wege zur Wiedervereinigung. Die beiden deutschen Staaten in ihren Bündnissen 1970 bis 1990, München 2013, S. 165–182.

Jürgen Gottschlich, Beihilfe zum Völkermord. Deutschlands Rolle bei der Vernichtung der Armenier, Berlin 2015.
Hermann Gross, Die deutsch-türkischen Wirtschaftsbeziehungen, in: Klaus-Detlev Grothusen (Hrsg.), Die Türkei in Europa, Göttingen 1979, S. 167–191.
Klaus-Detlev Grothusen (Hrsg.), Die Türkei in Europa, Göttingen 1979.
Klaus-Detlev Grothusen (Hrsg.), Südosteuropa-Handbuch, Bd. IV: Türkei, Göttingen 1985.
Klaus-Detlev Grothusen, Außenpolitik, in: ders. (Hrsg.), Südosteuropa-Handbuch, Bd. IV: Türkei, Göttingen 1985, S. 89–168.
Klaus-Detlev Grothusen, Die Türkei in der Zeit Kemal Atatürks (1919/23–1938) und die deutsch-türkischen Beziehungen, in: Die deutsch-türkischen Beziehungen von 1924 bis 1938. Eine Ausstellung. Veranstaltet vom Türkischen Generalkonsulat Frankfurt a. M. und der Deutschen Bibliothek, Frankfurt a. M. 1987, S. 9–30.
Cengiz Günay, Geschichte der Türkei. Von den Anfängen der Moderne bis heute, Wien u. a. 2012.
Gülistan Gürbey, Außenpolitik in defekten Demokratien. Gesellschaftliche Anforderungen und Entscheidungsprozesse in der Türkei 1983–1993, Frankfurt a. M./New York 2005.
Gülüzar Gürbey, Die Türkei-Politik der Bundesrepublik Deutschland unter Konrad Adenauer (1949–1963), Pfaffenweiler 1990.
Wolfgang Gust (Hrsg.), Der Völkermord an den Armeniern 1915/16. Dokumente aus dem Politischen Archiv des deutschen Auswärtigen Amts, Springe 2005.
Alexander M. Haig, The Alliance in the 1980s, in: The Washington Quarterly 3 (1980) Nr. 1, S. 133–140.
M. Şükrü Hanioğlu, Atatürk. An Intellectual Biography, Princeton 2011.
Metin Heper/Ahmet Evin (Hrsg.), State, Democracy and the Military. Turkey in the 1980s, Berlin/New York 1988.
Metin Heper/Jacob M. Landau (Hrsg.), Political Parties and Democracy in Turkey, London/New York 1991.
Ulrich Herbert, Geschichte der Ausländerpolitik in Deutschland. Saisonarbeiter, Zwangsarbeiter, Gastarbeiter, Flüchtlinge, München 2001.
Georg Herbstritt, Bundesbürger im Dienst der DDR-Spionage. Eine analytische Studie, Göttingen 2007.
Jörg Hiltscher, Die deutsch-türkischen Beziehungen 1940–42 in der Perzeption Hitlers, Ribbentrops und Papens. Eine Studie unter besonderer Berücksichtigung ihrer nachrichtendienstlichen Dimension, Ludwigsfelde 2011.
Rolf Hosfeld, Operation Nemesis. Die Türkei, Deutschland und der Völkermord an den Armeniern, Köln 2005.
Karin Hunn, „Nächstes Jahr kehren wir zurück..." Die Geschichte der türkischen „Gastarbeiter" in der Bundesrepublik, Göttingen 2005.
Stefan Ihrig, Atatürk in the Nazi Imagination, Cambridge 2014.
Günal Incesu, Ankara – Bonn – Brüssel. Die deutsch-türkischen Beziehungen und die Beitrittsbemühungen der Türkei in die Europäische Gemeinschaft, 1959–1987, Bielefeld 2014.
Kurt Jacob, Arbeitspapier zur Entwicklung der amerikanisch-türkischen Beziehungen, Ebenhausen 1980 (Stiftung Wissenschaft und Politik – Arbeitspapier 2277).

Dietrich Jung, Das Primat der Militärs. Eine historisch-soziologische Analyse der politischen Rolle der türkischen Armee, in: Zeitschrift für Türkeistudien 14 (2001), S. 69–95.

Rita Kantemir/Susanne Boehncke, Zuflucht gesucht und den Tod gefunden, in: Veronika Arendt-Rojahn (Hrsg.), Ausgeliefert. Cemal Altun und andere, Reinbek bei Hamburg 1983, S. 30–42.

Nebi Kesen, Die Kurdenfrage im Kontext des Beitritts der Türkei zur Europäischen Union, Baden-Baden 2009.

Walther Leisler Kiep, Brücken meines Lebens. Die Erinnerungen, München 2006.

Heinz Kramer, Die Europäische Gemeinschaft und die Türkei. Entwicklung, Probleme und Perspektiven einer schwierigen Partnerschaft, Baden-Baden 1988.

Heinz Kramer/Maurus Reinkowski, Die Türkei und Europa. Eine wechselhafte Beziehungsgeschichte, Stuttgart 2008.

Lothar Krecker, Deutschland und die Türkei im zweiten Weltkrieg, Frankfurt a. M. 1964.

Klaus Kreiser, Geschichte der Türkei. Von Atatürk bis zur Gegenwart, München 2012.

Klaus Kreiser, Atatürk. Eine Biographie, München ²2014.

Klaus Kreiser/Christoph K. Neumann, Kleine Geschichte der Türkei, Stuttgart ²2009.

Eugen Krieger, Die Europakandidatur der Türkei. Der Entscheidungsprozess der Europäischen Wirtschaftsgemeinschaft während der Assoziierungsverhandlungen mit der Türkei 1959–1963, Zürich 2006.

Arndt Künnecke, Umgang mit Minderheiten in der Türkei, in: Wolfgang Gieler/ Christian Johannes Henrich (Hrsg.), Politik und Gesellschaft in der Türkei. Im Spannungsverhältnis zwischen Vergangenheit und Gegenwart, Wiesbaden 2010, S. 103–124.

Thomas Lemmen, Islamische Vereine und Verbände in Deutschland, Bonn 2002.

Johannes Lepsius (Hrsg.), Deutschland und Armenien 1914–1918. Sammlung diplomatischer Aktenstücke, Potsdam 1919.

Karl Leuteritz, Rechtsstatus und tatsächliche Lage der christlichen Minderheiten in der Türkei, in: Zeitschrift für Türkeistudien 8 (1995), S. 75–96.

Bernard Lewis, The emergence of modern Turkey, New York/Oxford ³2002.

Andrew Mango, Atatürk, London 1999.

Sabine Mangold-Will, Begrenzte Freundschaft. Deutschland und die Türkei 1918–1933, Göttingen 2013.

Gert Monheim, Asyl. Bewährungsprobe für ein Grundrecht, in: Robin Schneider (Hrsg.), Die kurdischen Yezidi. Ein Volk auf dem Weg in den Untergang, Göttingen 1984, S. 65–76.

Brigitte Moser/Michael W. Weithmann, Die Türkei. Nation zwischen Europa und dem Nahen Osten, Regensburg 2002.

Fritz Neumark, Zuflucht am Bosporus. Deutsche Gelehrte, Politiker und Künstler in der Emigration 1933–1953, Frankfurt a. M. 1980.

Can Özren, Die Beziehungen der beiden deutschen Staaten zur Türkei (1945/49–1963). Politische und ökonomische Interessen im Zeichen der deutschen Teilung, Münster 1999.

Matthias Peter, Mehr als Menschenrechte. Die Bundesrepublik Deutschland und die Konferenz über Sicherheit und Zusammenarbeit in Europa (KSZE), in: Geschichte in Wissenschaft und Unterricht 66 (2015), S. 78–95.
Helmut Quaritsch, Recht auf Asyl. Studien zu einem mißdeuteten Grundrecht, Berlin 1985.
Alexander Refflinghaus, Deutsche Türkeipolitik in der Regierungszeit Helmut Kohls, 1982 bis 1998: Regierung, Bundestag, Presse, Berlin 2002.
Barry Rubin/Metin Heper (Hrsg.), Political Parties in Turkey, London/New York 2002 (Turkish Studies 3/2002 Nr. 1: Special Issue).
Alvin Z. Rubinstein, Soviet Policy Toward Turkey, Iran, and Afghanistan. The Dynamics of Influence, New York 1982.
Christian Rumpf, Die Kurdenfrage in der Türkei. Bemerkungen zu neueren Entwicklungen mit einem Exkurs zur Kurdenfrage im internationalen Recht, in: Zeitschrift für Türkeistudien 5 (1992), S. 205–220.
Christian Rumpf, Das türkische Verfassungssystem. Einführung mit vollständigem Verfassungstext, Wiesbaden 1996.
Dietrich Schlegel, Hat der Kemalismus ausgedient? Zum 100. Geburtstag Mustafa Kemal Atatürks, in: Kurt Bittel u. a.: Mustafa Kemal Atatürk 1881–1981. Vorträge und Aufsätze zu seinem 100. Geburtstag, Heidelberg 1982, S. 55–59.
Helmut Schmidt, Die Deutschen und ihre Nachbarn. Menschen und Mächte II, Berlin 1990.
Robin Schneider (Hrsg.), Die kurdischen Yezidi. Ein Volk auf dem Weg in den Untergang, Göttingen 1984.
Niels Seibert, Vergessene Proteste. Internationalismus und Antirassismus 1964–1983, Münster 2008.
Gustav Adolf Sonnenhol, Die Türkei – Land zwischen zwei Welten. Kommentare eines kritischen Freundes herausgegeben und eingeleitet von Dietrich Schlegel, Opladen 1990.
Bertold Spuler, Betrachtungen zur Lage des Islams in der heutigen Türkei, in: Klaus-Detlev Grothusen (Hrsg.), Die Türkei in Europa, Göttingen 1979, S. 107–117.
Bertold Spuler, Religiöse Minderheiten, in: Klaus-Detlev Grothusen (Hrsg.), Südosteuropa-Handbuch, Bd. IV: Türkei, Göttingen 1985, S. 613–620.
Udo Steinbach, Die Türkei im 20. Jahrhundert. Schwieriger Partner Europas, Bergisch Gladbach 1996.
Martin Strohmeier/Lale Yalçın-Heckmann, Die Kurden. Geschichte, Politik, Kultur, München ³2010.
Dirk Tröndle, Mustafa Kemal Atatürk. Mythos und Mensch, Gleichen/Zürich 2012.
Ulrich Trumpener, Germany and the Ottoman Empire 1914–1918, Princeton 1968.
Curd-Torsten Weick, Die schwierige Balance. Kontinuitäten und Brüche deutscher Türkeipolitik, Hamburg 2001.
Gerhard Weiher, Die innenpolitische Rolle des Militärs, in: Klaus-Detlev Grothusen (Hrsg.), Südosteuropa-Handbuch, Bd. IV: Türkei, Göttingen 1985, S. 303–315.
Horst Widmann, Exil und Bildungshilfe. Die deutschsprachige akademische Emigration in die Türkei nach 1933. Mit einer Bio-Bibliographie der emigrierten Hochschullehrer im Anhang, Bern/Frankfurt a. M. 1973.

Wolfgang Wieland, „Sie waren doch sein Anwalt", in: Veronika Arendt-Rojahn (Hrsg.), Ausgeliefert. Cemal Altun und andere, Reinbek bei Hamburg 1983, S. 43–61.

Andreas Wirsching, Abschied vom Provisorium. Geschichte der Bundesrepublik Deutschland 1982–1990, München 2006.

Erik J. Zürcher, Turkey. A Modern History, London ³2004.

Zeitgeschichte im Gespräch

Band 1
Deutschland im Luftkrieg
Geschichte und Erinnerung
D. Süß (Hrsg.)
2007. 152 S.
ISBN 978-3-486-58084-6

Band 2
Von Feldherren und Gefreiten
Zur biographischen Dimension des
Zweiten Weltkriegs
Ch. Hartmann (Hrsg.)
2008. 129 S.
ISBN 978-3-486-58144-7

Band 3
Schleichende Entfremdung?
Deutschland und Italien nach dem Fall
der Mauer
G.E. Rusconi, Th. Schlemmer, H. Woller
(Hrsg.)
2. Aufl. 2009. 136 S.
ISBN 978-3-486-59019-7

Band 4
Lieschen Müller wird politisch
Geschlecht, Staat und Partizipation im
20. Jahrhundert
Ch. Hikel, N. Kramer, E. Zellmer (Hrsg.)
2009. 141 S.
ISBN 978-3-486-58732-6

Band 5
Die Rückkehr der Arbeitslosigkeit
Die Bundesrepublik Deutschland im
europäischen Kontext 1973–1989
Th. Raithel, Th. Schlemmer (Hrsg.)
2009. 177 S.
ISBN 978-3-486-58950-4

Band 6
Ghettorenten
Entschädigungspolitik, Rechtsprechung
und historische Forschung
J. Zarusky (Hrsg.)
2010. 131 S.
ISBN 978-3-486-58941-2

Band 7
Hitler und England
Ein Essay zur nationalsozialistischen
Außenpolitik 1920–1940
H. Graml
2010. 124 S.
ISBN 978-3-486-59145-3

Band 8
Soziale Ungleichheit im Sozialstaat
Die Bundesrepublik Deutschland und
Großbritannien im Vergleich
H.G. Hockerts, W. Süß (Hrsg.)
2010. 139 S.
ISBN 978-3-486-59176-7

Band 9
Die bleiernen Jahre
Staat und Terrorismus in der
Bundesrepublik Deutschland und
Italien 1969–1982
J. Hürter, G.E. Rusconi (Hrsg.)
2010. 128 S.
ISBN 978-3-486-59643-4

Band 10
Berlusconi an der Macht
Die Politik der italienischen Mitte-
Rechts-Regierungen in vergleichender
Perspektive
G.E. Rusconi, Th. Schlemmer, H. Woller
(Hrsg.)
2010. 164 S.
ISBN 978-3-486-59783-7

Band 11
Der KSZE-Prozess
Vom Kalten Krieg zu einem
neuen Europa 1975–1990
H. Altrichter, H. Wentker (Hrsg.)
2011. 128 S.
ISBN 978-3-486-59807-0

Band 12
Reform und Revolte
Politischer und gesellschaftlicher
Wandel in der Bundesrepublik
Deutschland vor und nach 1968
U. Wengst (Hrsg.)
2011. 126 S.
ISBN 978-3-486-70404-4

Band 13
Vor dem dritten Staatsbankrott?
Der deutsche Schuldenstaat in
historischer und internationaler
Perspektive
M. Hansmann
2., durchgesehene Aufl. 2012. 113 S.
ISBN 978-3-486-71784-6

Band 14
Das letzte Urteil
Die Medien und der Demjanjuk-Prozess
R. Volk
2012. 140 S.
ISBN 978-3-486-71698-6

Band 15
Gaddafis Libyen und die
Bundesrepublik Deutschland 1969–
1982
T. Szatkowski
2013. 135 S.
ISBN 978-3-486-71870-6

Band 16
„1968" – Eine
Wahrnehmungsrevolution?
Horizont-Verschiebungen des
Politischen in den 1960er und 1970er
Jahren
I. Gilcher-Holtey (Hrsg.)
2013. 138 S.
ISBN 978-3-486-71872-0

Band 17
Die Anfänge der Gegenwart
Umbrüche in Westeuropa nach dem
Boom
M. Reitmayer, Th. Schlemmer (Hrsg.)
2014. 150 S.
ISBN 978-3-486-71871-3

Band 18
Homosexuelle im Nationalsozialismus
Neue Forschungsperspektiven zu
Lebenssituationen von lesbischen,
schwulen, bi-, trans- und intersexuellen
Menschen 1933–1945
Michael Schwartz (Hrsg.)
2014. 146 S.
ISBN 978-3-486-74189-6

Band 19
Entspannung in Europa
Die Bundesrepublik Deutschland und
der Warschauer Pakt 1966–1975
G. Niedhart
2014. 131 S.
ISBN 978-3-486-72476-9

Band 20
Der Faschismus in Europa
Wege der Forschung
Th. Schlemmer/H. Woller (Hrsg.)
2014. 148 S.
ISBN 978-3-486-77843-4

Band 21
Diplomatie mit Gefühl
Vertrauen, Misstrauen und die
Außenpolitik der Bundesrepublik
Deutschland
R. Kreis (Hrsg.)
2015. 110 S.
ISBN 978-3-486-77844-1

Band 22
Moskaus Spuren in Ostdeutschland
1945–1949
Aktenerschließung und
Forschungspläne
D. Brunner/E. Scherstjanoi (Hrsg.)
2015. 151 S.
ISBN 978-3-11-040253-7

ZEITGESCHICHTE IM GESPRÄCH

BAND 22

Detlev Brunner, Elke Scherstjanoi (Hrsg.)
Moskaus Spuren in Ostdeutschland 1945 bis 1949
Aktenerschließung und Forschungspläne

2015, 148 S.
Br. € 16,95
ISBN 978-3-11-040253-7
eBook € 16,95
PDF ISBN 978-3-11-040260-5
ePUB ISBN 978-3-11-040264-3
Print + eBook € 29,95
ISBN 978-3-11-040261-2

Als sich Mitte der 1990er Jahre die Forschungsbedingungen in russischen Archiven verbesserten, setzten in der Bundesrepublik empirische Studien zur sowjetischen Besatzungspolitik in Deutschland und zur Sowjetischen Militäradministration als zentraler Institution ein. Der Sammelband präsentiert die wichtigsten Projekte in Form von Erfahrungsberichten, stellt die beteiligten Institutionen vor, resümiert die Ergebnisse, benennt Defizite und skizziert Perspektiven. Damit liegt nicht nur eine erste Bilanz der Forschung vor, auch die Chancen der internationalen Wissenschaftskooperation im Spannungsfeld der selten einfachen deutsch-russischen Beziehungen geraten in den Blick.

Detlev Brunner hat die Lehrstuhlvertretung für Neuere und Zeitgeschichte an der Universität Leipzig inne. **Elke Scherstjanoi** ist wissenschaftliche Mitarbeiterin am Institut für Zeitgeschichte München-Berlin, Abteilung Berlin.

degruyter.com/oldenbourg

Bei Fragen zur Produktsicherheit wenden Sie sich bitte an:
If you have any questions regarding product safety,
please contact:

Walter de Gruyter GmbH
Genthiner Straße 13
10785 Berlin
productsafety@degruyterbrill.com